# EDUARDO GALEANO

CB082045

# ESPELHOS

## UMA HISTÓRIA QUASE UNIVERSAL

*Tradução de* Eric Nepomuceno

www.lpm.com.br

L&PM POCKET

Coleção **L&PM** POCKET, vol. 1328

A L&PM Editores agradece à Siglo Veintiuno Editores pela cessão das capas, que conferiram uma identidade visual comum à obra de Eduardo Galeano, tanto na América como na Europa.

Texto de acordo com a nova ortografia.
Título original: *Espejos: una historia casi universal*

Este livro foi publicado pela L&PM Editores, em formato 14x21cm, em 2008
Primeira edição na Coleção **L&PM** POCKET: fevereiro de 2020
Esta reimpressão: dezembro de 2024

*Tradução*: Eric Nepomuceno
*Capa original*: simonplates**design** *Adaptação*: Tholön Kunst
*Ilustração da capa*: escultura da Nigéria (ver p. 270, "Fundação da arte moderna"), em Ifé (Museu Nacional, Ifé). © Fotografia de Andrea Jemolo
*Revisão*: Jó Saldanha, Elisângela Rosa dos Santos e Marianne Scholze

CIP-Brasil. Catalogação na publicação
Sindicato Nacional dos Editores de Livros, RJ

G15e Galeano, Eduardo H., 1940-2015
Espelhos: uma história quase universal / Eduardo Galeano; tradução de Eric Nepomuceno. – Porto Alegre, RS: L&PM, 2024.
416 p. (Coleção L&PM POCKET, v. 1328)
ISBN 978-85-254-3120-2

1. História universal. I. Título.

08-3701. CDD: 909
CDU: 94

© Eduardo Galeano, 2008

Todos os direitos desta edição reservados a L&PM Editores
Rua Comendador Coruja, 314, loja 9 – Floresta – 90.220-180
Porto Alegre – RS – Brasil / Fone: 51.3225.5777

Pedidos & Depto. comercial: vendas@lpm.com.br
Fale conosco: info@lpm.com.br
www.lpm.com.br

Impresso no Brasil
Primavera de 2024

Aqui não há fontes bibliográficas. Não tive outro remédio a não ser suprimi-las. Percebi a tempo que iam ocupar mais páginas que os quase seiscentos relatos deste livro.

Tampouco aparece a lista dos muitos colaboradores que tornaram possível que *Espelhos* fosse algo mais que um projeto delirante. Não posso deixar de mencionar, porém, os que me salvaram de várias enrascadas ao lerem com paciência o manuscrito: Tim Chapman, Antonio Doñate, Karl Hübener, Carlos Machado, Pilar Royo e Raquel Villagra. Este livro é dedicado a eles e aos inumeráveis amigos que tornaram possível essa tarefa impossível.

E a Helena, muito.

*Em Montevidéu, últimos dias do ano de 2007*

*Pai, pinta o mundo no meu corpo.*
(Canto indígena de Dakota do Sul)

# Sumário

Os espelhos estão cheios de gente.
Os invisíveis nos veem.
Os esquecidos se lembram de nós.
Quando nos vemos, os vemos.
Quando nos vamos, se vão?

## De desejo somos

A vida, sem nome, sem memória, estava sozinha. Tinha mãos, mas não tinha em quem tocar. Tinha boca, mas não tinha com quem falar. A vida era uma, e sendo uma era nenhuma.

Então o desejo disparou sua flecha. E a flecha do desejo partiu a vida pela metade, e a vida tornou-se duas.

As duas metades se encontraram e riram. Ao se ver, riam; e ao se tocar, também.

## Caminhos de alta festa

Adão e Eva eram negros?

Na África começou a viagem humana pelo mundo. Dali nossos avós se lançaram à conquista do planeta; e os que mais se afastaram da África, os que mais se afastaram do sol, receberam os tons mais pálidos na divisão das cores.

Agora nós todos, as mulheres e os homens, arco-íris da terra, temos mais cores que o arco-íris do céu e somos todos africanos emigrados. Talvez nos neguemos a recordar nossa origem comum porque o racismo produz amnésia, ou porque acaba sendo impossível, para nós, acreditarmos que naqueles tempos remotos o mundo inteiro era nosso reino, imenso mapa sem fronteiras, e nossas pernas eram o único passaporte necessário.

## O bagunceiro universal

Estavam separados, o céu e a terra, o bem e o mal, o nascimento e a morte. O dia e a noite não se confundiam e a mulher era mulher e o homem, homem.

Mas Exu, o bandido errante, se divertia, e ainda se diverte, armando misturas proibidas.

Suas diabruras apagam fronteiras e juntam o que os deuses haviam separado. Por sua obra e graça, o sol se torna negro e a noite arde, e dos poros dos homens brotam mulheres e as mulheres transpiram homens. Quem morre nasce, quem nasce morre, e em tudo que foi criado ou está por ser criado misturam-se o direito e o avesso, até que já não se sabe quem é o mandante nem quem é o mandado, nem onde está o em cima, nem onde está o embaixo.

Mais tarde que cedo, a ordem divina restabelece suas hierarquias e suas geografias, e põe cada coisa no lugar devido, e devolve a cada um o que é seu.

Mais cedo que tarde, reaparece a maluquice.

Então os deuses lamentam que o mundo seja tão ingovernável.

## Cavernas

Estalactites descem do teto. Estalagmites crescem do chão.

São cristais frágeis, nascidos da transpiração da rocha, no fundo das cavernas que a água e o tempo escavaram nas montanhas.

As estalactites e as estalagmites estão há milhares de anos se procurando na escuridão, gota após gota, umas descendo, outras subindo.

Algumas vão demorar um milhão de anos até se tocarem.

Não têm pressa.

## Fundação do fogo

Na escola, aprendi que no tempo das cavernas descobrimos o fogo esfregando pedras ou gravetos.

Desde então, venho tentando. Jamais consegui arrancar nem uma chispinha humilde.

Meu fracasso pessoal não me impediu de agradecer os favores que o fogo nos fez. Ele nos defendeu do frio e das feras inimigas, cozinhou nossa comida, alumiou nossa noite e nos convidou para sentarmos, juntos, ao seu lado.

## Fundação da beleza

Lá estão, pintadas nas paredes e nos tetos das cavernas.

Essas figuras, bisontes, alces, ursos, cavalos, águias, mulheres, homens, não têm idade. Nasceram há milhares de milhares de anos, mas nascem de novo cada vez que alguém as vê.

Como puderam, nossos remotos avós, pintar de maneira tão delicada? Como puderam eles, aqueles brutamontes que lutavam mano a mano contra as feras, criar figuras tão cheias de graça? Como puderam eles desenhar essas linhas voadoras que escapam da pedra e vão-se embora pelos ares? Como eles puderam...?

Ou seriam elas?

## Verdores do Saara

Em Tassili e em outras comarcas do Saara, as pinturas rupestres nos oferecem, há uns seis mil anos, estilizadas imagens de vacas, touros, antílopes, girafas, rinocerontes, elefantes...

Seriam esses animais pura imaginação? Ou bebiam areia os habitantes do deserto? E o que comiam? Pedras?

A arte nos conta que o deserto não era deserto. Seus lagos pareciam mares e seus vales davam de pastar aos animais que tempos depois tiveram de emigrar para o sul, à procura do verdor perdido.

## Como pudemos?

Ser boca ou bocado, caçador ou caçado. Essa era a questão.

Merecíamos é desprezo, no máximo pena. Na intempérie inimiga, ninguém nos respeitava e ninguém nos temia. A noite e a selva nos causavam terror. Éramos os bichos mais vulneráveis da zoologia terrestre, filhotes inúteis, adultos de nada, sem garras, nem grandes presas, nem patas velozes, nem olfato longo.

Nossa primeira história nos perde na neblina. Pelo que parece, estávamos dedicados a partir pedras e repartir porradas e nada mais.

Mas a gente até que pode se perguntar: será que não fomos capazes de sobreviver, quando sobreviver era impossível, porque soubemos nos defender juntos e juntos compartilhar a comida? Esta humanidade de agora, esta civilização do salve-se quem puder e cada um na sua, teria durado algo mais que um instantinho neste mundo?

## Idades

Acontece com a gente antes de a gente nascer. Em nossos corpos, quando começam a ganhar forma, aparece alguma coisa parecida com as brânquias e também uma espécie de rabo. Duram pouco, esses apêndices, que aparecem e caem.

Essas efêmeras aparições nos contam que alguma vez fomos peixes e alguma vez fomos macacos? Peixes lançados à conquista da terra seca? Macacos que abandonaram a selva ou que foram por ela abandonados?

E o medo que sentimos na infância, medo de tudo, medo de nada, nos conta que alguma vez sentimos medo de ser comidos? O terror à escuridão e a angústia da solidão nos recordam aquele antigo desamparo?

Já crescidinhos, nós, os medrosos, metemos medo. O caçado se fez caçador, o bocado agora é boca. Os monstros que ontem nos acossavam são, hoje, nossos prisioneiros. Habitam nossos zoológicos e decoram nossas bandeiras e nossos hinos.

## Primos

Ham, o conquistador do espaço sideral, tinha sido caçado na África.

Foi o primeiro chimpanzé que viajou para longe do mundo – o primeiro chimponauta. Viajou dentro da cápsula Mercury. Tinha mais cabos e fios que uma central telefônica.

Regressou ao mundo são e salvo, e o registro de cada função do seu corpo demonstrou que também nós, os humanos, poderíamos sobreviver à travessia do espaço.

Ham foi capa da revista *Life* e passou o resto da sua vida numa jaula do zoológico de Washington.

## Avós

Para muitos povos da África negra, os antepassados são os espíritos que estão vivos na árvore que cresce ao lado da sua casa ou na vaca que pasta no campo. O bisavô do seu tataravô é agora aquele arroio que serpenteia na montanha. E também seu ancestral pode ser qualquer espírito que queira acompanhar você na sua viagem pelo mundo, mesmo que nunca tenha sido seu parente, nem conhecido.

A família não tem fronteiras, explica Soboufu Somé, do povo dagara:

– *Nossas crianças têm muitas mães e muitos pais. Têm tantos quantos quiserem.*

E os espíritos ancestrais, os que nos ajudam a caminhar, são os muitos avós que cada um tem. Tantos quantos quisermos.

## Breve história da civilização

E nos cansamos de andar vagando pelos bosques e pela beira dos rios.

E fomos ficando. Inventamos as aldeias e a vida em comunidade, transformamos o osso em agulha e o espinho em arpão, as ferramentas prolongaram nossas mãos e o cabo multiplicou a força do machado, do arado e da faca.

Cultivamos o arroz, a cevada, o trigo e o milho, e prendemos em currais as ovelhas e as cabras, e aprendemos a guardar grãos nos armazéns, para não morrer de fome nos tempos ruins.

E nos campos lavrados fomos devotos das deusas da fecundidade, mulheres de vastas cadeiras e tetas generosas, mas com o passar do tempo elas foram trocadas pelos deuses machos da guerra. E cantamos hinos de louvor à glória dos reis, dos chefes guerreiros e dos sumos sacerdotes.

E descobrimos as palavras *seu* e *meu* e a terra passou a ter dono e a mulher foi propriedade do homem e o pai, proprietário dos filhos.

Lá para trás ficaram os tempos em que andávamos à deriva, sem casa nem destino.

Os resultados da civilização eram surpreendentes: nossa vida era mais segura e menos livre, e trabalhávamos mais horas.

## Fundação da contaminação

Os pigmeus, que são de corpo curto e memória longa, recordam os tempos de antes do tempo, quando a terra estava em cima do céu.

Da terra caía sobre o céu uma chuva incessante de pó e de lixo, que sujava a casa dos deuses e envenenava sua comida.

Os deuses estavam há uma eternidade suportando aquela carga imunda, quando de repente perderam a paciência.

Enviaram um raio que partiu a terra em dois. E através da terra aberta lançaram o sol para o alto, e a lua e as estrelas, e por esse mesmo caminho eles também subiram. E lá em cima, longe de nós, a salvo de nós, os deuses fundaram seu novo reino.

Desde aquela época, estamos cá embaixo.

## Fundação das classes sociais

Nos primeiros tempos, tempos da fome, a primeira mulher estava cavando a terra quando os raios do sol a penetraram por trás. Um instante depois, nasceu uma criatura.

O deus Pachacamac não achou a menor graça naquela gentileza do sol, e despedaçou o recém-nascido. Do mortinho brotaram as primeiras plantas. Os dentes se transformaram em grãos de milho, os ossos foram aipim, a carne se fez batata, inhame, abóbora...

A fúria do sol não se fez esperar. Seus raios fulminaram a costa do Peru e a deixaram seca para sempre. E a vingança culminou quando o sol partiu três ovos sobre aqueles solos.

Do ovo de ouro saíram os senhores.

Do ovo de prata saíram as senhoras dos senhores.

E do ovo de cobre saíram os que trabalham.

## Servos e senhores

O cacau não precisa do sol, porque o traz por dentro.

Do sol de dentro nascem o prazer e a euforia que o chocolate dá.

Os deuses tinham o monopólio do espesso elixir, lá nas alturas, e nós, os humanos, estávamos condenados a ignorá-lo.

Quetzalcóatl roubou-o para os toltecas. Enquanto os outros deuses dormiam, ele pegou umas sementes de cacau e as escondeu em sua barba e por um longo fio de aranha desceu até a terra e as deu de presente à cidade de Tula.

A oferenda de Quetzalcóatl foi usurpada pelos príncipes, pelos sacerdotes e pelos chefes guerreiros.

Apenas os seus paladares foram dignos de recebê-la.

Os deuses do céu tinham proibido o chocolate aos mortais, e os donos da terra o proibiram para as pessoas comuns e correntes.

## Dominantes e dominados

Diz a Bíblia de Jerusalém que Israel foi o povo que Deus escolheu, o povo filho de Deus.

E de acordo com o salmo segundo a esse povo eleito foi outorgado o domínio do mundo:

*Peça-me, e te darei em herança as nações*
*e serás dono dos confins da terra.*

Mas o povo de Israel dava muitos desgostos, por ser ingrato e por ser pecador. E segundo as más línguas, após muitas ameaças, maldições e castigos, Deus perdeu a paciência.

Desde então, outros povos se atribuíram o presente.

No ano de 1900, o senador Albert Beveridge revelou:

– *Deus escolheu o povo dos Estados Unidos para iniciar a regeneração do mundo.*

## Fundação da divisão do trabalho

Dizem que foi o rei Manu quem outorgou prestígio divino às castas da Índia.

De sua boca brotaram os sacerdotes. De seus braços, os reis e os guerreiros. De suas coxas, os comerciantes. De seus pés, os servos e os artesãos.

E a partir de então construiu-se a pirâmide social, que na Índia tem mais de três mil andares.

Cada um nasce onde deve nascer, para fazer o que deve fazer. Em seu berço está a sua tumba, sua origem é o seu destino: sua vida é a recompensa ou o castigo que merecem suas vidas anteriores, e a herança determina seu lugar e sua função.

O rei Manu aconselhava a corrigir o mau comportamento: *se uma pessoa de casta inferior escuta os versos dos livros sagrados, há que derramar chumbo derretido em seus ouvidos; e se os recita, há que cortar a sua língua.* Estas pedagogias já não são aplicadas, mas até hoje quem sai de seu lugar, no amor, no trabalho ou no que seja, corre o risco de enfrentar escarmentos públicos que poderiam matá-lo ou deixá-lo mais morto que vivo.

Os sem-casta, um de cada cinco hindus, estão abaixo do mais baixo. São chamados de *intocáveis*, porque contaminam: malditos entre os malditos, não podem falar com os demais, nem caminhar seus caminhos, nem tocar seus copos ou seus pratos. A lei os protege, a realidade os expulsa. Qualquer um os humilha e qualquer um as viola, e é assim que as intocáveis acabam sendo tocáveis.

No final do ano de 2004, quando o tsunami atacou a Índia, os intocáveis se ocuparam recolhendo o lixo e os mortos.

Como sempre.

## Fundação da escrita

Quando o Iraque ainda não era o Iraque, ali nasceram as primeiras palavras escritas.

Parecem pegadas de pássaros. Mãos de mestre as desenharam, com varinhas afiadas, na argila.

O fogo, que havia cozido a argila, as guardou. O fogo, que aniquila e salva, mata e dá vida: como os deuses, como nós. Graças ao fogo, as tabuinhas de barro continuam nos contando, até hoje, o que tinha sido contado faz milhares de anos nessa terra entre dois rios.

Em nosso tempo, George W. Bush, talvez convencido de que a escrita tinha sido inventada no Texas, lançou com alegre impunidade uma guerra de extermínio contra o Iraque. Houve milhares e milhares de vítimas, e não apenas gente de carne e osso. Muita memória também foi assassinada.

Numerosas tabuinhas de barro, história viva, foram roubadas ou destroçadas pelos bombardeios.

Uma das tabuinhas dizia:

> *Somos pó e nada.*
> *Tudo que fazemos não é mais que vento.*

## De barro somos

Conforme acreditavam os antigos sumérios, o mundo era terra entre dois rios e também entre dois céus.

No céu de cima, viviam os deuses que mandavam.

No céu de baixo, os deuses que trabalhavam.

E foi assim, até que os deuses de baixo se cansaram de viver trabalhando, e começou a primeira greve da história universal.

Houve pânico.

Para não morrer de fome, os deuses de cima amassaram homens e mulheres de barro, e os puseram para trabalhar para eles.

As mulheres e os homens foram nascidos nas margens dos rios Tigre e Eufrates.

Desse barro foram feitos, também, os livros que contam essa história.

Conforme está dito nesses livros, morrer significa *regressar ao barro.*

## Fundação da taverna

Quando o Iraque era Babilônia, mãos femininas cuidavam da mesa:

*Que nunca falte a cerveja,*
*e a casa seja rica em sopas*
*e o pão abunde.*

Nos palácios e nos templos, o *chef* era homem. Mas na casa, não. A mulher fazia as diversas cervejas, doce, fina, branca, clara, ruiva, preta, envelhecida, e também as sopas e os pães. E o que sobrava era oferecido aos vizinhos.

Com o passar do tempo, algumas casas tiveram balcão e os convidados se tornaram clientes. E nasceu a taverna. E foi lugar de encontro e espaço de liberdade, esse reino pequenino, essa extensão da casa, onde a mulher mandava.

As tavernas eram ninhos de conspirações e de amores proibidos.

Há mais de três mil e setecentos anos, em tempos do rei Hamurabi, os deuses transmitiram 282 leis ao mundo.

Uma das leis mandava queimar vivas as sacerdotisas que participassem em conspirações nas tavernas.

## A missa da mesa

Quando o Iraque era a Assíria, um rei ofereceu em seu palácio da cidade de Nimrod um banquete de vinte pratos quentes, acompanhados de quarenta guarnições e regados por rios de cerveja e de vinho. Conforme contam as crônicas de três mil anos atrás, houve 69.574 convidados, todos homens, mulher nenhuma, além dos deuses que também comeram e beberam.

De outros palácios, ainda mais antigos, provêm as primeiras receitas escritas pelos mestres da cozinha. Eles tinham tanto poder e prestígio quanto os sacerdotes, e suas fórmulas de sagrada comunhão sobreviveram aos naufrágios do tempo e da guerra. Suas receitas nos deixaram indicações muito precisas (*que a massa se eleve até quatro dedos na panela*) e às vezes nem tanto (*espalhar sal a olho*), mas todas terminam dizendo:

*Pronto para servir.*

Há três mil e quinhentos anos, também Aluzinnu, o palhaço, nos deixou suas receitas. Entre elas, esta profecia dos embutidos finos:

*Para o último dia do penúltimo mês do ano, não há manjar comparável à tripa de cu de burro recheada de merda de mosca.*

## Breve história da cerveja

Um dos provérbios mais antigos, escrito na língua dos sumérios, absolve a bebida em caso de acidentes:

*A cerveja é boa.*
*O caminho é que é ruim.*

E de acordo com o que conta o mais antigo dos livros, Enkidu, o amigo do rei Gilgamesh, foi uma fera selvagem até descobrir a cerveja e o pão.

A cerveja viajou para o Egito a partir da terra que agora chamamos de Iraque. Como dava novos olhos ao rosto, os egípcios acharam que era um presente de seu deus Osíris. E como a cerveja de cevada era irmã gêmea do pão, a chamaram de *pão líquido*.

Nos Andes americanos, é a oferenda mais antiga: desde sempre a terra pede que derramem nela uns jorrinhos de chicha, cerveja de milho, para alegrar os seus dias.

## Breve história do vinho

Dúvidas razoáveis nos impedem de saber se Adão foi tentado por uma maçã ou por uma uva.

Mas sabemos que existe vinho neste mundo desde a Idade da Pedra, quando as uvas já fermentavam sem a ajuda de ninguém.

Antigos cânticos chineses receitavam vinho para aliviar as doenças dos tristes.

Os egípcios acreditavam que o deus Hórus tinha um olho de sol e outro de lua, e o olho de lua chorava lágrimas de vinho, que os vivos bebiam para dormir e os mortos, para despertar.

Uma parreira era o emblema de poder de Ciro, rei dos persas, e o vinho regava as festas dos gregos e dos romanos.

Para celebrar o amor humano, Jesus transformou em vinho a água de seis jarras. Foi seu primeiro milagre.

## O rei que quis viver sempre

O tempo, que foi nossa parteira, será nosso verdugo. Ontem o tempo nos deu de mamar, e amanhã irá nos comer.

Assim é, e sabemos disso.

Sabemos?

O primeiro livro nascido no mundo conta as aventuras do rei Gilgamesh, que se negou a morrer.

Esta epopeia passou de boca em boca, faz uns cinco mil anos, e foi escrita pelos sumérios, pelos acádios, pelos babilônios e pelos assírios.

Gilgamesh, monarca das margens do Eufrates, era filho de uma deusa e de um homem. Vontade divina, destino humano: da deusa herdou o poder e a beleza, do homem herdou a morte.

Ser mortal não teve, para ele, a menor importância, até que Enkidu, seu amigo mais amigo, chegou ao último de seus dias.

Gilgamesh e Enkidu haviam compartilhado façanhas assombrosas. Juntos tinham entrado no Bosque dos Cedros, moradia dos deuses, e haviam vencido o gigante guardião, cujo bramido fazia tremer as montanhas. E juntos haviam humilhado o Touro Celeste, que com um bufar só abria uma fossa onde caíam cem homens.

A morte de Enkidu derrubou Gilgamesh e deixou-o apavorado. Descobriu que seu valente amigo era de barro, e que também ele era de barro.

E se lançou no caminho, à procura da vida eterna. O perseguidor da imortalidade vagou por estepes e desertos,

atravessou a luz e a escuridão,

navegou pelos grandes rios,

chegou ao jardim do paraíso,

foi servido pela taverneira mascarada, a dona dos segredos,

chegou ao outro lado do mar,

descobriu o barqueiro que sobreviveu ao dilúvio,

encontrou a erva que dava juventude aos velhos,

seguiu a rota das estrelas do norte e a rota das estrelas do sul,

abriu a porta por onde entra o sol e fechou a porta por onde o sol se vai.

E tornou-se imortal, até morrer.

## Outra aventura da imortalidade

Mauí, o fundador das ilhas da Polinésia, nasceu metade homem e metade deus, como Gilgamesh.

Sua metade divina obrigou o sol, que andava muito apressado, a caminhar lentamente pelo céu, e com um anzol pescou as ilhas, Nova Zelândia, Havaí, Taiti, e uma atrás da outra foi içando-as do fundo do mar e as colocou onde estão.

Mas sua metade humana o condenava à morte. Mauí sabia disso, e suas façanhas não o ajudavam a esquecer.

À procura de Hine, a deusa da morte, viajou para o mundo subterrâneo.

E encontrou-a: imensa, dormindo na neblina. Parecia um templo. Seus joelhos erguidos formavam um arco sobre a porta escondida de seu corpo.

Para conquistar a imortalidade, era preciso entrar inteiro na morte, atravessá-la toda e sair pela boca.

Diante da porta, que era um grande talho entreaberto, Mauí deixou cair sua roupa e suas armas. E entrou, nu, e deslizou, pouco a pouco, ao longo do caminho de úmida e ardente escuridão que seus passos iam abrindo nas profundidades da deusa.

Mas na metade da viagem cantaram os pássaros, e ela despertou, e sentiu Mauí escavando suas entranhas.

E nunca mais o deixou sair.

## De lágrima somos

Antes que o Egito fosse o Egito, o sol criou o céu e as aves que voam no céu e criou o rio Nilo e os peixes que pelo rio Nilo andam e deu vida verde às suas margens negras, que se povoaram de plantas e de animais.

Então o sol, fazedor de vidas, sentou-se para contemplar sua obra.

O sol sentiu a profunda respiração do mundo recém-nascido, que se abria diante de seus olhos, e escutou suas primeiras vozes.

Tanta beleza doía.

As lágrimas do sol caíram na terra e se fizeram barro.

E esse barro fez as pessoas.

## Nilo

O Nilo obedecia ao faraó. Era ele quem abria caminho para as inundações que devolviam ao Egito, ano após ano, sua fertilidade assombrosa. Depois da morte, também: quando o primeiro raio do sol se filtrava por uma fresta na tumba do faraó, e acendia sua cara, a terra dava três colheitas.

Assim era.

Não é mais assim.

Dos sete braços do delta, sobraram dois, e dos ciclos sagrados da fertilidade, que já não são ciclos nem são sagrados, somente restam os antigos hinos de louvor ao rio mais longo:

*Tu apagas a sede de todos os rebanhos.*
*Tu bebes as lágrimas de todos os olhos.*
*Levanta-te, Nilo, que tua voz ressoe!*
*Que se ouça a tua voz!*

## Pedra que diz

Quando Napoleão invadiu o Egito, um de seus soldados encontrou, nas margens do Nilo, uma grande pedra negra, toda gravada de sinais.

Foi chamada de Rosetta.

Jean François Champollion, estudioso das línguas perdidas, passou seus anos de juventude dando voltas ao redor dessa pedra.

Rosetta falava em três línguas. Duas haviam sido decifradas. Os hieróglifos egípcios, não.

Continuava sendo um enigma a escrita dos criadores das pirâmides. Uma escrita muito mentida: Heródoto, Estrabão, Deodoro e Horapolo haviam traduzido o que haviam inventado, e o sacerdote jesuíta Athanasius Kircher havia publicado quatro volumes de disparates. Todos haviam partido da certeza de que os hieróglifos eram imagens que integravam um sistema de símbolos, e seus significados dependiam da fantasia de cada tradutor.

Signos mudos? Homens surdos? Champollion interrogou a pedra Rosetta, durante toda a sua juventude, sem receber outra resposta além de um obstinado silêncio. O pobre-coitado já estava sendo comido pela fome e pelo desalento, quando um dia apareceu uma possibilidade que ninguém antes tinha percebido: e se os hieróglifos fossem, além de símbolos, sons? Se fossem também algo assim como letras de um abecedário?

Nesse dia se abriram as tumbas, e o reino morto falou.

## Escrever não

Uns cinco mil anos antes de Champollion, o deus Thot viajou a Tebas e ofereceu a Thamus, rei do Egito, a arte de escrever. Explicou aqueles hieróglifos, e disse que a escrita era o melhor remédio para curar a memória ruim e a pouca sabedoria.

O rei recusou o presente:

– *Memória? Sabedoria? Esse invento produzirá o esquecimento. A sabedoria está na verdade, e não em sua aparência. Não se pode recordar com memória alheia. Os homens registrarão, mas não recordarão. Repetirão, mas não viverão. Serão informados, mas não saberão.*

## Escrever sim

Ganesha é barrigudo, de tantos caramelos, e tem orelhas e tromba de elefante. Mas escreve com mãos de gente.

Ele é mestre de iniciações, aquele que ajuda as pessoas a começarem suas obras. Sem ele, nada na Índia teria começo. Na arte da escrita, e em todo o resto, o começo é o mais importante. Qualquer princípio é um grandioso momento de vida, ensina Ganesha, e as primeiras palavras de uma carta ou de um livro são tão fundadoras como os primeiros tijolos de uma casa ou de um templo.

## Osíris

Uma escultura egípcia nos contou a história do deus Osíris e de sua irmã Ísis.

Osíris foi assassinado numa dessas brigas de família tão frequentes na terra e no céu, e foi esquartejado e se perdeu nas profundidades do Nilo.

Ísis, sua irmã, sua amante, mergulhou e recolheu seus pedacinhos e foi colando um por um com barro, e de barro modelou o que faltava. E quando o corpo ficou completo, deitou-o na margem.

Esse barro, revolvido pelo Nilo, tinha grãos de cevada e outras plantas.

O corpo de Osíris, corpo brotado, ergueu-se e caminhou.

## Ísis

Como Osíris, Ísis aprendeu no Egito os mistérios do nascimento incessante.

Conhecemos a sua imagem: essa deusa-mãe dando de mamar ao seu filho Hórus, como muito depois a Virgem amamentou Jesus. Mas Ísis nunca foi lá muito virgem, digamos. Fez amor com Osíris, desde que estavam se formando, juntos, no ventre da mãe, e já crescida exerceu durante dez anos, na cidade de Tiro, a mais antiga das profissões.

Nos milhares de anos seguintes, Ísis andou meio mundo, dedicada a ressuscitar as putas, os escravos e os demais malditos.

Em Roma fundou templos no meio dos pobres, na beira dos bordéis. Os templos foram arrasados, por ordem imperial, e seus sacerdotes foram crucificados; mas essas mulas teimosas voltaram à vida uma e várias vezes.

E quando os soldados do imperador Justiniano trituraram o santuário de Ísis na ilha Filae, no Nilo, e sobre as ruínas ergueram a Igreja Católica de são Estevão, os peregrinos de Ísis continuaram indo até o templo render homenagem à sua deusa pecadora, diante do altar cristão.

## O rei triste

Conforme contou Heródoto, o faraó Sesóstris III dominou a Europa inteira e toda a Ásia, premiou os povos valentes dando a eles um pênis como emblema e humilhou os povos covardes, gravando uma vulva em suas pegadas. E como se tudo isso fosse pouco, caminhou sobre os corpos de seus próprios filhos para se salvar do fogo que foi aceso pelo seu irmão, que com muita amabilidade quis assá-lo vivo.

Tudo isso parece incrível, e é. Está confirmado, em compensação, que esse faraó multiplicou os canais de irrigação, transformando desertos em jardins, e quando conquistou Núbia estendeu o império para além da segunda catarata do Nilo. E sabe-se que nunca o reino do Egito havia sido tão pujante e invejado.

No entanto, as estátuas de Sesóstris III são as únicas que nos oferecem um rosto sombrio, olhos de angústia, lábios de amargura. Os outros faraós, perpetuados pelos escultores imperiais, nos olham, serenos, de sua paz celestial.

A vida eterna era um privilégio dos faraós. Talvez, quem sabe, para Sesóstris esse privilégio fosse uma maldição.

## Fundação da galinha

O faraó Tutmose regressou da Síria, depois de completar uma das mais fulminantes campanhas que lhe deram glória e poder do delta do Nilo até o rio Eufrates.

Como era costume, o corpo do rei vencido estava dependurado, de cabeça para baixo, na proa da nau capitã, e a frota inteira vinha repleta de tributos e de oferendas.

Entre os presentes, havia um pássaro fêmea que nunca tinha sido visto, gordo e feio. O presenteador havia presenteado aquele inapresentável:

– *Sim, sim* – admitiu, olhando para o chão. – *Esse pássaro não é belo. Não sabe cantar. Tem o bico muito curto, a crista é boba e os olhos são estúpidos. E suas asas, de penas tristes, se esqueceram de voar.*

Então engoliu saliva. E continuou:

– *Mas tem um filho por dia.*

E abriu uma caixa, onde havia sete ovos.

– *Eis aqui os filhos que pariu na última semana.*

Os ovos foram mergulhados em água fervente.

O faraó os provou descascados e temperados com uma pitada de sal.

O pássaro viajou no seu camarote, deitado ao seu lado.

## Hatsheput

Seu esplendor e sua forma eram divinas, donzela formosa e florescente.

Assim se descreveu, modestamente, a filha mais velha de Tutmose. Hatsheput, a que ocupou seu trono, guerreira filha de guerreiro, decidiu chamar-se *rei* e não rainha. Porque rainhas, mulheres de reis, tinham existido outras, mas Hatsheput era única, a filha do sol, a mandachuva, a de verdade.

E esse faraó com tetas usou capacete e manto de macho e barba de mentira, e deu ao Egito vinte anos de prosperidade e glória.

O sobrinho criado por ela, que dela havia aprendido as artes da guerra e do bom governo, matou sua memória. Ele mandou que essa usurpadora do poder masculino fosse apagada da lista dos faraós, que seu nome e sua imagem fossem suprimidos das pinturas e das marcas e que fossem demolidas as estátuas que ela tinha erguido à sua própria glória.

Mas algumas estátuas e algumas inscrições se salvaram da purga, e graças a essa ineficiência sabemos que existiu, sim, uma faraona disfarçada de homem, a mortal que não quis morrer, a que anunciou: *Meu falcão voa para a eternidade, voa além das bandeiras do reino...*

Três mil e quatrocentos anos depois, sua tumba foi encontrada. Vazia. Dizem que ela estava em algum outro lugar.

## A outra pirâmide

Mais de um século podia levar a construção de algumas pirâmides. Milhares e milhares de homens erguiam, bloco atrás de bloco, dia após dia, a imensa moradia onde cada faraó ia viver a sua eternidade, acompanhado pelos tesouros de seu enxoval funerário.

A sociedade egípcia, que fazia pirâmides, era uma pirâmide.

Na base, estava o camponês sem terra. Durante as inundações do Nilo, ele construía templos, levantava diques, abria canais. E quando as águas do rio voltavam ao seu leito, trabalhava terras alheias.

Há uns quatro mil anos, o escriba Dwa-Jeti retratou-o assim:

*O hortelão carrega o jugo.*
*Seus ombros se dobram debaixo do jugo.*
*No pescoço, tem um calo purulento.*
*Pela manhã, rega legumes.*
*Pela tarde, rega pepinos.*
*Ao meio-dia, rega palmeiras.*
*Às vezes desmorona e morre.*

Não havia monumentos funerários para ele. Nu tinha vivido, e na morte a terra seria sua morada. Jazia nos caminhos do deserto, acompanhado pela esteira onde havia dormido e pela taça de barro de onde havia bebido.

Em sua mão punham alguns grãos de trigo, para o caso de ter fome.

## O deus da guerra

De frente ou de perfil, dava medo Odin, deus de um olho só, o deus mais deus dos vikings, divindade das glórias da guerra, pai das matanças, senhor dos enforcados e dos malfeitores.

Seus dois corvos de confiança, Huguin e Munin, dirigiam seus serviços de inteligência. Todas as manhãs partiam de seus ombros e sobrevoavam o mundo. Ao entardecer, regressavam para contar o que tinham visto e ouvido.

As valquírias, anjos da morte, também voavam para ele. Elas percorriam os campos de batalha, e entre os cadáveres escolhiam os melhores soldados e os recrutavam para o exército de fantasmas que Odin comandava lá nas alturas.

Na terra, Odin oferecia butins fabulosos aos príncipes que protegia, e os armava de couraças invisíveis e espadas invencíveis. Mas os mandava para a morte quando decidia tê-los ao seu lado, lá no céu.

Embora dispusesse de uma frota de mil naus e galopasse em cavalos de oito patas, Odin preferia não se mover. Esse profeta das guerras do nosso tempo combatia de muito longe. Sua lança mágica, avó dos mísseis teleguiados, se soltava da sua mão e sozinha viajava até o peito do inimigo.

## O teatro da guerra

O príncipe japonês Yamato Takeru nasceu faz um bom par de milênios, filho número oitenta do imperador, e começou sua carreira despedaçando seu irmão gêmeo, por ser impontual nos jantares da família.

Depois, aniquilou os camponeses rebeldes da ilha de Kyûshû. Vestido de mulher, penteado de mulher, maquiado de mulher, seduziu os chefes da rebelião e numa festa os abriu, feito melões, a golpes de espada. E em outras paragens atacou outros pobres-diabos que ousavam desafiar a ordem imperial, e os transformou em picadinho, e assim os pacificou, como se dizia na época, como se diz agora.

Mas sua façanha mais famosa foi a que acabou com a infame fama do bandido que estava alvoroçando a província de Izumo. O príncipe Yamato ofereceu-lhe o perdão e a paz, e o rebelado convidou-o para participar de um passeio pelos seus domínios. Em bainha luxuosa, Yamato levou uma espada de madeira, ali metida, ali mentida. Ao meio-dia, o príncipe e o bandido se refrescaram banhando-se no rio. Enquanto o outro nadava, Yamato trocou as espadas. Na bainha do bandido meteu a espada de madeira, e se apoderou da espada de metal.

Ao entardecer, o desafiou.

## A arte da guerra

Há vinte e cinco séculos, o general chinês Sun Tzu escreveu o primeiro tratado de tática e estratégia militar. Seus sábios conselhos continuam sendo aplicados, hoje em dia, nos campos de batalha e também no mundo dos negócios, onde corre muito mais sangue.

Entre outras coisas, dizia o general:

*Se fores capaz, finge incapacidade.*
*Se fores forte, exibe debilidade.*
*Quando estiveres perto, simula que estás longe.*
*Não ataca nunca onde o inimigo é poderoso.*
*Evita sempre o combate que não podes ganhar.*
*Se estás em inferioridade de condições, bate em retirada.*
*Se o inimigo estiver unido, divide-o.*
*Avança quando não te esperarem*
*e, por onde menos esperarem, lança o teu ataque.*
*Para conhecer o inimigo, conhece-te a ti mesmo.*

## O horror da guerra

Em lombo de boi azul, lá ia Lao-Tse.

Andava pelos caminhos da contradição, que conduzem ao secreto lugar onde se fundem a água e o fogo.

Na contradição se encontram o tudo e o nada, a vida e a morte, o próximo e o distante, o antes e o depois.

Lao-Tse, filósofo de aldeia, acreditava que quanto mais rica é uma nação, mais pobre será. E acreditava que conhecendo a guerra aprende-se a paz, porque a dor habita a glória:

*Toda ação provoca reações.*
*A violência regressa sempre.*
*Apenas sarças e espinhos nascem no lugar onde acampam os exércitos.*
*A guerra chama a fome.*
*Quem se deleita na conquista se deleita na dor humana.*
*Os que matam na guerra deveriam celebrar cada conquista com um funeral.*

## Amarelo

O rio mais temido da China chama-se Amarelo, por causa da loucura de um dragão ou da loucura humana.

Antes que a China fosse a China, o dragão K'au-fu tentou atravessar o céu montado num dos dez sóis que existiam naquele tempo.

Ao meio-dia, não pôde mais suportar o fogo.

Incendiado pelo sol, louco de sede, o dragão se deixou cair no primeiro rio que viu. Despencou das alturas até o fundo e bebeu toda a água, até a última gota, e onde o rio tinha estado não sobrou nada além de um longo leito de barro amarelo.

Há quem diga que esta versão não é séria. E dizem que está historicamente comprovado que o rio Amarelo tem esse nome há uns dois mil anos, desde que foram assassinados os bosques vizinhos que o defendiam das avalanchas de neve, barro e lixo. E então o rio, que tinha sido verde como o jade, perdeu sua cor e ganhou seu nome. E com o passar do tempo as coisas foram piorando, até que o rio se transformou numa grande cloaca. Em 1980, quatrocentos delfins viviam ali. No ano de 2004, tinha sobrado um. Não durou muito.

## Yi e a seca

Os dez sóis tinham enlouquecido e andavam girando, todos juntos, pelos céus.

Os deuses convocaram Yi, o arqueiro infalível, o mais hábil nas artes da flecha.

– *A terra arde* – disseram a ele. – *Morrem as pessoas e morrem os animais e morrem as plantas.*

Ao final da noite, o arqueiro Yi esperou. E ao amanhecer, disparou.

Um atrás do outro, os sóis foram apagados para sempre.

Sobreviveu apenas o sol que agora acende os nossos dias.

Os deuses choraram a morte de seus filhos ardentes. E embora Yi tivesse sido convocado pelos deuses, eles o expulsaram do céu:

– *Já que você tanto ama os terrestres, fique com eles.*

E Yi foi-se embora para o exílio.

E tornou-se mortal.

## Yu e a inundação

Após a seca, veio a inundação.

Rangiam as rochas, uivavam as árvores. O rio Amarelo, ainda sem nome, engoliu gente e plantações e afogou vales e montanhas.

Yu, o deus manco, acorreu em auxílio do mundo.

Caminhando a duras penas, Yu entrou na inundação e com sua pá abriu canais e túneis para desafogar a água enlouquecida.

Yu foi ajudado por um peixe que conhecia os segredos do rio, por um dragão que marchava na frente desviando a água com a cauda, e por uma tartaruga que vinha atrás carregando o lodo.

## Fundação do livro chinês

Cang Jie tinha quatro olhos.

Ganhava a vida lendo estrelas e adivinhando destinos.

Ele criou os sinais que desenham palavras, depois de muito estudar o desenho das constelações, o perfil das montanhas e a plumagem das aves.

Em um dos livros mais antigos, feito de plaquinhas de tronco de bambu, os ideogramas inventados por Cang Jie contam a história de um reino onde os homens viviam mais de oito séculos e as mulheres eram da cor da luz, porque comiam sol.

O Senhor do Fogo, que comia rochedos, desafiou o poder real e rumo ao trono lançou suas tropas. E suas artes mágicas fizeram cair uma espessa cortina de névoa que deixou abobado o exército do palácio. Os soldados capengavam na cerração, cegos, sem rumo, quando a Mulher Negra, que voava com plumas de ave, baixou das alturas, inventou a bússola e a deu de presente ao rei desesperado.

E a névoa foi vencida, e o inimigo também.

## Retrato de família na China

Na antiguidade dos tempos, Shun, o hibisco, reinou na China. E Ho Yi, o milho, foi seu ministro da Agricultura.

Os dois tinham enfrentado certas dificuldades em sua vida infantil.

Desde que nasceu, o pai e o irmão mais velho de Shun não tiveram a menor simpatia por ele, e botaram fogo na casa com o bebê lá dentro, mas a criança nem se chamuscou. Então o puseram num poço e jogaram terra em cima, até tapá-lo completamente, mas o bebê nem percebeu.

Também seu ministro, Ho Yi, tinha sobrevivido aos afagos familiares. Sua mãe, convencida de que o recém-nascido ia trazer má sorte, abandonou-o em pleno campo, para que a fome o matasse. E como a fome não o matou, atirou-o no bosque, para que fosse comido pelos tigres. E como os tigres não se interessaram por ele, jogou-o na neve, para que o frio acabasse com ele. E alguns dias depois encontrou-o de bom humor, mas se queixando um pouquinho do calor.

## Seda que foi baba

Lei Zu, a rainha de Huangdi, fundou a arte chinesa da seda.

Pelo que contam os contadores de contos da memória, Lei Zu criou o primeiro bicho-da-seda. Deu para a minhoca umas folhas de amoreira branca, e pouco depois os fios de baba do bichinho foram tecendo um casulo que envolveu seu corpo. Então os dedos de Lei Zu desenrolaram esse fio quilométrico, pouco a pouco, da mais delicada maneira. E assim o casulo, que ia virar borboleta, virou seda.

A seda transformou-se em gases transparentes, musselinas, tules e tafetás, e vestiu as damas e os senhores com espessos veludos e brocados suntuosos, bordados de pérolas.

Fora do reino, a seda era um luxo proibido. Suas rotas atravessavam montanhas de neve, desertos de fogo e mares povoados por sereias e piratas.

## A fuga do bicho-da-seda

Muito tempo depois, nas rotas da seda não acossavam mais tantos inimigos terríveis, mas perdia a cabeça quem tirasse da China sementes de amoreira ou ovos do tecelão.

No ano de 420, Xuanzang, rei de Yutian, pediu a mão de uma princesa chinesa. Ele a tinha visto uma única vez, disse, mas desde aquele relâmpago contínuo continuou vendo-a noite e dia.

A princesa Lu Shi foi concedida a ele.

Um embaixador viajou para levá-la.

Houve uma troca de presentes e intermináveis recepções e cerimônias.

Em certo momento, quando conseguiu falar a sós, o embaixador contou à princesa as angústias do marido que a esperava. O reino de Yutian sempre tinha pago em jade a seda da China, mas pouco jade restava por lá.

Lu Shi não disse nada. Seu rosto de lua cheia não se moveu.

E se puseram no caminho. A caravana que a acompanhava, milhares de camelos, milhares de repicantes sininhos, atravessou o vasto deserto e chegou à fronteira no passo de Yumenguan.

A inspeção durou uns tantos dias. Nem a princesa escapou de ser revistada.

Enfim, e depois de muito andar, o cortejo nupcial chegou ao seu destino.

Lu Shi tinha feito a viagem sem dizer uma só palavra, sem gesto algum.

Ela mandou que todos se detivessem num mosteiro. Ali foi banhada e perfumada. Ao som de música ela comeu, e em silêncio ela dormiu.

Quando seu homem chegou, Lu Shi entregou-lhe as sementes de amoreira que tinha trazido escondidas em seu cofre de remédios. Depois apresentou-lhe as três donzelas de seu serviço, que não eram donzelas nem eram de seu serviço. Eram especialistas nas artes da seda. E depois tirou de sua cabeça a grande touca que a envolvia, feita de folhas de canela, e abriu para ele a sua negra cabeleira. Ali estavam os ovos do bicho-da-seda.

Do ponto de vista da China, Lu Shi foi uma traidora da pátria onde nasceu.

Do ponto de vista de Yutian, foi uma heroína na pátria onde reinou.

## O imperador que viveu construindo a morte

A China se chama China por causa de Chin, Chin Shi Huang, que foi seu primeiro imperador.

Ele fundou a sangue e fogo a nação, que até então estava despedaçada em reinos inimigos, impôs uma língua comum e um comum sistema de pesos e medidas e criou uma moeda única, feita de bronze e com um furinho no meio. E para proteger seus domínios mandou erguer a Grande Muralha, uma infinita onda de pedra que atravessa o mapa e continua sendo, dois mil e duzentos anos depois, a defesa militar mais visitada do mundo.

Mas essas minúcias nunca lhe tiraram o sono. A obra de sua vida foi sua morte: sua sepultura, seu palácio para o depois.

Começou a construção no dia em que se sentou no trono, aos treze anos de idade, e ano após ano o mausoléu foi crescendo, até ser maior que uma cidade. Também cresceu o exército que ia custodiá-lo, mais de sete mil ginetes e soldados de infantaria, com seus uniformes da cor do sangue e suas negras armaduras. Esses guerreiros de barro, que agora assombram o mundo, tinham sido modelados pelos melhores escultores. Nasciam a salvo da velhice e eram incapazes de traição.

O monumento funerário era trabalho de presos, que extenuados morriam e eram jogados no deserto. O imperador dirigia a obra em seus mínimos detalhes e exigia mais e mais. Estava muito apressado. Várias vezes seus inimigos tinham tentado matá-lo, e ele tinha pânico de morrer sem sepultura. Viajava disfarçado, e cada noite dormia num lugar diferente.

E chegou o dia em que a colossal tarefa terminou. O exército estava completo. O gigantesco mausoléu também, e era uma obra-prima. Qualquer mudança ofenderia a sua perfeição.

Então, quando o imperador estava a ponto de fazer meio século de vida, a morte veio buscá-lo e ele se deixou levar.

O grande teatro estava pronto, abriam-se as cortinas, a função começava. Ele não poderia faltar. Aquela era uma ópera para uma só voz.

## Assassinos de pés

Há um par de séculos, Li Yu-chen inventou uma China ao contrário. Em seu romance *Flores do espelho* havia um país das mulheres, onde elas mandavam.

Na ficção, elas eram eles; e eles, elas. Os homens, condenados a satisfazer as mulheres, eram obrigados às mais diversas servidões. Entre outras humilhações, tinham de aceitar que seus pés fossem atrofiados.

Ninguém levou a sério essa possibilidade impossível. E os homens continuaram amassando os pés das mulheres até transformá-los em alguma coisa parecida a patas de cabra.

Durante mais de mil anos, até bem avançado o século XX, as normas de beleza proibiram que o pé feminino crescesse.

Na China foi escrita, no século IX, a primeira versão da Gata Borralheira, onde ganhou forma literária a obsessão masculina pelo pé feminino diminuto; e ao mesmo tempo, anos mais, anos menos, se impôs o costume de vendar, desde a infância, os pés das filhas.

E não apenas por um ideal estético. Além de tudo, os pés atados atavam: eram um escudo da virtude. Impedindo que as mulheres se movessem livremente, evitavam que uma escapadela indecente qualquer pudesse pôr em perigo a honra da família.

## Contrabandistas de palavras

Os pés de Yang Huanyi haviam sido atrofiados na infância. Aos tombos, caminhou pela vida. Morreu no outono de 2004, quando estava a ponto de fazer um século de vida.

Era a última conhecedora do Nushu, a linguagem secreta das mulheres chinesas.

Esse código feminino vinha de tempos antigos. Expulsas do idioma dos homens, do idioma masculino, que elas não podiam escrever, tinham fundado seu próprio idioma, clandestino, proibido aos homens. Nascidas para ser analfabetas, tinham inventado seu próprio alfabeto, feito de sinais que simulavam ser adornos e eram indecifráveis aos olhos de seus amos.

As mulheres desenhavam suas palavras em roupas e leques. As mãos que as bordavam não eram livres. As palavras, sim.

## O pânico macho

Na noite mais antiga jaziam juntos, pela primeira vez, a mulher e o homem. Então ele escutou um ruidozinho ameaçante no corpo dela, um ranger de dentes entre suas pernas, e o susto cortou-lhe o abraço.

Os machos mais machos tremem até hoje, em qualquer lugar do mundo, quando recordam, sem saber o que recordam, aquele perigo de devoração. E se perguntam, sem saber o que perguntam: será que a mulher continua sendo uma porta de entrada que não tem saída? Será que nela fica quem nela entra?

## Uma arma perigosa

Em mais de trinta países, a tradição manda cortar o clitóris.

O talho confirma o direito de propriedade do marido sobre sua mulher, ou suas mulheres.

Os mutiladores chamam de *purificação* esse crime contra o prazer feminino, e explicam que o clitóris

*é um dardo envenenado,*
*é uma cauda de escorpião,*
*é um ninho de termitas,*
*mata o homem ou o deixa doente,*
*excita as mulheres,*
*envenena seu leite,*
*e as torna insaciáveis*
*e as deixa loucas de pedra.*

Para justificar a mutilação, citam o profeta Maomé, que jamais tocou no assunto, e o Corão, que tampouco o menciona.

## As nove luas

Gútapa passava a vida cochilando, balançando na rede, enquanto sua mulher, que nem nome tinha, coçava sua cabeça, espantava os mosquitos e dava comida em sua boca. De vez em quando, ele se levantava e propiciava-lhe uma boa sova, para assegurar sua boa conduta e ao mesmo tempo se manter em forma.

Quando a mulher fugiu, Gútapa se lançou à sua procura pelos barrancos do rio Amazonas, e com um pedaço de pau surrava qualquer possível esconderijo da fugitiva. E bateu com alma e vida num buraco escondido, onde havia uma casa de marimbondos.

Os marimbondos, turbilhão furioso, cravaram mil ferrões em seu joelho.

O joelho inchou. E lentamente, lua após lua, transformou-se num balão enorme. E dentro do balão foram ganhando forma e movimento muitos minúsculos homenzinhos e mulherezinhas que teciam cestas e colares e entalhavam flechas e zarabatanas.

Na nona lua, Gútapa pariu. De seu joelho nasceram os primeiros ticunas, que foram recebidos com grande algaravia pela arara azul, pelo papagaio goiabeiro, pelo papagaio uveiro e por outros comentaristas.

## Vitorioso sol, lua vencida

A lua perdeu a primeira batalha contra o sol quando se divulgou a notícia de que não era o vento quem engravidava as mulheres.

Depois, a história trouxe outras tristes novidades:

a divisão do trabalho atribuiu quase todas as tarefas às fêmeas, para que nós, machos, pudéssemos dedicar-nos ao mútuo extermínio;

o direito de propriedade e o direito de herança permitiram que elas fossem donas de nada;

a organização da família meteu as mulheres na gaiola do pai, do marido e do filho macho

e consolidou-se o Estado, que era como a família, porém maior.

A lua compartilhou a queda de suas filhas.

Longe ficaram os tempos em que a lua do Egito devorava o sol ao anoitecer e ao amanhecer o engendrava,

a lua da Irlanda submetia o sol ameaçando-o com a noite perpétua

e os reis da Grécia e de Creta se disfarçavam de rainha, com tetas de pano, e nas cerimônias sagradas desfraldavam a lua como estandarte.

Em Iucatã, a lua e o sol tinham vivido casados. Quando brigavam, havia eclipse. Ela, a lua, era a senhora dos mares e dos mananciais e a deusa da terra. Com o passar do tempo, perdeu seus poderes. Agora só cuida de partos e enfermidades.

Na costa do Peru, a humilhação teve data. Pouco antes da invasão espanhola, no ano de 1463, a lua do reino chimu, a que mais mandava, rendeu-se diante do exército do sol dos incas.

## Mexicanas

Tlazoltéotl, lua mexicana, deusa da noite huasteca, conseguiu achar um lugarzinho no panteão macho dos astecas.

Ela era a mãe mais que mãe que protegia as paridas e as parteiras e guiava a viagem das sementes rumo às plantas. Deusa do amor e também do lixo, condenada a comer merda, encarnava a fecundidade e a luxúria.

Como Eva, como Pandora, Tlazoltéotl tinha a culpa da perdição dos homens; e as mulheres que nasciam em seu dia viviam condenadas ao prazer.

E quando a terra tremia, por vibração suave ou terremoto devastador, ninguém tinha a menor dúvida:

– *É ela.*

## Egípcias

Heródoto, vindo da Grécia, comprovou que o rio e o céu do Egito não se pareciam a nenhum outro rio nem a nenhum outro céu, e a mesma coisa acontecia com os costumes. Gente estranha, os egípcios: amassavam a farinha com os pés e o barro com as mãos, e mumificavam seus gatos mortos e os guardavam em câmaras sagradas.

Porém, o que mais chamava a sua atenção era o lugar que as mulheres ocupavam entre os homens. Elas, fossem nobres ou plebeias, se casavam livremente e sem renunciar aos seus nomes ou bens. A educação, a propriedade, o trabalho e a herança eram direitos delas, e não apenas deles, e eram elas que faziam as compras no mercado enquanto eles ficavam tecendo em casa. De acordo com Heródoto, que era bastante inventador, elas mijavam de pé e eles, de joelhos.

## Hebreias

De acordo com o Antigo Testamento, as filhas de Eva continuavam sofrendo o castigo divino.

Podiam morrer apedrejadas as adúlteras, as feiticeiras e as mulheres que não chegavam virgens ao matrimônio;

marchavam para as fogueiras as que se prostituíam sendo filhas de sacerdotes

e a lei divina mandava cortar a mão da mulher que agarrasse um homem pelas bolas, mesmo que fosse em defesa pessoal ou em defesa de seu marido.

Durante quarenta dias ficava impura a mulher que parisse filho varão. Oitenta dias durava a sujeira, se fosse filha.

Impura era a mulher com menstruação, por sete dias e sete noites, e transmitia sua impureza a qualquer um que a tocasse ou tocasse a cadeira onde se sentava ou o leito onde dormia.

## Hindus

Mitra, mãe do sol e da água e de todas as fontes da vida, foi deusa desde que nasceu. Quando chegou à Índia, vinda da Babilônia ou da Pérsia, a deusa teve que virar deus.

Passaram-se uns tantos anos desde a chegada de Mitra, e até hoje as mulheres não são muito bem-vindas na Índia. Há menos mulheres que homens. Em algumas regiões, há oito para cada dez homens. São muitas as que não chegam ao fim da viagem, porque morrem no ventre da mãe, e muitas mais as que são asfixiadas ao nascer.

Melhor prevenir que remediar, e muitas delas são muito perigosas, conforme adverte um dos livros sagrados da tradição hindu:

– *Uma mulher lasciva é o veneno, é a serpente e é a morte, tudo em uma só.*

Também há virtuosas, embora as boas maneiras estejam se perdendo. A tradição manda que as viúvas se atirem na fogueira onde arde o marido morto, mas sobram poucas dispostas a cumprir essa ordem, se é que sobra alguma.

Durante séculos ou milênios elas existiram, e foram muitas. Em compensação, não se sabe, nem se soube jamais, em toda a história da Índia, de um único caso de marido que tenha mergulhado na pira de sua finada esposa.

## Chinesas

Faz uns mil anos, as deusas chinesas deixaram de ser deusas.

O poder macho, que já tinha se imposto na terra, estava pondo ordem também nos céus. A deusa Shi Hi foi partida em dois deuses, a deusa Nu Gua foi degradada à categoria de mulher.

Shi Hi tinha sido a mãe dos sóis e das luas. Ela dava consolo e alimento aos seus filhos e filhas depois de exaustivas viagens através do dia e da noite. Quando foi dividida em Shi e Hi, deuses varões, ela deixou de ser ela, e desapareceu.

Nu Gua não desapareceu, mas se limitou a ser uma mera mulher.

Em outros tempos, ela havia sido a fundadora de tudo que vive:

havia cortado as patas da grande tartaruga cósmica, para que o mundo e o céu tivessem colunas onde se apoiar,

havia salvado o mundo das catástrofes do fogo e da água,

havia inventado o amor, deitada com seu irmão atrás de um alto leque de plantas

e havia criado os nobres e os plebeus, amassando os de cima com argila amarela e os de baixo com barro do rio.

## Romanas

Cícero havia explicado que as mulheres deviam ficar submetidas a guardiões masculinos *devido à debilidade de seu intelecto.*

As romanas passavam das mãos de um varão às mãos de outro varão. O pai que casava a filha podia cedê-la ao marido como propriedade ou entregá-la como empréstimo. Fosse como fosse, o que importava era o dote, o patrimônio, a herança: do prazer, cuidavam as escravas.

Os médicos romanos acreditavam, como Aristóteles, que as mulheres todas, patrícias, plebeias ou escravas, tinham menos dentes e menos cérebros que os homens e que nos dias de menstruação embaçavam os espelhos com um véu avermelhado.

Plínio, o Velho, a maior autoridade científica do império, demonstrou que a mulher menstruada azedava o vinho novo, esterilizava as colheitas, secava as sementes e as frutas, matava os enxertos das plantas e os enxames de abelhas, enferrujava o bronze e enlouquecia os cães.

## Gregas

De uma dor de cabeça pode nascer uma deusa. Ateneia brotou da dolorida cabeça de seu pai, Zeus, que se abriu para dar-lhe nascimento. Ela foi parida sem mãe.

Tempos depois, seu voto foi decisivo no tribunal dos deuses, quando o Olimpo precisou pronunciar uma sentença difícil.

Para vingar o pai, Electra e seu irmão Orestes tinham arrebentado com uma machadada o pescoço da mãe.

As Fúrias acusavam. Exigiam que os assassinos fossem apedrejados até a morte, porque é sagrada a vida de uma rainha e quem mata a mãe não tem perdão.

Apolo assumiu a defesa. Argumentou que os acusados eram filhos de mãe indigna e que a maternidade não tinha a menor importância. Uma mãe, afirmou Apolo, não passa de um sulco inerte onde o homem planta a sua semente.

Dos treze deuses do júri, seis votaram pela condenação e seis pela absolvição.

Ateneia decidia o desempate. Ela votou contra a mãe que não teve e deu vida eterna ao poder macho em Atenas.

## Amazonas

As amazonas, temíveis mulheres, tinham lutado contra Hércules quando ele ainda era Héracles, e contra Aquiles na

Guerra de Troia. Odiavam os homens e cortavam o seio direito para que suas flechadas fossem mais certeiras.

O grande rio que atravessa o corpo da América de lado a lado se chama Amazonas por obra e graça do conquistador espanhol Francisco de Orellana.

Ele foi o primeiro europeu que o navegou, lá de dentro da terra até o mar afora. Voltou para a Espanha com um olho a menos, e contou que seus bergantins tinham sido crivados a flechadas por mulheres guerreiras, que lutavam nuas, rugiam como feras e quando sentiam fome de amores sequestravam homens, os beijavam na noite e os estrangulavam ao amanhecer.

E para dar prestígio grego ao seu relato, Orellana disse que elas eram aquelas amazonas adoradoras da deusa Diana, e com seu nome batizou o rio onde tinham seu reino.

Os séculos se passaram. Das amazonas, nunca mais ninguém soube. Mas o rio continua com seu nome, e embora a cada dia o envenenem os pesticidas, os adubos químicos, o mercúrio das minas e o petróleo dos barcos, suas águas continuam sendo as mais ricas do mundo em peixes, aves e histórias.

## Quando o fígado era a casa da alma

Em outros tempos, muito antes que existissem os cardiologistas e os compositores de bolero, as revistas do coração se chamariam revistas do fígado.

O fígado era o centro de tudo.

De acordo com a tradição chinesa, o fígado era o lugar onde a alma dormia e sonhava.

No Egito, a custódia do fígado era responsabilidade de Amset, filho do deus Horus, e em Roma quem cuidava dele era ninguém menos que Júpiter, o pai dos deuses.

Os etruscos liam o destino no fígado dos animais que sacrificavam.

De acordo com a tradição grega, Prometeu roubou para nós, os humanos, o fogo dos deuses. E Zeus, o mandachuva do Olimpo, castigou-o acorrentando-o numa pedra onde um abutre comia seu fígado todo dia.

Não o coração: o fígado. Mas todo dia o fígado de Prometeu renascia, e essa era a prova da sua imortalidade.

## Fundação do machismo

Como se tal suplício fosse pouco, Zeus também castigou a traição de Prometeu criando a primeira mulher. E mandou o presente para nós.

De acordo com os poetas do Olimpo, ela se chamava Pandora, era bela e curiosa e um tanto atarantada.

Pandora chegou à terra com uma grande caixa nos braços. Dentro da caixa estavam, prisioneiras, as desgraças. Zeus tinha proibido Pandora de abrir a caixa; mas nem bem aterrissou entre nós, ela não aguentou a tentação e destampou-a.

As pragas desandaram a voar e nos cravaram seus ferrões. E assim a morte chegou ao mundo, e chegaram a velhice, a doença, a guerra, o trabalho...

De acordo com os sacerdotes da Bíblia, outra mulher, chamada Eva, criada por outro deus em outra nuvem, também só nos trouxe calamidades.

## Héracles

Zeus era muito castigador. Por causa de mau comportamento, vendeu como escravo seu filho Héracles, que depois, em Roma, passou a se chamar Hércules.

Héracles foi comprado por Onfale, rainha de Lídia, e aos seus serviços liquidou uma serpente gigante, coisa que não exigiu grande esforço a quem despedaçava serpentes desde que era bebê, e capturou os gêmeos que pelas noites, transformados em moscas, roubavam o sono das pessoas.

Mas para a rainha Onfale não interessavam nem um pouco essas proezas. Ela queria um amante, e não um guardião.

Passavam quase o tempo todo trancados. Quando apareciam, ele exibia colares de pérolas, braceletes de ouro e coloridas anáguas que pouco duravam, porque seus músculos arrebentavam as costuras, e ela vestia a pele do leão que ele tinha asfixiado, com seus braços, em Nemeia.

Segundo o que se dizia no reino, quando ele se portava mal, ela batia em sua bunda com uma sandália. E dizia-se que nas horas vagas Héracles se atirava aos pés de sua dona e se distraía fiando e tecendo, enquanto as mulheres da corte o abanavam, penteavam, perfumavam, davam de comer em sua boca e serviam-lhe vinho aos golinhos.

Três anos duraram as férias, até que Zeus, o pai, mandou que Héracles voltasse de uma vez por todas ao trabalho e culminasse suas doze façanhas de supermacho universal.

## Fundação da Organização Internacional do Comércio

Era preciso eleger o deus do comércio. Do trono do Olimpo, Zeus estudou a própria família. Não precisou pensar muito. Tinha que ser Hermes.

Zeus deu a ele sandálias com asinhas de ouro e encarregou-o de promover o intercâmbio mercantil, a assinatura de tratados e a salvaguarda da liberdade do comércio.

Hermes, que depois, em Roma, se chamou Mercúrio, foi escolhido porque era o que mentia melhor.

## Fundação do Correio

Há dois mil e quinhentos anos, os cavalos e os gritos levavam notícias e mensagens às lonjuras.

Ciro, o Grande, filho da casa dos Aquemênidas, príncipe de Anzan, rei da Pérsia, havia organizado um sistema de correio que funcionava, dia e noite, através de revezamentos sucessivos dos melhores ginetes da cavalaria persa.

O serviço expresso, mais caro, trabalhava aos gritos. De voz em voz, as palavras atravessavam as montanhas.

## Eco

Em outros tempos, a ninfa Eco tinha sabido dizer. E dizia com tanta graça que suas palavras pareciam não usadas, jamais ditas antes por boca alguma.

Mas a deusa Hera, a esposa legal de Zeus, amaldiçoou-a num de seus frequentes ataques de ciúmes. E Eco sofreu o pior dos castigos: foi despojada de voz própria.

Desde então, é incapaz de dizer, só consegue repetir.

O costume transformou essa maldição em virtude.

## Tales

Há dois mil e seiscentos anos, na cidade de Mileto, um sábio distraído chamado Tales passeava pelas noites, e espiando estrelas costumava despencar em algum poço.

Tales, homem curioso, conseguiu averiguar que nada morre, que tudo se transforma e que nada existe no mundo que não esteja vivo, e que na origem e no fim de toda vida está a água. Não os deuses: a água. Os terremotos ocorrem porque o mar se move e alvoroça a terra, e não por causa dos ataques de raiva de Posêidon. Não é pela graça divina que o olho vê, mas porque o olho reflete a realidade, como o rio reflete os arbustos das margens. E os eclipses acontecem porque a lua tapa o sol, e não porque o sol se esconde das iras do Olimpo.

Tales, que no Egito havia aprendido a pensar, predisse os eclipses sem erro, e sem erro mediu a distância dos barcos que vinham de alto-mar, e soube calcular exatamente a altura da pirâmide de Quéops pela sombra que ela projetava. Atribui-se a ele o teorema mais famoso, e quatro mais, e dizem até que descobriu a eletricidade.

Mas talvez sua grande façanha tenha sido outra: viver como viveu, despido do abrigo da religião, sem consolos.

## Fundação da música

Quando Orfeu acariciou as cordas da lira, os carvalhos dançaram, pela graça de seus sons, nos bosques da Trácia.

Quando Orfeu embarcou com os argonautas, as rochas escutaram a música, língua em que todas as línguas se encontravam, e a nau salvou-se do naufrágio.

Quando o sol nascia, a lira de Orfeu o saudava, do topo do monte Pangaeum, e conversavam os dois de igual para igual, de luz para luz, porque também a música acendia o ar.

Zeus enviou um raio, que partiu em dois o autor dessas arrogâncias.

## Monopólio divino

Os deuses não suportam a competição dos terrestres comuns e correntes.

Nós lhes devemos humilhação e obediência. Fomos feitos por eles, conforme eles dizem; e a censura do alto céu proíbe que se divulgue o rumor de que são eles que foram feitos por nós.

Quando advertiram que víamos além do horizonte, os deuses maias jogaram pó em nossos olhos; e os deuses gregos deixaram Fineo, rei de Salmidesos, cego, quando souberam que ele via além do tempo.

Lúcifer era o arcanjo preferido do deus dos judeus, dos cristãos e dos muçulmanos. Quando Lúcifer tentou levantar seu trono acima das estrelas, esse deus transformou-o em cinza, queimando-o no fogo de sua própria beleza.

E foi esse deus quem expulsou Adão e Eva, os primeiros, os que não tinham umbigo, porque quiseram conhecer a glória divina; e foi ele quem castigou os construtores da torre de Babel, que estavam cometendo a insolência de chegar ao céu.

## Obrigado, senhor

Na Babilônia, a cidade maldita, que segundo a Bíblia foi *puta e mãe de putas*, estava sendo erguida aquela torre que era um pecado da arrogância humana.

E o raio da ira não tardou: Deus condenou os construtores a falar línguas diferentes, para que nunca mais ninguém pudesse se entender com ninguém, e a torre ficou para sempre pela metade.

Segundo os antigos hebreus, a diversidade das línguas humanas foi um castigo divino.

Mas talvez, querendo castigar-nos, Deus nos tenha feito o favor de salvar-nos da chatice da língua única.

## Fundação dos idiomas

Segundo os antigos mexicanos, a história é outra.

Eles contaram que a montanha Chicomóztoc, erguida onde o mar se partia em duas metades, tinha sete grutas em suas entranhas.

Em cada uma das grutas reinava um deus.

Com terra das sete grutas, e sangue dos sete deuses, foram amassados os primeiros povos nascidos no México.

Devagarinho, pouco a pouco, os povos foram brotando das bocas da montanha.

Cada povo fala, até hoje, a língua do deus que o criou.

Por isso as línguas são sagradas, e são diversas as músicas do dizer.

## Todas as chuvas

O deus dos hebreus andava cansado dos maus modos de seus filhos, e o dilúvio foi um castigo que sepultou debaixo das águas toda carne humana e também, aproveitando, os animais do campo e as aves do céu.

Noé, o único homem justo, teve o privilégio de construir uma arca de madeira, de três andares, para salvar sua família e um casal de macho e fêmea de cada uma das espécies que tinham povoado o mundo.

Todos os outros foram afogados pela inundação.

Também mereceram a morte os que tinham sido expulsos da arca: os casais anormais, como o cavalo trepado na burra ou a cadela apaixonada pelo lobo, e os machos dominados pelas fêmeas, que ignoravam a hierarquia natural.

## Fundação religiosa do racismo

Noé embebedou-se celebrando a chegada da arca ao monte Ararat.

Despertou incompleto. Segundo uma das diversas versões da Bíblia, seu filho Cam o havia castrado enquanto ele dormia. E essa versão diz que Deus amaldiçoou Cam e seus filhos e os filhos de seus filhos, condenando-os à escravidão pelos séculos dos séculos.

Mas nenhuma das diversas versões da Bíblia disse que Cam era negro. A África não vendia escravos quando a Bíblia nasceu, e Cam escureceu sua pele muito tempo depois. Talvez sua negritude tenha começado a aparecer lá pelos séculos XI ou XII, quando os árabes iniciaram o tráfico de escravos do sul do deserto, mas certamente Cam passou a ser totalmente negro lá pelos séculos XVI ou XVII, quando a escravidão se transformou no grande negócio europeu.

A partir de então, outorgou-se prestígio divino e vida eterna ao tráfico negreiro. A razão a serviço da religião, a religião a serviço da opressão: como os escravos eram negros, Cam devia ser negro. E seus filhos, também negros, nasciam para ser escravos, porque Deus não se enganava nunca.

E Cam e seus filhos e os filhos de seus filhos teriam cabelo crespo, olhos vermelhos e lábios inchados, andariam nus exibindo seus pênis escandalosos, seriam praticantes do roubo, odiariam seus amos, jamais diriam a verdade e dedicariam às coisas sujas seu tempo de dormir.

## Fundação científica do racismo

*Raça caucasiana* se chama, até hoje, a minoria branca que ocupa o topo das hierarquias humanas.

Assim foi batizada, em 1775, por Johann Friedrich Blumenbach.

Este zoólogo acreditava que o Cáucaso era o berço da humanidade, e que dali provinham a inteligência e a beleza. O termo continua sendo usado, contra toda evidência, nos nossos dias.

Blumenbach havia reunido 245 crânios que fundamentavam o direito dos europeus a humilhar os demais.

A humanidade formava uma pirâmide de cinco andares.

Lá no alto, os brancos.

A pureza original havia sido arruinada, andares abaixo, pelas raças de pele suja: os nativos australianos, os índios americanos, os asiáticos amarelos. E debaixo de todos, deformados por fora e por dentro, ficavam os negros africanos.

A ciência sempre situava os negros no porão.

Em 1863, a Sociedade Antropológica de Londres chegou à conclusão de que os negros eram intelectualmente inferiores aos brancos, e que só os europeus tinham a capacidade de *humanizá-los e civilizá-los.* A Europa consagrou suas melhores energias a essa nobre missão, mas não teve sorte. Quase um século e meio depois, no ano de 2007, o norte-americano James Watson, prêmio Nobel de Medicina, afirmou que está cientificamente demonstrado que os negros continuam sendo menos inteligentes que os brancos.

## O amar dos amares

Cantou o rei Salomão à mais mulher de suas mulheres. Cantou ao seu corpo e à porta de seu corpo e ao verdor do leito compartilhado.

O "Cantar dos cantares" não se parece nem um pouquinho aos outros livros da Bíblia de Jerusalém. Por que está lá?

Segundo os rabinos, é uma alegoria do amor de Deus por Israel. Segundo os padres, uma jubilosa homenagem à boda de Cristo com a Igreja. Mas nenhum verso menciona Deus, e muito menos Cristo nem a Igreja, que nasceram muito depois que o "Cantar" fosse cantado.

Na verdade, parece que esse encontro entre um rei judeu e uma mulher negra foi uma celebração da paixão humana e da diversidade das nossas cores.

*Melhores que o vinho são os beijos de tua boca,* cantava essa mulher.

E de acordo com a versão que chegou aos nossos dias, ela cantava também:

*Sou negra, mas sou bela.*

E se desculpava atribuindo sua cor ao seu trabalho, a sol a pino, nos vinhedos.

Acontece que, segundo outras versões, o *mas* foi acrescentado. Ela cantava:

*Sou negra, e bela.*

## Alexandre

Demóstenes caçoava:

– *Esse rapazinho quer que levantemos altares para ele. Pois bem. Vamos dar-lhe esse gosto.*

O rapazinho era Alexandre Magno. Dizia-se parente de Hércules e de Aquiles. Fazia-se chamar de *o deus invencível.* Tinha sido ferido oito vezes e continuava conquistando o mundo.

Havia começado coroando-se rei da Macedônia depois de matar a parentada inteira e, querendo coroar-se rei de todo o resto, viveu em guerra contínua os poucos anos de sua vida.

Seu cavalo negro rompia o vento. Ele era sempre o primeiro a atacar, espada na mão, penacho de penas brancas, como se cada batalha fosse uma questão pessoal:

– *Eu não roubo a vitória* – dizia.

E recordava muito bem a lição de Aristóteles, seu mestre:

– *A humanidade se divide entre os que nascem para mandar e os que nascem para obedecer.*

Com mão de ferro apagava as rebeliões, crucificava ou apedrejava os desobedientes, mas era um conquistador estranho, que respeitava os costumes de seus conquistados e até se dava o luxo de aprendê-los. Nascido para ser o rei dos reis, invadiu terras e mares dos Bálcãs até a Índia, passando pela Pérsia e pelo Egito e tudo o que encontrou pela frente, e em todos os lados semeou matrimônios. Sua astuta ideia de casar os soldados gregos com as mulheres do lugar foi uma desagradável novidade para Atenas, onde caiu muito mal, mas consolidou o prestígio e o poder de Alexandre em seu novo mapa do mundo.

Efestion acompanhou-o sempre nas andanças e na guerra. Foi seu braço direito nos campos de batalha e seu amante nas noites de celebração. Junto com ele e com seus milhares de ginetes irrefreáveis, longas lanças, flechas de fogo, fundou sete cidades, as sete Alexandrias, e parecia que aquilo não ia acabar nunca.

Quando Efestion morreu, Alexandre bebeu sozinho o vinho que haviam compartilhado e ao amanhecer, bêbado, mandou erguer uma imensa fogueira que queimasse o céu, e proibiu a música no império inteiro.

E pouco depois também ele morreu, aos trinta e três anos de idade, sem ter conquistado todos os reinos que neste mundo havia.

## Homero

Não havia nada nem ninguém. Nem fantasmas havia. Apenas pedras mudas, e uma ou outra ovelha buscando pasto entre as ruínas.

Mas o poeta cego soube ver, ali, a grande cidade que já não havia. Viu-a rodeada de muralhas, erguida na colina sobre a baía; e escutou os alaridos e os trovões da guerra que a havia arrasado.

E cantou-a. Foi a refundação de Troia. Troia nasceu de novo, parida pelas palavras de Homero, quatro séculos e meio depois de ter sido exterminada. E a Guerra de Troia, condenada ao esquecimento, passou a ser a mais famosa de todas as guerras.

Os historiadores dizem que foi uma guerra comercial. Os troianos tinham fechado a passagem para o mar Negro, e cobravam caro. Os gregos aniquilaram Troia para abrir caminho ao Oriente pelo estreito de Dardanelos. Mas comerciais foram todas, ou quase todas, as guerras que aconteceram no mundo. Por que haveria de fazer-se digna de memória uma guerra tão pouco original? As pedras de Troia iam se converter em areia e nada além de areia, cumprindo seu destino natural, quando Homero as viu e as ouviu.

O que ele cantou foi pura imaginação?

Foi obra de fantasia essa esquadra de mil e duzentas naus lançadas ao resgate de Helena, a rainha nascida de um ovo de cisne?

Inventou Homero essa história de que Aquiles arrastou seu vencido Heitor, atado a um carro puxado por cavalos, e com ele deu várias voltas ao redor das muralhas da cidade sitiada?

E a história de Afrodite envolvendo Páris num manto de névoa mágica quando o viu perdido, não terá sido delírio ou bebedeira?

E Apolo guiando a flecha mortal na direção do calcanhar de Aquiles?

Terá sido Odisseu, aliás Ulisses, o criador do imenso cavalo de madeira que enganou os troianos?

E o fim de Agamênon, o vencedor, que regressou dessa guerra de dez anos para que sua mulher o assassinasse no banheiro?

Essas mulheres e esses homens, e essas deusas e esses deuses tão parecidos, tão ciumentos, vingativos, traidores, existiram?

Quem sabe se existiram.

A única certeza é que existem.

## Fundação literária do cão

Argos foi o nome de um gigante de cem olhos e de uma cidade grega de quatro mil anos atrás.

Também se chamava Argos o único que reconheceu Odisseu, quando chegou, disfarçado, a Ítaca.

Homero nos contou que Odisseu regressou, após muita guerra e muito mar, e se aproximou da sua casa fazendo-se passar por um mendigo entrevado e esfarrapado.

Ninguém percebeu que ele era ele.

Ninguém, a não ser um amigo que já não sabia latir, nem conseguia andar, nem mesmo se mexer. Argos jazia, às portas de um galpão, abandonado, crivado de carrapatos, esperando a morte.

Quando viu, ou talvez farejou, aquele mendigo que se aproximava, ergueu a cabeça e sacudiu o rabo.

## Hesíodo

De Homero, nada se sabe. Sete cidades juram que foram seu berço. Talvez nelas Homero tenha recitado, alguma noite, a troco de teto e comida.

De Hesíodo, dizem que nasceu numa aldeia chamada Asera e que viveu nos tempos de Homero.

Mas ele não cantou a glória dos guerreiros. Seus heróis foram os campônios da Beócia. Hesíodo ocupou-se dos trabalhos e dos dias dos homens que arrancavam frutos pobres da terra dura, para cumprir a maldição dos deuses impiedosos.

Sua poesia aconselhava a cortar a madeira quando Sírio aparece no céu,

colher as uvas quando Sírio viaja para o sul,
trilhar quando chega Órion,
fazer a colheita quando as Plêiades aparecem,
lavrar a terra quando as Plêiades se escondem,
trabalhar nu
e desconfiar do mar, dos ladrões, das mulheres, das línguas inquietas e dos dias nefastos.

## O suicídio de Troia

Segundo Homero, foi a deusa Ateneia quem soprou a ideia ao ouvido de Odisseu. E assim a cidade de Troia, que havia resistido durante dez anos ao acosso das tropas gregas, foi vencida por um cavalo de madeira.

Por que Príamo, o rei de Troia, o deixou entrar? Desde que esse estranho animal gigantesco apareceu esperando na frente das muralhas, ficou vermelha a fumaça dos fogões e choraram as estátuas e secaram-se os louros e o céu se esvaziou de estrelas. A princesa Cassandra jogou nele uma tocha acesa e o sacerdote Laoconte cravou-lhe uma lança nas costelas. Os conselheiros do rei aconselharam a abri-lo, para ver o que havia lá dentro, e em toda Troia não houve quem não suspeitasse que aquele bicho era uma armadilha.

Mas Príamo escolheu sua perdição. Quis acreditar que a deusa Ateneia havia enviado uma oferenda em sinal de paz. Para não fazer uma desfeita, mandou que se abrisse a muralha e o cavalo foi recebido com cânticos de louvor e gratidão.

De suas entranhas saíram os soldados que arrasaram Troia até a última de suas pedras. E seus vencidos viraram seus escravos, e as mulheres de seus vencidos viraram suas mulheres.

## O herói

Como teria sido a Guerra de Troia contada a partir do ponto de vista de um soldado anônimo? Um grego qualquer, ignorado pelos deuses e desejado apenas pelos abutres que sobrevoam as batalhas? Um camponês metido a guerreiro, cantado por ninguém, por ninguém esculpido, obrigado a matar e sem o menor interesse de morrer pelos olhos de Helena?

Teria pressentido, esse soldado, o que Eurípides confirmou depois? Que Helena jamais esteve em Troia, que só sua sombra esteve lá? Que dez anos de matanças ocorreram por causa de uma túnica vazia?

E se esse soldado sobreviveu, o que recordou?

Sabe-se lá.

Talvez o cheiro. O cheiro da dor, e nada mais.

Três mil anos depois da queda de Troia, os correspondentes de guerra Robert Fisk e Fran Sevilla nos contam que as guerras têm cheiro. Eles estiveram em várias, as sofreram por dentro, e conhecem esse cheiro de podridão, quente, doce, pegajoso, que se mete por todos os poros e se instala no corpo. É uma náusea que não desaparece jamais.

## Retrato de família na Grécia

O sol viajou ao contrário pelo céu e se foi pelo oriente. Enquanto morria aquele dia tão estranho, Atreu conquistava o trono de Micenas.

Atreu sentia que a coroa balançava em sua cabeça. Olhava os parentes de viés. A fome de poder brilhava nos olhos de seus sobrinhos. Por via das dúvidas, degolou-os. Cortou--os em pedaços, os cozinhou e serviu, como prato único, no banquete que ofereceu ao seu irmão Tiestes, pai dos defuntos.

Agamênon, filho de Atreu, herdou o trono. Gostou de Clitemnestra, mulher de seu tio, para se tornar rainha. Agamênon não teve outro jeito a não ser matar o tio. E anos depois teve que cortar o pescoço de Ifigênia, sua filha mais bela. A deusa Artemisa exigiu esse sacrifício, para que suas hostes de sátiros, centauros e ninfas dessem bons ventos às embarcações que partiam para a guerra contra o reino de Troia.

No fim da guerra, numa noite de lua cheia, Agamênon entrou com passo triunfal em seu palácio de Micenas. A rainha Clitemnestra deu-lhe as boas-vindas e ofereceu a ele um banho bem quente. À saída do banho, envolveu-o numa rede tecida por ela. Essa rede foi a mortalha de Agamênon. Egisto, amante de Clitemnestra, afundou-lhe uma espada de dois gumes, e ela o decapitou com um machado.

Com esse mesmo machado, tempos depois, Electra e Orestes vingaram o pai. Os filhos de Agamênon e Clitemnestra despedaçaram a mãe e o amante, e serviram de inspiração ao poeta Ésquilo e ao doutor Freud.

## Greve de pernas fechadas

Em plena guerra do Peloponeso, as mulheres de Atenas, Esparta, Corinto e Beócia se declararam em greve contra a guerra.

Foi a primeira greve de pernas fechadas da história universal. Aconteceu no teatro. Nasceu da imaginação de Aristófanes e do inflamado discurso que ele pôs na boca de Lisístrata, a matrona ateniense:

– *Não levantarei os pés para o céu, nem de quatro me porei com o rabo para o ar!*

A greve continuou, sem trégua, até que o jejum de amores dobrou os guerreiros. Cansados de lutar sem consolo, e espantados diante da insurgência feminina, não tiveram outro remédio a não ser dizer adeus aos campos de batalha.

Mais ou menos foi assim que contou, ou inventou, Aristófanes, um escritor conservador que defendia as tradições como se acreditasse nelas, mas que no fundo acreditava que a única coisa sagrada era o direito de rir.

E houve paz no palco.

Na realidade, não.

Os gregos estavam há vinte anos lutando quando essa obra estreou, e a carnificina continuou por mais sete.

As mulheres continuaram sem ter direito a greve, sem direito de opinião, sem outro direito que o direito de obediência às tarefas próprias do seu sexo. O teatro não aparecia entre essas tarefas. As mulheres podiam assistir às obras, nos piores lugares, que eram as arquibancadas mais altas, mas não podiam representar. Não havia atrizes. Na obra de Aristófanes, Lisístrata e as outras protagonistas foram representadas por homens que usavam máscaras de mulheres.

## A arte de desenhar-te

Em algum leito do golfo de Corinto, uma mulher contempla, à luz do fogo, o perfil de seu amante adormecido.

Na parede, reflete-se a sombra.

O amante, que jaz ao seu lado, irá embora. Ao amanhecer irá para a guerra, irá para a morte. E também a sombra, sua companheira de viagem, irá com ele e com ele morrerá.

É noite ainda. A mulher recolhe um tição entre as brasas e desenha, na parede, o contorno da sombra.

Esses traços não irão embora.

Não a abraçarão, e ela sabe. Mas não irão embora.

## Sócrates

Várias cidades lutavam de um e de outro lado. Mas essa guerra grega, a que mais gregos matou, foi sobretudo a guerra de Esparta, oligarquia de poucos orgulhosos de serem poucos, contra Atenas, democracia de poucos que simulavam ser todos.

No ano de 404 a.C., Esparta demoliu, com cruel lentidão, ao som das flautas, as muralhas de Atenas.

De Atenas, o que restava? Quinhentos barcos afundados, oitenta mil mortos pela peste, uma incontável quantidade de guerreiros estripados e uma cidade humilhada, cheia de mutilados e de loucos.

Então a justiça de Atenas condenou à morte o mais justo de seus homens.

O grande mestre do Ágora, aquele que perseguia a verdade pensando em voz alta enquanto passeava pela praça pública, aquele que havia combatido em três batalhas da guerra recém-terminada, foi declarado culpado. *Corruptor da juventude*, sentenciaram os juízes. Talvez quisessem dizer que era culpado por haver amado Atenas, criticando-a muito e adulando-a nada.

## Olimpíadas

Os gregos adoravam matar-se entre si, mas além da guerra praticavam outros esportes.

Competiam na cidade de Olímpia, e enquanto as olimpíadas aconteciam os gregos se esqueciam de suas guerras durante um tempinho.

Todo mundo nu: os corredores, os atletas que lançavam o dardo e o disco, os que saltavam, boxeavam, lutavam, galopavam ou competiam cantando. Ninguém usava tênis de marca, nem camisetas da moda, nem nada que não fosse a própria pele brilhante de unguentos.

Os campeões não ganhavam medalhas. Ganhavam uma coroa de louro, alguns cântaros de óleo de oliva, o direito de comer grátis a vida inteira e o respeito e a admiração dos vizinhos.

O primeiro campeão, um tal de Korebus, ganhava a vida trabalhando como cozinheiro, e continuou se dedicando ao seu ofício. Na olimpíada inaugural, ele correu mais que todos os seus rivais e mais que os temíveis ventos do norte.

As olimpíadas eram cerimônias de identidade compartilhada. Fazendo esporte, esses corpos diziam, sem palavras: *Nos odiamos, brigamos entre nós, mas somos todos gregos.* E assim foi durante mil anos, até que o cristianismo triunfante proibiu essas nudezas pagãs que ofendiam o Senhor.

Nas olimpíadas gregas nunca participaram as mulheres, nem os escravos, nem os estrangeiros.

Na democracia grega, também não.

## Partenon e depois

Fídias, o mais invejado escultor de todos os tempos, morreu de tristeza. Seu insuportável talento havia sido castigado com a pena de cárcere.

Muitos séculos depois, Fídias também foi castigado com a pena de usurpação.

Suas melhores obras, as esculturas do Partenon, já não estão em Atenas. Estão em Londres. E não se chamam *os mármores de Fídias*, mas respondem pelo nome de *os mármores de Elgin.*

Lorde Elgin, que de escultor não tinha nada, era o embaixador inglês que faz um par de séculos embarcou essas maravilhas e as vendeu ao seu governo. Desde então, repousam no British Museum.

Quando Lorde Elgin levou o que levou, o Partenon já havia sido devastado pela intempérie e pelas invasões. Aquele templo, nascido para glória eterna da deusa Ateneia, havia sofrido a invasão da Virgem Maria e de seus sacerdotes, que eliminaram umas tantas figuras, apagaram muitos rostos e mutilaram todos os pênis. E muitos anos depois ocorreu a invasão das tropas venezianas e o templo, transformado em paiol de pólvora, explodiu.

O Partenon ficou em ruínas. As esculturas que Lorde Elgin arrancou estavam, e continuam estando, quebradas. Esses despojos nos contam o que foram:

essa túnica não é nada além de um pedaço de mármore, mas em suas pregas ondula um corpo de mulher ou de deusa;

esse joelho continua na perna ausente;

esse torso se completa em sua cabeça decapitada;

o cavalo que falta relincha nessas crinas erguidas no ar e troveja nessas patas que no ar galopam.

No pouco que existe, está tudo o que existiu.

## Hipócrates

É chamado de Pai da Medicina.

Os novos médicos juram em seu nome.

Faz dois mil e quatrocentos anos, curou e escreveu.

Estes são alguns dos aforismos nascidos, segundo ele, de sua experiência:

*A experiência é enganosa, a vida é breve, longa a arte de curar, fugitiva a ocasião e difícil o julgamento.*

*A medicina é a mais nobre de todas as artes, mas vai muito no rastro das outras, devido à ignorância dos que a praticam.*

*Há uma circulação comum a todos, uma respiração comum a todos. Tudo está relacionado com tudo.*

*Não se pode entender a natureza das partes do corpo sem entender a natureza do organismo inteiro.*

*Os sintomas são defesas naturais do corpo. Nós os chamamos de enfermidades, mas na realidade são a cura da enfermidade.*

*Os eunucos não têm calvície.*

*Os calvos não padecem de varizes.*

*Que a comida seja o teu alimento, e o alimento a tua medicina.*

*O que cura um mata outro.*

*Se a mulher concebeu um menino, tem boa cor. Se concebeu uma menina, tem cor ruim.*

## Aspásia

Nos tempos de Péricles, Aspásia foi a mulher mais famosa de Atenas.

O que também poderia ser dito de outra maneira: nos tempos de Aspásia, Péricles foi o homem mais famoso de Atenas.

Seus inimigos não perdoavam que fosse mulher e estrangeira, e para acrescentar-lhe alguns defeitos atribuíam a ela um passado inconfessável e diziam que a escola de retórica, que ela dirigia, era um criadouro de mocinhas fáceis.

Foi acusada de desprezar os deuses, ofensa que podia ser paga com a morte. Diante de um tribunal de mil e quinhentos homens, Péricles a defendeu. Aspásia foi absolvida, embora em seu discurso de três horas Péricles tenha esquecido de dizer que ela não desprezava os deuses, mas achava que os deuses nos desprezam e arruínam nossas efêmeras felicidades humanas.

Naquela época, Péricles já havia expulsado a esposa de seu leito e de sua casa e vivia com Aspásia. E por defender os direitos do filho que teve com ela havia violado uma lei que ele mesmo havia escrito.

Para escutar Aspásia, Sócrates interrompia suas aulas. Anaxágoras citava suas opiniões.

– *Que arte ou poder tinha essa mulher, para dominar os políticos mais eminentes e para inspirar os filósofos?* – perguntou-se Plutarco.

## Safo

Pouco se sabe de Safo.

Dizem que nasceu há dois mil e seiscentos anos, na ilha de Lesbos, que graças a ela deu nome às lésbicas.

Dizem que estava casada, que tinha um filho e que se atirou de um despenhadeiro quando foi abandonada por um marinheiro, e também dizem que era baixinha e feia.

Vai saber... Nós, machos, não achamos muita graça nessa história de que uma mulher prefira outra mulher, em vez de sucumbir aos nossos irresistíveis encantos.

No ano de 1703, a Igreja Católica, bastião do poder masculino, mandou queimar todos os livros de Safo.

Alguns poemas, poucos, se salvaram.

## Epicuro

Em seu jardim de Atenas, Epicuro falava contra os medos. Contra o medo dos deuses, da morte, da dor e do fracasso.

É pura vaidade, dizia, acreditar que os deuses se preocupam conosco. Da sua imortalidade, da sua perfeição, eles não nos outorgam prêmios nem castigos. Os deuses não são temíveis porque nós, efêmeros, malfeitos, não merecemos nada além da sua indiferença.

Tampouco a morte é temível, dizia. Enquanto nós somos, ela não é; e quando ela é, nós deixamos de ser.

Medo da dor? É o medo da dor o que mais dói, porém nada mais prazeroso que o prazer de quando a dor se vai.

E o medo do fracasso? Que fracasso? Nada é suficiente para quem o suficiente é pouco, mas que glória poderia ser comparada ao gozo de conversar com amigos numa tarde de sol? Que poder pode tanto como a necessidade que nos empurra a amar, a comer, a beber?

Façamos ditosa, propunha Epicuro, a inevitável mortalidade da vida.

## Fundação da insegurança cidadã

A democracia grega amava a liberdade, mas vivia de seus prisioneiros. Os escravos e as escravas lavravam terras,

abriam caminhos,
cavavam montanhas à procura de prata e de pedras,
erguiam casas,
teciam roupas,
cosiam calçados,
cozinhavam,
lavavam,
varriam,
forjavam lanças e couraças, enxadas e martelos,
davam prazer nas festas e nos bordéis
e criavam os filhos de seus amos.

Um escravo era mais barato que uma mula. A escravidão, tema desprezível, raras vezes aparecia na poesia, no teatro ou nas pinturas que decoravam as louças e as paredes. Os filósofos a ignoravam, a não ser para confirmar que esse era o destino natural dos seres inferiores, e para disparar o alarme. Cuidado com eles, advertia Platão. Os escravos, dizia, têm uma inevitável tendência a odiar seus amos, e só uma constante vigilância poderá impedir que assassinem a todos nós.

E Aristóteles assegurava que o treinamento militar dos cidadãos era imprescindível, por causa da insegurança reinante.

## A escravidão segundo Aristóteles

*O ser humano que pertence a outro é por natureza um escravo. O que sendo humano pertence a outro é um artigo de propriedade, um instrumento. O escravo é um instrumento vivente, assim como um instrumento de trabalho é um escravo inanimado.*

*Há por natureza diferentes classes de chefes e subordinados. Os livres mandam nos escravos, os homens nas mulheres e os adultos nas crianças.*

*A arte da guerra inclui a caça de animais selvagens e de homens que, tendo nascido para ser mandados, não se submetem; e essa guerra é naturalmente justa.*

*O serviço físico às necessidades da vida provém dos escravos e dos animais domesticados. Por isso foi intenção da natureza modelar corpos diferentes para o homem livre e para o escravo.*

## Cuidado com as bacanais

Também em Roma, os escravos foram o sol de cada dia e o pesadelo de cada noite. Os escravos davam vida e pânico ao império.

Até as festas de Baco ameaçavam a ordem, porque nos rituais da noite não havia barreiras entre os escravos e os livres, e o vinho autorizava o que a ordem proibia.

Subversão das hierarquias a partir da luxúria: aqueles desenfreios tinham muito a ver, suspeitava-se, sabia-se, com as rebeliões de escravos que se desatavam no sul.

Roma não ficou de braços cruzados. Um par de séculos antes de Cristo, o Senado acusou de conspiração os seguidores de Baco e encomendou aos cônsules, Marcius e Postumius, a missão de liquidar pela raiz as bacanais em todo o império.

Correu sangue.

As bacanais continuaram. As rebeliões, também.

## Antiocus, rei

Seu dono o usava de palhaço nos banquetes.

O escravo Eunus entrava em transe e jorrava fumaça e fogo e profecias pela boca, fazendo os convidados rirem.

Numa dessas comilanças, e depois do êxtase e das labaredas, Eunus anunciou, solenemente, que ia ser rei daquela ilha. A Sicília será o meu reino, disse, e disse que quem disse tinha sido a deusa Deméter.

Os convidados riram de rolar pelo chão.

Uns dias depois, o escravo virou rei. Jorrando incêndios pela boca, degolou o seu amo e desatou uma tremenda rebelião de escravos que invadiram povoados e cidades e coroaram Eunus rei da Sicília.

A ilha ardeu. O novo monarca mandou matar todos os seus prisioneiros, exceto os que soubessem fabricar armas, e emitiu moedas onde seu novo nome, Antiocus, foi estampado ao lado da efígie da deusa Deméter.

O reino durou quatro anos, até Antiocus ser vencido pela traição, encarcerado e devorado pelos piolhos.

Meio século mais tarde, chegou Espártaco.

## Espártaco

Foi pastor em Trácia, soldado em Roma, gladiador em Cápua.

Foi escravo fugido. Fugiu armado com uma faca de cozinha, e ao pé do vulcão Vesúvio fundou sua tropa de homens livres, que andando cresceu e virou exército.

Certa manhã, setenta e dois anos antes de Cristo, Roma tremeu. Os romanos viram que os homens de Espártaco os viam. As colinas tinham amanhecido eriçadas de lanças. Lá do alto, os escravos contemplavam os templos e os palácios da rainha universal, a cidade que tinha o mundo aos seus pés: estava ao alcance de suas mãos, tocada pelos seus olhos, essa Roma que tinha roubado seus nomes e suas memórias e os havia convertido em coisas que podiam ser açoitadas, dadas de presente ou vendidas.

O ataque não aconteceu. Nunca se soube se Espártaco e seus homens haviam chegado até ali, tão pertinho, ou se não passavam de miragens do medo. Porque naqueles dias os escravos andavam fornecendo humilhantes sovas às legiões romanas.

Dois anos durou essa guerra de guerrilha que manteve o império em suspenso.

No fim, os rebelados foram cercados, nas montanhas da Lucânia, e foram aniquilados pelos soldados recrutados, em Roma, por um jovem militar chamado Júlio César.

Quando Espártaco se viu vencido, apoiou a cabeça na cabeça de seu cavalo, a fronte grudada na fronte de seu companheiro de todas as batalhas, e afundou-lhe seu longo punhal e partiu seu coração.

Os carpinteiros ergueram cruzes novas ao longo de toda a Via Ápia, de Cápua até Roma.

## Roma tour

O trabalho manual era coisa de escravos.

E embora não fossem exatamente escravos, os diaristas e os artesãos desempenhavam *ofícios vis*. Cícero, que desempenhava o nobre ofício da usura, havia definido as categorias laborais:

– *Os menos honoráveis de todos são os que servem à glutonaria, como o salsicheiro, o vendedor de aves ou pescados, o cozinheiro...*

Os romanos mais respeitados eram os senhores da guerra, que raras vezes guerreavam, e os donos da terra, que raras vezes a tocavam.

Ser pobre era um crime imperdoável. Para dissimular essa desonra, os ricos que decaíam se endividavam e, quando tinham sorte, triunfavam na carreira política, que exerciam para servir aos seus credores.

A venda de favores sexuais era uma fonte segura de fortuna. Também a venda de favores políticos e burocráticos. Ambas as atividades tinham o mesmo nome: *proxenetas* eram chamados os empresários da prostituição e os profissionais do *lobby*.

## Júlio César

Era chamado de *calvo putanheiro*, diziam que era o marido de todas as mulheres e a mulher de todos os maridos.

Fontes bem-informadas garantiam que havia passado vários meses trancado na alcova de Cleópatra, sem pôr o nariz para fora.

Com ela, seu troféu, regressou de Alexandria para Roma. E coroando suas campanhas vitoriosas na Europa e na África rendeu homenagem à própria glória mandando para a morte uma multidão de gladiadores e exibindo girafas e outras esquisitices que Cleópatra havia dado de presente para ele.

E Roma vestiu-o de púrpura, a única toga dessa cor no império inteiro, e cingiu sua fronte com coroa de louros, e Virgílio, o poeta oficial, cantou sua estirpe divina, que vinha de Eneias, Marte e Vênus.

E pouco depois, do topo mais alto de todos os topos, proclamou-se ditador vitalício e anunciou reformas que ameaçavam os intocáveis privilégios de sua própria classe.

E os seus, os patrícios, decidiram que mais vale prevenir que remediar.

E o todo-poderoso, marcado para morrer, foi rodeado pelos seus íntimos e por seu bem-amado Marcus Brutus, que talvez fosse seu filho e que o apertou no primeiro abraço e em suas costas cravou a primeira punhalada.

E outros punhais o crivaram e se ergueram, rubros, ao céu.

E lá ficou o corpo, no solo de pedra, porque nem seus escravos se atreviam a tocá-lo.

## O sal deste império

No ano 31 a.C., Roma lançou a guerra contra Cleópatra e Marco Antônio, herdeiro de Júlio César na fama e na cama.

Então, o imperador Augusto subornou sua opinião pública dando sal de presente.

Os patrícios haviam concedido aos plebeus o direito ao sal, mas Augusto aumentou a dose.

Roma amava o sal. Sempre havia sal, sal de rocha ou de mar, nas vizinhanças das cidades que os romanos fundavam.

*Via Salaria* foi o nome do primeiro caminho imperial, aberto para trazer sal da praia de Óstia, e a palavra *salário* vem do pagamento em sal que os legionários recebiam durante as campanhas militares.

## Cleópatra

Suas cortesãs a banham em leite de jumenta e mel.

Depois de ungi-la em sumo de jasmins, lírios e madressilvas, depositam seu corpo nu em almofadões de seda recheados de plumas.

Sobre suas pálpebras fechadas há finas camadas de óleo de babosa. No rosto e no pescoço, emplastros feitos de bile de boi, ovos de avestruz e cera de abelhas.

Quando desperta de fazer a sesta, já há lua no céu.

As cortesãs impregnam de rosas as suas mãos e perfumam seus pés com elixir de amêndoas e flores de laranjeira. Suas axilas exalam fragrâncias de limão e de canela, e as tâmaras do deserto dão aroma à sua cabeleira, brilhante de óleo de nozes.

E chega a vez da maquiagem. Pó de escaravelhos colore suas faces e seus lábios. Pó de antimônio desenha suas sobrancelhas. O lápis-lazúli e a malaquita pintam uma máscara de sombras azuis e sombras verdes ao redor de seus olhos.

Em seu palácio na Alexandria, Cleópatra entra em sua última noite.

A última faraona,

a que não foi tão bela como dizem,

a que foi melhor rainha do que dizem,

a que falava várias línguas e entendia de economia e outros mistérios masculinos,

a que deslumbrou Roma,

a que desafiou Roma,

a que dividiu cama e poder com Júlio César e Marco Antônio,

veste agora suas roupagens mais deslumbrantes e lentamente senta-se em seu trono, enquanto as tropas romanas avançam contra ela.

Júlio César morreu, Marco Antônio morreu.

As defesas egípcias caem.

Cleópatra manda abrir a cesta de palha.

Soa uma cascavel.

Desliza a serpente.

E a rainha do Nilo abre sua túnica e oferece a ela seus peitos nus, brilhantes de pó de ouro.

## Métodos anticoncepcionais de eficiência comprovada

Em Roma, muitas mulheres evitavam os filhos espirrando imediatamente depois do amor, mas as profissionais preferiam sacudir as cadeiras, no momento culminante, para desviar as sementes. Plínio, o Velho, contou que as mulheres pobres evitavam os filhos pendurando no pescoço, antes do amanhecer, um amuleto feito com os vermes extraídos da cabeça de uma aranha peluda, embrulhados em pele de cervo.

As mulheres da classe alta conjuravam a gravidez carregando um tubinho de marfim que continha um pedaço de útero de leoa ou de fígado de gato.

Muito tempo depois, na Espanha, as crentes praticavam uma oração infalível:

*São José, vós que tivestes sem fazer*
*fazei com que eu faça sem ter.*

## Show business

Silêncio. Os sacerdotes consultam os deuses. Destripam um touro branco, leem suas entranhas. E de repente a música explode, o estádio uiva: sim, os deuses dizem que sim, eles também estão morrendo de vontade de que a festa comece de uma vez.

Os gladiadores, os que vão morrer, erguem suas armas na direção do palco do imperador. São escravos, ou delinquentes condenados à morte; mas alguns vêm das escolas onde são treinados, longamente, para uma breve vida profissional que durará até o dia em que o imperador aponte o chão com o polegar.

Os rostos dos gladiadores mais populares, pintados em camafeus, placas e escudinhos, são vendidos feito pão quente nas arquibancadas, enquanto a multidão enlouquece multiplicando apostas e gritando insultos e ovações.

A função pode durar vários dias. Os empresários privados cobram entrada, e a preços altos; mas às vezes os políticos oferecem, grátis, as matanças. Então as arquibancadas se cobrem de lenços e cartazes que exortam a votar no candidato amigo do povo, o único que cumpre o que promete.

Circo de areia, sopa de sangue. Um cristão chamado Telêmaco mereceu a santidade porque se atirou na arena e se interpôs entre dois gladiadores que estavam em pleno combate mortal. O público transformou-o em purê, crivando-o de pedras, por ter interrompido o espetáculo.

## Retrato de família em Roma

Durante três séculos, o inferno foi Roma e os diabos foram seus imperadores, que arrojaram os cristãos às feras famintas nas areias do Coliseu. O público, feliz. Ninguém queria perder aqueles almoços.

Segundo os historiadores de Hollywood, Nero foi o pior de todos. Dizem que ele crucificou de cabeça para baixo o apóstolo são Pedro e dizem que incendiou Roma, para pôr a culpa nos cristãos. E cumpriu a tradição imperial exterminando a própria família.

Em sua tia Lépida, que o criou, aplicou uma purga, e com setas envenenadas disse adeus para sempre ao seu meio-irmão, Britânico.

Depois de se casar com sua meia-irmã, Octávia, desterrou-a e mandou que fosse estrangulada. Viúvo e livre, pôde cantar à viva voz a incomparável beleza de Popeia, que transformou em imperadora até se cansar e mandá-la para o outro mundo com um pontapé.

Agripina foi a mais dura de matar. Nero estava agradecido a ela, porque era fruto de seu ventre e porque ela tinha envenenado o imperador Cláudio, seu marido, para que ele, seu filho, ascendesse ao trono. Mas Agripina, mãe amantíssima, não o deixava governar e ao menor descuido se metia em sua cama fazendo de conta que dormia. Deu trabalho livrar-se dela. Ainda bem que mãe só existe uma. Nero ofereceu-lhe poções fulminantes, previamente ensaiadas com escravos e animais, derrubou o teto em cima de sua cama, perfurou a quilha de seu barco... Enfim, conseguiu pranteá-la.

Depois mandou matar o filho de Popeia, Rufo Crispino, que brincava de ser imperador.

E cravando um punhal em sua própria garganta, acabou com o último parente que lhe restava.

## O poeta que riu de Roma

A Espanha foi sua terra de nascer e de morrer, mas em Roma viveu e escreveu o poeta Marcial.

Eram os tempos de Nero, e estavam na moda as perucas feitas com cabelos dos bárbaros, que era como chamavam os alemães:

*Esse cabelo louro lhe pertence.*
*É o que ela diz, e não mente.*
*Eu sei onde ela comprou.*

E os cílios postiços:

*Continuas piscando o olho sob as pestanas*
*que de uma gaveta tiraste esta manhã.*

A morte melhorava, como faz até hoje, os poetas:

*Só se louva os mortos.*
*Eu prefiro continuar*
*com vida e sem elogios.*

A visita médica podia ser fatal:

*Não tinha febre quando chegaste.*
*Tive quando me viste.*

E a justiça podia ser injusta:

*Quem te aconselhou a cortar o nariz do adúltero?*
*Não foi com essa ponta que te traíram.*

## Terapia do riso

Seu nome deu sua profissão.

Galeno começou curando os ferimentos dos gladiadores e terminou sendo o médico do imperador Marco Aurélio.

Acreditou na experiência, e desconfiou da especulação:

– *Prefiro o longo e penoso caminho ao hábil e curto atalho.*

Em seus anos de trabalho com os doentes, comprovou que o costume é a segunda natureza e que a saúde e a enfermidade são modos de vida: aos pacientes de natureza enfermiça, aconselhava a mudar de hábito.

Descobriu ou descreveu centenas de doenças e curas, e provando remédios comprovou:

– *Não há melhor medicina que o riso.*

## Piadas

Falou à sua alma o andaluz Adriano, imperador de Roma, quando soube que aquela seria a sua última manhã:

*Alma minha pequeninha*
*vagabunda e frágil,*
*hóspede e companheira do meu corpo,*
*onde irás agora?*
*A que lugares pálidos, duros, áridos, irás?*
*Já não contarás piadas.*

## O mundo ao contrário caçoava do mundo

As romanas desfrutavam um dia de poder absoluto. Durante as festas das Matronálias, elas mandavam; e os homens se deixavam mandar.

As Saturnálias, herdeiras das Sacês da antiga Babilônia, duravam uma semana e eram, como as Matronálias, desabafos do mundo ao contrário. Inversão das hierarquias: os ricos serviam os pobres, que invadiam suas casas, vestiam suas roupas, comiam em suas mesas e dormiam em suas camas. As Saturnálias, homenagem ao deus Saturno, culminavam no dia 25 de dezembro. Era o dia do Sol Invicto, que séculos depois virou Natal por decreto católico.

Durante a Idade Média europeia, o Dia dos Santos Inocentes outorgava o poder às crianças, aos bobos e aos dementes. Na Inglaterra reinava *The Lord of Misrule*, o Senhor do Desgoverno, e na Espanha disputavam o trono o Rei dos Galos e o Rei dos Poços, que viviam no manicômio. Um menino, ataviado de mitra e báculo, desempenhava o papel de Rei dos Loucos e fazia com que beijassem seu anel, e outro menino, montado num burro, pronunciava sermões de bispo.

Como todas as festas do mundo ao contrário, esses fugazes espaços de liberdade tinham princípio e fim. Pouco duravam. Onde manda capitão não manda marinheiro.

## É proibido rir

As antigas festas dos ciclos da natureza se chamam agora Natal e Semana Santa, e já não são homenagens aos deuses pagãos, mas solenes rituais de veneração à divindade que ocupou seus dias e se apoderou de seus símbolos.

A Festa Hilária, herdada ou inventada por Roma, saudava a chegada da primavera. A deusa Cibele se banhava no rio, convocando a chuva e a fertilidade dos campos, enquanto os romanos, vestidos com roupas extravagantes, capotavam de rir. Todos debochavam de todos, e não havia no mundo nada ou ninguém que não fosse digno de servir de mote para rir.

Por decisão da Igreja Católica, essa festa pagã da hilaridade, que rindo celebrava a ressurreição da primavera, coincide a cada março, dia mais, dia menos, com a ressurreição de Jesus, de quem os evangelhos não registram um único riso.

E por decisão da Igreja o Vaticano foi construído no exato lugar onde a festa da alegria culminava. Ali, na vasta praça onde ressoavam as gargalhadas da multidão, agora se ouve a voz grave do Papa recitando as páginas da Bíblia, um livro do qual ninguém nunca ri.

## A divindade sorridente

Suas imagens o mostram sorrindo, serenamente irônico, como zombando dos paradoxos que marcaram sua vida e o seu depois.

O Buda não acreditou em deuses, nem se acreditou Deus, mas seus devotos o divinizaram.

O Buda não acreditou em milagres, nem os praticou, mas seus devotos atribuem a ele poderes milagreiros.

O Buda não acreditou em nenhuma religião, nem fundou religião alguma, mas o passar do tempo converteu o budismo numa das religiões com o maior número de seguidores do mundo.

O Buda nasceu às margens do rio Ganges, mas os budistas não são nem um por cento da população da Índia.

O Buda praticou o ascetismo, a renúncia à paixão e a negação do desejo, mas morreu empanturrado de carne de porco.

## Um pai que não ri nunca

Os judeus, os cristãos e os muçulmanos veneram a mesma divindade. É o deus da Bíblia, que responde a três nomes, Yahvé, Deus e Alá, conforme quem o invoque. Os judeus, os cristãos e os muçulmanos matam-se entre si dizendo que obedecem às suas ordens.

Entre as outras religiões, os deuses são ou foram muitos. Numerosos olimpos existiram e existem na Grécia, na Índia, no México, no Peru, no Japão, na China. E ainda assim o Deus da Bíblia é ciumento. Ciumento de quem? Por que se preocupa tanto com a competência, se Ele é o único e o verdadeiro?

> *Não te prostrarás diante de nenhum outro deus, pois Yahvé se chama Ciumento, é um Deus ciumento. (Êxodo)*

Por que castiga nos filhos, e por várias gerações, a infidelidade dos pais?

> *Eu, Yahvé, teu Deus, castigo a iniquidade dos pais nos filhos até a terceira e a quarta geração dos que me odeiam. (Êxodo)*

Por que está sempre tão inseguro? Por que desconfia tanto de seus devotos? Por que necessita ameaçá-los para que o obedeçam? Falando ao vivo e diretamente, ou pela boca dos profetas, adverte:

*Se não obedeces à voz de Yahvé, teu Deus, ele te ferirá de tísica, de febre, de inflamação, de gangrena, de aridez. Esposarás uma mulher, e outro homem a fará dele. Pó e areia serão a chuva da tua terra. Semearás em teus campos muita semente, mas a secará o gafanhoto. Plantarás vinhedos, mas não beberás vinho, porque os vermes os devorarão. Vos oferecereis à venda a vossos inimigos como escravos e escravas, mas não haverá comprador. (Deuteronômio)*

*Durante seis dias se trabalhará, mas o sétimo será sagrado para vós, dia de descanso completo em louvor a Yahvé. Qualquer um que trabalhe nesse dia morrerá. (Êxodo)*

*Aquele que blasfemar o nome de Yahvé será morto. A comunidade inteira o apedrejará. (Levítico)*

Mais eficazes são os castigos que as recompensas. A Bíblia é um catálogo de espantosos castigos contra os incrédulos:

*Soltarei contra vós as feras selvagens. Vos açoitarei sete vezes mais pelos vossos pecados. Comereis a carne de vossos filhos, comereis a carne de vossas filhas. Desembainharei a espada contra vós. Vossa terra será sempre um ermo e vossas cidades uma ruína. (Levítico)*

Esse Deus sempre zangado domina o mundo do nosso tempo através de suas três religiões. Não é lá um Deus muito amável, digamos:

*Deus ciumento e vingador, Yahvé, rico em ira! Se vinga de seus adversários, guarda rancor de seus inimigos. (Nahum)*

Seus dez mandamentos não proíbem a guerra. Ao contrário: Ele manda fazer a guerra. E a sua é uma guerra sem piedade por ninguém, nem mesmo pelos bebês:

*Não tenhas compaixão pelo povo de Amalec. Matarás homens e mulheres, crianças e lactantes, bois e ovelhas, camelos e asnos... (Samuel)*

*Filha de Babel, devastadora: feliz aquele que agarrar teus pequenos e os despedaçar contra as rochas! (Salmos)*

## O filho

Ninguém sabe como: Yahvé, o único deus que nunca fez amor, foi pai de um filho.

Segundo os evangelhos, o filho chegou ao mundo quando Herodes reinava na Galileia. Como Herodes morreu quatro anos antes da era cristã, Jesus deve ter nascido pelo menos quatro anos antes de Cristo.

Em que ano, não se sabe. Tampouco o dia, nem o mês. Jesus já havia passado quase quatro séculos sem aniversário quando são Gregório Naziazeno outorgou a ele, no ano de 379, certidão de nascimento. Jesus havia nascido num dia 25 de dezembro. Assim, a Igreja Católica tornou seu, uma vez mais, o prestígio das idolatrias. De acordo com a tradição pagã, era esse o dia em que o sagrado sol iniciava seu caminho contra a noite, através das trevas do inverno.

Seja o que for que tenha acontecido, certamente não se festejou aquela primeira noite de paz, noite de amor, com esse foguetório de guerra que agora nos deixa surdos. Certamente não houve santinhos mostrando o bebê de cachinhos louros que aquele recém-nascido não era; como não eram três, nem eram reis, nem eram magos, os três reis magos que iam rumo ao presépio de Belém, atrás de uma estrela viajante que ninguém jamais viu. E certamente, também, aquele primeiro Natal, que tantas más notícias trazia para os mercadores do templo, não foi nem quis ser uma promessa de vendas espetaculares para os mercadores do mundo.

## Procura-se

Chama-se Jesus.

É chamado de Messias.

Não tem ofício nem residência.

Diz ser filho de Deus, e diz também que desceu do Céu para incendiar o mundo.

Foragido do deserto, anda alvoroçando aldeias.

É seguido por malandros, mal-nascidos, malfeitores, mal-viventes.

Promete o Paraíso aos miseráveis, aos escravos, aos loucos, aos bêbados e às prostitutas.

Engana o populacho curando leprosos, multiplicando pães e peixes e fazendo outras magias e feitiçarias.

Não respeita a autoridade romana nem a tradição judaica.

Viveu sempre fora da lei.

Está há trinta e três anos fugindo da sentença de morte que recebeu ao nascer.

A cruz espera por ele.

## O burro

Deu calor a Jesus, recém-nascido, no presépio, e assim aparece nos quadrinhos: posando para a foto, com suas grandes orelhas em primeiro plano, ao lado do berço de palha.

Em lombo de burro, Jesus se salvou da espada de Herodes.

Em lombo de burro, andou pela vida afora.

Em lombo de burro, pregou.

Em lombo de burro, entrou em Jerusalém.

Será o burro tão burro?

## Ressurreição de Jesus

De acordo com o que contam os mazatecos, em Oaxaca, Jesus foi crucificado porque fazia os pobres e as árvores falarem.

E contam que, depois de muito padecer, foi baixado da cruz.

E já estava enterrado, dormindo sua morte, quando um grilo se pôs a cantar.

E o grilo o acordou.

E Jesus disse que queria sair da morte.

E o grilo contou isso para a toupeira, que cavou um longo caminho por baixo da terra até chegar ao caixão onde ele tinha sido colocado.

E a toupeira pediu ajuda ao rato, que abriu o caixão com seus dentes afiados.

E Jesus saiu.

E com um dedo empurrou a imensa pedra que os soldados tinham posto em cima dele.

E agradeceu ao grilo e à toupeira e ao rato, que tinham sido tão bons.

E subiu ao céu, apesar de não ter asas.

E sobre sua tumba aberta deixou a pedra imensa flutuando no ar, com um anjo sentado em cima.

E o anjo contou tudo isso para dona Maria, a mãe de Jesus.

E dona Maria não conseguiu guardar o segredo, e comentou com as vizinhas no mercado.

E foi por ela que se ficou sabendo.

## Marias

Nos evangelhos, Maria aparece pouco.

A Igreja tampouco prestou lhe maior atenção, até coisa de uns mil anos atrás. Então a mãe de Jesus foi consagrada mãe da humanidade e símbolo da pureza da fé. No século XI, enquanto a Igreja inventava o Purgatório e a confissão obrigatória, brotaram na França oitenta igrejas e catedrais em homenagem a Maria.

O prestígio vinha da virgindade. Maria, alimentada pelos anjos, engravidada por uma pomba, jamais tinha sido tocada por mão de homem. O marido, são José, a cumprimentava de longe. E mais sagrada ainda passou a ser a partir de 1854, quando o papa Pio IX, o infalível, revelou que Maria tinha sido sem pecado concebida, o que traduzido significava que também era virgem a mãe da Virgem.

Maria é, hoje em dia, a divindade mais adorada e milagrosa do mundo. Eva tinha condenado as mulheres. Maria as redime. Graças a ela, as pecadoras, filhas de Eva, têm a oportunidade de se arrepender.

E foi isso o que aconteceu com a outra Maria, a que aparece nos santinhos, aos pés da cruz, ao lado da imaculada.

De acordo com a tradição, essa outra Maria, Maria Madalena, era puta e virou santa.

Os crentes a humilham perdoando-a.

## Ressurreição de Maria

Maria renasceu em Chiapas.

Foi anunciada por um índio do povoado de Simojovel, que era seu primo, e por um ermitão que não era parente e vivia dentro de uma árvore em Chamula.

E no povoado de Santa Marta Xolotepec, Dominica López estava colhendo milho quando a viu. A mãe de Jesus pediu a ela que erguesse uma ermida, porque estava cansada de dormir na montanha. Dominica fez o que ela pediu; mas poucos dias depois veio o bispo e levou Dominica, Maria e todos os seus peregrinos para a cadeia.

Então Maria escapou da cadeia e foi para o povoado de Cancuc e falou através da boca de uma menina que também se chamava Maria.

Os maias tzeltales nunca esqueceram o que ela disse. Falou na língua deles, e com uma vozinha rouca mandou

*que as mulheres não se negassem aos desejos de seus corpos, porque ela se alegrava com isso;*

*que as mulheres que quisessem tornassem a se casar com outros maridos, porque não eram bons os casamentos que tinham sido feitos pelos padres espanhóis*

*e que estava cumprida a profecia de sacudir o jugo e restaurar as terras e a liberdade, e que já não existia tributo, nem rei, nem bispo nem alcaide.*

E o Conselho de Anciãos a ouviu e obedeceu. E no ano de 1712, trinta e dois povoados índios se levantaram em armas.

## Fundação de Papai Noel

Em sua primeira imagem, publicada em 1863 na revista *Harper's*, de Nova York, Papai Noel – chamado de Santa Claus – era um gnomo gorducho entrando numa chaminé. Nasceu da mão do desenhista Thomas Nast, vagamente inspirado nas lendas de são Nicolau.

No Natal de 1930, Papai Noel foi contratado pela Coca-Cola. Até então, não usava uniforme, e em geral preferia roupas azuis ou verdes. O desenhista Habdon Sundblom vestiu-o com as cores da empresa, vermelho vivo com filetes brancos, e deu a ele os traços que todos conhecemos. O amigo das crianças usa barba branca, ri sem parar, viaja de trenó e é tão rechonchudo que não se sabe como consegue entrar pelas chaminés do mundo, carregado de presentes e com uma Coca-Cola em cada mão.

Tampouco se sabe o que ele tem a ver com Jesus.

## Fundação do Inferno

A Igreja Católica inventou o Inferno e também inventou o Diabo.

O Antigo Testamento não mencionava essa churrasqueira perpétua, nem aparecia em suas páginas esse monstro que cheira a enxofre, usa tridente e tem chifres e rabo, garras e unhas, patas de bode e asas de dragão.

Mas a Igreja se perguntou: o que será da recompensa sem o castigo? O que será da obediência sem o medo?

E se perguntou: o que será de Deus sem o Diabo? O que será do Bem sem o Mal?

E a Igreja comprovou que a ameaça do Inferno é mais eficaz do que a promessa do Céu, e desde então seus doutores e santos padres nos aterrorizam anunciando o suplício do fogo nos abismos onde reina o Maligno.

No ano de 2007, o papa Bento XVI confirmou:

– *O Inferno existe. E é eterno.*

## Prisciliano

E passou o tempo das catacumbas.

No Coliseu, os cristãos comiam os leões.

Roma se transformou na capital universal da fé, e a religião católica passou a ser a religião oficial do império.

No ano de 385, quando a Igreja condenou o bispo Prisciliano e seus seguidores, foi o imperador romano quem degolou esses hereges.

As cabeças rodaram pelo chão.

Os cristãos do bispo Prisciliano eram culpados:

dançavam e cantavam e celebravam a noite e o fogo,

transformavam a missa numa festa pagã da Galícia, a terra suspeita onde haviam nascido,

viviam em comunidade e na pobreza,

repudiavam a aliança da Igreja com os poderosos,

condenavam a escravidão

e permitiam que as mulheres pregassem, como sacerdotes.

## Hipátia

– *Vai com qualquer um* – diziam, querendo sujar sua liberdade.

– *Nem parece mulher* – diziam, querendo elogiar sua inteligência.

Mas numerosos professores, magistrados, filósofos e políticos acudiam de longe até a Escola da Alexandria para escutar sua palavra.

Hipátia estudava os enigmas que tinham desafiado Euclides e Arquimedes, e falava contra a fé cega, indigna do amor divino e do amor humano. Ela ensinava a duvidar e a perguntar. E aconselhava:

– *Defende o teu direito de pensar. Pensar errado é melhor que não pensar.*

O que fazia essa mulher herege ditando cátedra numa cidade de machos cristãos?

Era chamada de bruxa e feiticeira, e a ameaçavam de morte.

E num meio-dia de março do ano de 415, a multidão se atirou em cima dela. E foi arrancada de sua carruagem e despida e arrastada pelas ruas e golpeada e apunhalada. E na praça pública a fogueira levou tudo o que restava dela.

– *Haverá uma investigação rigorosa* – prometeu o prefeito de Alexandria.

## Teodora

Ravena devia obediência ao imperador Justiniano e à imperatriz Teodora, embora as afiadas línguas da cidade se deleitassem evocando o passado turvo daquela mulher, as danças nos zonas bravas de Constantinopla, os gansos bicando sementes de cevada em seu corpo nu, seus gemidos de prazer, os rugidos do público...

Mas eram outros os seus pecados que a puritana cidade de Ravena não podia perdoar. Ela os havia cometido depois de sua coroação. Por culpa de Teodora, o império cristão bizantino tinha sido o primeiro lugar no mundo onde o aborto era um direito,

não se penalizava o adultério com a morte,

as mulheres tinham direito de herança,

as viúvas e os filhos ilegais tinham proteção,

o divórcio da mulher já não era uma façanha impossível

e não estavam mais proibidos os casamentos de nobres cristãos com mulheres de classes subalternas ou de religião diferente.

Mil e quinhentos anos depois, o retrato de Teodora na igreja de são Vital é o mosaico mais famoso do mundo.

Essa obra-prima de cantaria é, também, o símbolo da cidade que a odiava e que agora vive dela.

## Urraca

Foi a primeira rainha da Espanha.

Urraca governou durante dezessete anos; mas a história clerical diz que não foram mais do que quatro.

Divorciou-se do marido que lhe impuseram, farta de ofensas e pontapés, e expulsou-o do leito e do palácio; mas a história clerical diz que ele a repudiou.

Para que a Igreja ficasse sabendo quem mandava, e aprendesse a respeitar o trono feminino, a rainha Urraca trancou no cárcere o arcebispo de Santiago de Compostela, e arrebatou-lhe os castelos, coisa jamais vista em terras tão cristãs; mas a história clerical diz que tudo isso não passou de *uma explosão de seu ânimo mulheril, que rapidamente se desorbitava, e de sua mente cheia de pestífero veneno.*

Teve amores, namoros, amantes, e celebrou-os alegremente; mas a história clerical diz que foram *condutas que, só de relatar, ruborizariam.*

## Aixa

Seis séculos depois da morte de Jesus, morreu Maomé.

O fundador do Islã, que com a devida licença de Alá tinha obtido doze esposas, quase todas simultâneas, deixou nove viúvas. Por proibição de Alá, nenhuma tornou a se casar.

Aixa, a mais jovem, tinha sido a preferida.

Tempos depois, ela encabeçou um levante armado contra o governo do califa Ali.

Em nosso tempo, muitas mesquitas impedem a passagem das mulheres, mas naqueles tempos as mesquitas foram os lugares onde Aixa pronunciou os discursos que acenderam os fogos da ira popular. Depois, montada em seu camelo, atacou a cidade de Basora. A prolongada batalha deixou quinze mil caídos.

Essa sangria inaugurou o ódio entre sunitas e xiitas, que até hoje faz vítimas. E alguns teólogos determinaram que essa era a prova irrefutável de que as mulheres provocam desastres quando escapam da cozinha.

## Maomé

Quando Aixa foi derrotada, alguém recordou de repente o que Maomé tinha aconselhado vinte e oito anos antes:

– *Pendura a chibata onde tua mulher possa ver.*

E justo naquele momento, outros discípulos do profeta, também dotados de uma memória muito oportuna, recordaram que ele havia contado que o paraíso está cheio de pobres e o inferno, de mulheres.

Passou o tempo, e um par de séculos depois da morte de Maomé já somavam mais de seiscentas mil as frases que a teocracia islâmica atribuía a ele. Boa parte dessas frases, e principalmente as que maldizem as mulheres, se transformaram em verdades religiosas descidas dos céus, intocáveis pela dúvida humana.

E no entanto, o Corão, o livro sagrado ditado por Alá, diz que o homem e a mulher foram criados em igualdade, e que Eva não teve nada a ver com a sedução de Adão pela serpente.

## O biógrafo de Maomé

Foi pastor evangélico, mas durou pouco. A ortodoxia religiosa não era com ele. Homem de ideias abertas, polemista apaixonado, trocou a igreja pela universidade.

Estudou em Princeton, ensinou em Nova York.

Foi professor de línguas orientais e autor da primeira biografia de Maomé publicada nos Estados Unidos.

Escreveu que Maomé tinha sido um homem extraordinário, um visionário dotado de um ímã irresistível, e também um impostor, um charlatão, um vendedor de ilusões. Mas ele não tinha melhor opinião do cristianismo, que era *desastroso* na época da fundação do Islã.

Esse foi o seu primeiro livro. Depois, escreveu outros. Em questões do Oriente Médio, e em temas da Bíblia, poucos eram os estudiosos que poderiam ser comparados a ele.

Viveu trancado entre torres de livros raros. Quando não escrevia, lia.

Morreu em Nova York, em 1859.

Se chamava George Bush.

## Sukaina

Em algumas nações muçulmanas, o véu é um cárcere de mulheres: um cárcere ambulante, que com elas, nelas, caminha.

Mas as mulheres de Maomé não andavam com o rosto coberto, e o Corão não menciona a palavra véu, embora aconselhe, isso sim, que fora de casa as mulheres cubram a cabeça com um manto. As freiras católicas, que não obedecem ao Corão, cobrem o cabelo, e muitas mulheres que não são muçulmanas usam manto, mantilha ou lenço na cabeça, em muitos lugares do mundo.

Mas uma coisa é o manto, prenda de livre escolha, e outra o véu que, por mandato masculino, obriga a esconder o rosto da mulher.

Uma das mais encarniçadas inimigas do tapa-rosto foi Sukaina, bisneta de Maomé, que não só se negou a usá-lo, como o denunciou aos gritos.

Sukaina se casou cinco vezes, e em seus cinco contratos de matrimônio se negou a aceitar a obediência ao marido.

## A mãe dos contadores de histórias

Para se vingar de uma, que o havia traído, o rei degolava todas.

No crepúsculo se casava, na alvorada enviuvava.

Uma atrás da outra, as virgens perdiam a virgindade e a cabeça.

Sherazade foi a única que sobreviveu à primeira noite, e depois continuou trocando uma história por cada novo dia de vida.

Essas histórias, por ela escutadas, lidas ou imaginadas, a salvavam da decapitação. As dizia em voz baixa, na penumbra do quarto, sem outra luz que a da lua. Dizendo essas histórias sentia prazer, e dava prazer, mas tomava muito cuidado. Às vezes, em pleno relato, sentia que o rei estava examinando seu pescoço.

Se o rei se aborrecesse, estava perdida.

Do medo de morrer nasceu a maestria de narrar.

## Bagdá

Sherazade viveu suas mil e uma noites num palácio de Bagdá, às margens do rio Tigre.

Seus mil e um contos haviam nascido naquelas terras ou tinham vindo da Pérsia, da Arábia, da Índia, da China ou do

Turquistão, do mesmo jeito que nas tendas dos mercados se reuniam as mil e uma maravilhas que as caravanas de mercadores traziam das lonjuras.

Bagdá era o centro do mundo. Todos os caminhos, os caminhos das palavras e os caminhos das coisas, se cruzavam naquela cidade de praças e fontes, banhos e jardins. E também os mais afamados médicos, astrônomos e matemáticos marcavam encontro em Bagdá, numa academia de ciências chamada Missão da Sabedoria.

Entre eles estava Maomé al-Jwarizmi, o fundador da álgebra. A álgebra tinha esse nome por causa do título de um de seus livros, *Al-Jabr...*, e do seu sobrenome vieram as palavras *algoritmo* e *algarismo.*

## Voz do vinho

Omar Kahyyam escreveu tratados de álgebra, metafísica e astronomia. E foi autor de poemas clandestinos que se contagiavam, de boca em boca, por toda a Pérsia e mais além.

Esses poemas cantavam o vinho, elixir pecaminoso que o poder islâmico condenava.

O Céu não soube da minha vinda, dizia o poeta, e minha partida não diminuirá em nada sua beleza nem sua grandeza. A lua, que me procurará amanhã, continuará passando embora eu já não me encontre mais aqui. Dormirei debaixo da terra, sem mulher e sem amigo. Para nós, efêmeros mortais, a única eternidade é o instante, e beber o instante é melhor que chorá-lo.

Kahyyam preferia a taverna à mesquita. Não temia o poder terreno nem as ameaças celestiais, e sentia piedade de Deus, que jamais poderia se embebedar. A palavra suprema não estava escrita no Corão, mas na beira de um copo de vinho; e não era lida pelos olhos, mas pela boca.

## As cruzadas

Ao longo de mais de um século e meio, a Europa lançou oito cruzadas rumo às terras infiéis do Oriente.

O Islã, que usurpava o santo sepulcro de Jesus, era o inimigo remoto. Mas ao mesmo tempo, e já que ficava no caminho, esses guerreiros da fé aproveitavam para limpar outros mapas.

A guerra santa começava em casa.

A Primeira Cruzada incendiou sinagogas e não deixou um único judeu vivo em Mainz e em outras cidades alemãs.

A Quarta Cruzada saiu rumo a Jerusalém, mas nunca chegou. Os guerreiros cristãos se detiveram na cristã Constantinopla, cidade opulenta, e durante três dias e três noites a saquearam inteirinha, sem perdoar igrejas e mosteiros, e quando já não sobrava nenhuma mulher para violar nem palácios para esvaziar ficaram para desfrutar o butim e esqueceram o destino final de sua sagrada aventura.

Poucos anos depois, em 1209, outra cruzada começou exterminando cristãos em solo francês.

Os cátaros, cristãos puritanos, se negavam a aceitar o poder do rei e do papa e acreditavam que todas as guerras ofendiam a Deus, inclusive as guerras que se faziam, como as cruzadas, em nome de Deus. Essa heresia, muito popular, foi extirpada pela raiz. De cidade em cidade, de castelo em castelo, de aldeia em aldeia. A mais feroz matança aconteceu em Béziers. Ali, foram todos passados à faca. Todos: os cátaros e os católicos também. Em vão, alguns buscaram refúgio na catedral. Ninguém se salvou da degola generalizada. Não dava tempo para distinguir quem era quem.

Segundo algumas versões, o abade Arnaud-Amaury, delegado do papa, tinha tudo bem claro. Mandou:

– *Matem todo mundo. Depois Deus saberá reconhecer quem eram os dele.*

## Mandatos divinos

A taxa de alfabetismo não era lá essas coisas, digamos, entre os braços armados da Cristandade. Talvez por isso não conseguiram ler direito os mandamentos das tábuas de Moisés.

Leram que Deus mandava invocar seu nome em vão, e em nome de Deus fizeram o que fizeram.

Leram que Deus mandava mentir, e traíram quase todos os acordos que firmaram em sua guerra santa contra os infiéis.

Leram que Deus mandava roubar, e saquearam tudo o que encontraram em seu caminho rumo ao Oriente, amparados pelo estandarte da cruz e pela bênção do papa, que havia assegurado a eles o perdão de suas dívidas e a salvação eterna.

Leram que Deus mandava cometer proezas carnais, e as hostes do Senhor não só cumpriam esse dever com as numerosas profissionais contratadas pelo Exército de Cristo, mas também com as prisioneiras ímpias que faziam parte do butim.

E leram que Deus mandava matar, e populações inteiras foram passadas à faca, sem perdoar as crianças: por dever cristão, para purificar aquelas terras sujas de heresias, ou por pura necessidade, como era o caso do rei Ricardo Coração de Leão, que não tinha outro remédio a não ser degolar seus prisioneiros, porque atrapalhavam sua marcha:

– *Caminham chapinhando sangue* – contou uma testemunha.

## Louco pelas francesas

Imad ad-Din era o braço direito do sultão Saladino. Além do mais, era poeta de muito floreio.

Assim descreveu, de Damasco, as trezentas prostitutas francesas que acompanhavam os guerreiros de Cristo na Terceira Cruzada:

*Eram todas fornicadoras desenfreadas, orgulhosas e debochadas, que tomavam e davam, de carnes firmes e pecadoras, cantadoras e coquetes, públicas porém altivas, fogosas, apaixonadas, tingidas e pintadas, desejáveis, apetitosas, deliciosas, agraciadas, que desgarravam e remendavam, destroçavam e reconstruíam, extraviavam e encontravam, roubavam e consolavam, putamente sedutoras, lânguidas, desejadas e desejantes, despistadas e despistantes, cambiantes, experientes, adolescentes embelezadas, amorosas, oferecendo-se, amantes, apaixonadas, desavergonhadas, cadeiras abundantes e esbeltas, coxas carnudas, vozes nasais, olhos negros, olhos azuis, olhos cor de cinza. E bobinhas.*

## Poeta profeta

Os herdeiros de Maomé estavam dedicados a lutar entre si, sunitas contra xiitas, Bagdá contra Cairo, e o mundo islâmico se partia em pedaços consagrados ao ódio mútuo.

O exército muçulmano se desintegrava, em guerra contra si mesmo, e os cruzados avançavam, sem encontrar obstáculo, em marcha de conquista, rumo ao santo sepulcro.

Um poeta árabe, que escrevia dos árabes e sobre os árabes, comentava assim:

*Os habitantes da terra se dividem em dois:*
*os que têm cérebro mas não têm religião*
*e os que têm religião mas não têm cérebro.*

E também:

*O destino nos rompe, como se fôssemos de cristal,*
*e nossos pedaços nunca mais tornarão a se unir.*

O autor se chamava Abul Ala al Maari. Morreu no ano de 1057, em sua cidade síria de Maarat, quarenta anos antes que os cristãos a demolissem pedra por pedra.

O poeta era cego. Dizem.

## Trótula

Enquanto as cruzadas arrasavam Maarat, Trótula Ruggiero morria em Salerno.

Como a História andava muito ocupada registrando as façanhas dos guerreiros de Cristo, não é muito o que se sabe dela. Sabe-se que um cortejo de trinta quarteirões acompanhou-a até o cemitério e que foi a primeira mulher que escreveu um tratado de ginecologia, obstetrícia e puericultura.

*As mulheres não se atrevem a mostrar diante de um médico homem, por pudor e por reserva nata, suas partes íntimas*, escreveu Trótula. Seu tratado recolhia a experiência de uma mulher ajudando outras mulheres em assuntos delicados. Elas lhe abriam o corpo e a alma, e confiavam a ela segredos que os homens não compreendiam nem mereciam.

Trótula as ensinava a aliviar a viuvez, a simular a virgindade, a superar o parto e seus transtornos, a evitar o mau hálito, a branquear a pele e os dentes e a *reparar dos anos o irreparável ultraje.*

A cirurgia estava na moda, mas Trótula não acreditava na faca. Ela preferia outras terapias: a mão, as ervas, o ouvido. Fazia massagens carinhosas, receitava infusões e sabia escutar.

## São Francisco de Assis

Os cruzados haviam armado o cerco ao redor da cidade egípcia de Damieta. No ano de 1219, em pleno assédio, o frei Francisco se livrou do seu exército e se pôs a caminhar, descalço, sozinho, até o bastião inimigo.

O vento varria a terra e batia a túnica cor de terra daquele anjo torto, caído do céu, que amava a terra como se da terra tivesse brotado.

De longe, o viram chegar.

Disse que vinha falar de paz com o sultão Al-Kamil.

Francisco não representava ninguém, mas a muralha se abriu.

A tropa cristã estava dividida em duas. Metade achava que o frei Francisco estava louco de pedra. A outra metade achava que era um bobo sem cura.

Tinha a fama de conversar com os pássaros, de se fazer chamar de *menestrel de Deus*, de predicar e praticar o riso e recomendar aos seus monges:

– *Evitem parecer tristes, sisudos e hipócritas.*

Dizia-se que em seu pomar, no povoado de Assis, as plantas cresciam ao contrário, com a raiz para cima; e se sabia que ao contrário era a sua opinião sobre tudo. A guerra, paixão e negócio dos reis e dos papas, servia, segundo ele, para conquistar riquezas, mas não servia para conquistar almas; e as Cruzadas eram feitas para submeter muçulmanos, e não para convertê-los.

Movido pela curiosidade, ou sabe-se lá por quê, o sultão o recebeu.

O cristão e o muçulmano não cruzaram armas. Cruzaram palavras. Durante o longo diálogo, Jesus e Maomé não concordaram. Mas se escutaram.

## Fundação do açúcar

O rei Dario tinha celebrado, na Pérsia, *esta cana que dá mel sem precisar de abelhas*, e muito antes os hindus e os chineses a haviam conhecido. Mas os europeus cristãos descobriram o açúcar graças aos árabes, quando os cruzados viram as plantações nas planícies de Trípoli e provaram os deleitosos sumos que tinham salvado da fome as populações sitiadas em Elbarieh, Marrah e Arkah.

Como o fervor místico não cegava seu olho bom para os negócios, os cruzados se apoderaram das plantações e das moendas nos territórios que iam conquistando, do reino de Jerusalém até Acre, Tiro, Creta e Chipre, passando por um lugar nas vizinhanças de Jericó, que não por acaso se chamava Al-Sukkar.

A partir de então, o açúcar foi o *ouro branco* que na Europa era vendido, pesado em gramas, nas boticas.

## A cruzadinha contra Dolcino

Nos arquivos da Inquisição, guarda-se a história da última Cruzada. Foi lançada no começo do século XIV, contra o herege Dolcino e seus adeptos:

*Dolcino tinha uma amiga, chamada Margarida, que o acompanhava e morava com ele. Ele dizia tratá-la com toda castidade e honestidade, como uma irmã em Cristo. E como ela tinha sido surpreendida em estado de gravidez, Dolcino e os seus a declararam grávida do Espírito Santo.*

*Os inquisidores da Lombardia, de acordo com o bispo de Verceil, predicaram uma Cruzada com concessão de indulgência plena e organizaram uma importante expedição contra o referido Dolcino. Este, depois de haver infectado numerosos discípulos e adeptos com suas predicações contra a doutrina, havia se retirado com eles para as montanhas de Novarais.*

*Ali sucedeu, como consequência da temperatura inclemente, que muitos desfaleceram e pereceram de fome e de frio, de maneira que morreram em seus erros. Além do mais, o exército, escalando as montanhas, fez prisioneiros Dolcino e uns quarenta dos seus. Entre os assassinados e os que tinham morrido de fome e de frio, se contaram mais de quatrocentos.*

*Com Dolcino, se prendeu igualmente Margarida, herege e encantadora, na Quinta-feira Santa do ano de 1308 da encarnação do Senhor. A referida Margarida foi cortada em pedaços diante dos olhos de Dolcino e depois este foi igualmente despedaçado.*

## Santas visitadas do Céu

Santa Mechtilde de Magdeburgo: *Senhor, ama-me com força, ama-me com frequência e por muito tempo. Te chamo, abrasada de desejo. Teu ardente amor me inflama a todas as horas. Sou apenas uma alma nua e Tu, nela, és um hóspede ricamente vestido.*

Santa Margarida Maria Alacoque: *Um dia que Jesus se pôs em cima de mim com todo seu peso, respondeu desta forma aos meus protestos: "Quero que sejas objeto do meu amor, sem resistência da tua parte, para que eu possa gozar de ti".*

Santa Ângela de Foligno: *Era como se eu fosse possuída por um instrumento que me penetrasse e se retirasse rasgando-me as entranhas. Meus membros se quebravam de desejo... E nesse tempo, quis Deus que morresse minha mãe, que era um grande impedimento para mim. Em pouco tempo, meu marido e todos os meus filhos morreram. Senti um grande consolo. Deus fez isso por mim, para que meu coração estivesse em seu coração.*

## Os santos retratam as filhas de Eva

São Paulo: *A cabeça da mulher é o varão.*

Santo Agostinho: *Minha mãe obedecia cegamente ao que lhe designaram por esposo. E quando iam mulheres em casa levando no rosto sinais da cólera marital, dizia a elas: "Vós tendes a culpa".*

São Jerônimo: *Todas as mulheres são malignas.*

São Bernardo: *As mulheres silvam como serpentes.*

São João Crisóstomo: *Quando a primeira mulher falou, provocou o pecado original.*

Santo Ambrósio: *Se à mulher for permitido falar de novo, tornará a trazer a ruína para o homem.*

## Proibido cantar

Desde o ano de 1234, a religião católica proibiu que as mulheres cantassem nas igrejas.

As mulheres, impuras por herança de Eva, sujavam a música sagrada, que só podia ser entoada por meninos varões ou por homens castrados.

A pena de silêncio regeu, durante sete séculos, até princípios do século XX.

Poucos anos antes que lhes fechassem a boca, lá pelo século XII, as monjas do convento de Bingen, nas margens do Reno, ainda podiam cantar livremente a glória do Paraíso. Para boa sorte dos nossos ouvidos, a música litúrgica criada pela abadessa Hildegarda, nascida para elevar-se em vozes de mulher, sobreviveu sem que o tempo a tenha gasto nem um pouquinho.

Em seu convento de Bingen, e em outros onde pregou, Hildegarda não fez só música: foi mística, visionária, poeta e médica estudiosa da personalidade das plantas e das virtudes curativas das águas. E também foi a milagrosa fundadora de espaços de liberdade para suas monjas, contra o monopólio masculino da fé.

## Proibido sentir

– *Oh, figura feminina! Como sois gloriosa!*

Hildegarda de Bingen achava que *o sangue que mancha é o sangue da guerra, não o sangue da menstruação*, e abertamente convidava a celebrar a felicidade de haver nascido mulher.

E em suas obras de medicina e ciências naturais, únicas na Europa da sua época, havia se atrevido a reivindicar o prazer feminino em termos insólitos para seu tempo e sua igreja. Com sabedoria surpreendente numa abadessa puritana, de costumes muito estritos, virgem entre virgens, Hildegarda afirmou que o prazer do amor que arde no sangue é mais sutil e profundo na mulher que no homem:

– *Na mulher, é comparável ao sol e à sua doçura, que delicadamente aquece a terra e a torna fértil.*

Um século antes de Hildegarda, o célebre médico persa chamado Avicena havia incluído em seu "Cânone" uma descrição mais detalhada do orgasmo feminino, *a partir do momento em que os olhos dela começam a se avermelhar, sua respiração se acelera e começa a balbuciar.*

Como o prazer era assunto masculino, as traduções europeias da obra de Avicena suprimiram essa página.

## Avicena

– *A vida se mede pela sua intensidade, não pela sua duração* – havia dito, mas viveu quase sessenta anos, o que não era pouco no século XI.

Quem cuidava dele era o melhor médico da Pérsia, que era ele mesmo.

Seu *Cânone de Medicina* foi obra de consulta obrigatória durante séculos, no mundo árabe, na Europa e na Índia.

Esse tratado de enfermidades e remédios não apenas recolhia a herança de Hipócrates e Galeno, mas também bebia nas fontes da filosofia grega e da sabedoria oriental.

Aos dezesseis anos de idade, Avicena tinha aberto seu consultório.

Muito depois de sua morte, continuava atendendo pacientes.

## Uma senhora feudal explica como se deve cuidar dos bens terrenos

Do papa de Roma ao mais humilde padre de paróquia, não há sacerdote que não profira palestras sobre a vida sexual. Como podem saber tanto de uma atividade que estão proibidos de praticar?

Já no ano de 1074, o papa Gregório VII tinha advertido que só os casados com a igreja eram dignos de exercer o serviço divino:

– *Os sacerdotes devem escapar das garras de suas esposas* – sentenciou.

E pouco depois, no ano de 1123, o Concílio de Latrão impôs o celibato obrigatório. Desde então, a Igreja Católica conjura a tentação carnal através do voto de castidade e é a única empresa de solteiros no mundo religioso. A Igreja exige de seus sacerdotes dedicação exclusiva, um regime *full time* que protege a paz das suas almas, evitando brigas conjugais e gritos de bebês.

Talvez, quem sabe, a Igreja também tenha querido preservar seus bens terrenos, e assim os pôs a salvo do direito de herança das mulheres e de seus filhos. Embora seja um detalhe sem importância, vale a pena recordar que no começo do século XII a Igreja era dona da terceira parte de todas as terras da Europa.

## Um senhor feudal explica como se deve tratar os camponeses

Bertrán de Born, senhor de Périgord, guerreiro de braço valente, trovador de verso violento, definia assim seus camponeses, no final do século XII:

*O campônio vem depois do porco, pela sua espécie e pelas suas maneiras. A vida moral o repugna profundamente. Se por acaso alcança uma grande riqueza, perde a razão. Assim, pois, é melhor que seu bolso esteja sempre vazio. Quem não domina seus campônios não faz mais que aumentar sua maldade.*

## Fonte da fonte

Os camponeses não cansavam de dar desgostos aos seus amos.

A fonte da cidade de Mainz oferece um depoimento artístico.

Não deixe de ver, mandam os guias turísticos. Esse tesouro da arte renascentista na Alemanha, que alça seu dourado esplendor na praça do mercado, é o símbolo da cidade e o centro de suas celebrações.

Nasceu de uma celebração: coroada pela Virgem e pelo Menino Jesus, a fonte foi uma oferenda do arcebispo de Brandemburgo, que agradeceu aos Céus a vitória dos príncipes sobre os camponeses rebeldes.

Os desesperados camponeses tinham assaltado os castelos, opulências que eles mesmos pagavam, e uma multidão de ancinhos e enxadas havia desafiado o poder dos canhões, das lanças e das espadas.

Milhares de enforcados e decapitados foram testemunhas do restabelecimento da ordem. A fonte também.

## Pestes

Na divisão medieval do trabalho, os padres rezavam, os cavalheiros matavam e os camponeses alimentavam todos os outros. Em tempos de escassez e fome, os camponeses fugiam das colheitas arruinadas e das plantações impossíveis, da muita chuva ou da chuva nenhuma, e se punham nos caminhos, onde disputavam carniças e raízes; e quando já estavam com a pele amarelada e olhos de loucos, se lançavam ao assalto de castelos e conventos.

Em tempos normais, os camponeses trabalhavam e, além disso, pecavam. Quando as pestes surgiam, eles tinham culpa. As desgraças golpeavam não porque os padres rezassem mal, mas porque seus fiéis eram infiéis.

Dos púlpitos, os funcionários de Deus amaldiçoavam:

– *Escravos da carne! Vocês merecem o castigo divino!*

Entre 1348 e 1351, o castigo divino fulminou um de cada quatro europeus. A peste arrasou os campos e as cidades, revirou pecadores e também virtuosos.

De acordo com Bocaccio, os florentinos tomavam o café da manhã com seus parentes e jantavam com seus antepassados.

## Mulheres contra a peste

Na Rússia, a peste avançava aniquilando animais e pessoas, porque a terra estava ofendida. Os homens tinham esquecido de entregar a ela suas oferendas de gratidão pela última colheita, ou a tinham ferido cravando pás ou paus quando ela estava grávida e dormia debaixo da neve.

Então as mulheres cumpriam um ritual vindo da noite dos tempos. A terra, origem e destino de tudo que na terra vive, recebia suas filhas, parideiras como ela; e nenhum homem se atrevia a aparecer.

Uma mulher se enganchava no arado, feito boi, e caminhava abrindo o sulco. As outras iam atrás, jogando sementes. Todas caminhavam nuas, descalças, com os cabelos soltos. Iam batendo suas caçarolas e frigideiras e riam às gargalhadas, metendo medo ao medo e ao frio e à peste.

## Água maldita

Conhecemos Nostradamus pelas suas profecias, que continuam a ser *best-sellers* no mundo inteiro.

Ignoramos que Nostradamus também foi médico, um médico insólito, que não acreditava nas sanguessugas e contra todas as pestes receitava ar e água: ar que ventila, água que lava.

A imundície incubava pragas, mas a água tinha má fama na Europa cristã. Exceto o batismo, o banho era evitado porque dava prazer e convidava ao pecado. Nos tribunais da Santa Inquisição, banhar-se com frequência era prova da heresia de Maomé. Quando o cristianismo se impôs na Europa como verdade única, a Coroa mandou arrasar os banhos públicos que os muçulmanos tinham deixado, por serem fontes de perdição.

Nenhum santo nem santa havia posto jamais um pé na banheira, e entre os reis banhar-se era raro, pois para isso existiam os perfumes. A rainha Isabel de Castela tinha a alma limpa, mas os historiadores discutem se ela se banhou duas ou três vezes na vida. O elegante Rei Sol da França, o primeiro homem que usou salto alto, banhou-se uma única vez entre 1647 e 1711. Seguindo receita médica.

## Os santos da Idade Média praticavam a Medicina em série

De acordo com testemunhas da época, são Domingo de Silos *abriu os fechados olhos dos cegos, limpou os corpos imundos dos leprosos, ofereceu aos enfermos o ansiado dom da saúde, concedeu aos surdos o ouvido perdido, endireitou os corcundas, fez saltar de alegria os mancos, fez saltar de gozo os entrevados, fez que falasse com força o mudo...*

Frei Bernardo de Tolosa *curou doze cegos, três surdos, sete mancos, quatro corcundas e curou outros enfermos, em número maior que trinta.*

São Luís devolveu a saúde a uma inumerável quantidade de padecedores de *tumefações, gota, paralisia, cegueira, surdez, fístulas, tumores e coxeaduras.*

Os santos mortos não perdiam seus poderes terapêuticos. Na França, os cemitérios levavam uma contabilidade estrita dos milagres que tinham curado os visitantes dos sepulcros sagrados: *41 por cento de hemiplégicos e paraplégicos, 19 por cento de cegos, 12 por cento de dementes, 8,5 por cento de surdos, mudos ou surdos-mudos e 17 por cento de febris e enfermos diversos.*

## Fundação da infância

Quando não eram mortas pela peste, as crianças pobres eram levadas pelo frio ou pela fome. A execução pela fome podia ocorrer nos primeiros dias, se não sobrasse leite suficiente nas tetas das mães, que eram amas de leite pobres de bebês ricos.

Mas tampouco os bebês de bom berço chegavam a uma vida fácil. Por toda a Europa, os adultos contribuíam para elevar a taxa de mortalidade infantil submetendo seus filhos a uma educação severa.

O ciclo educativo começava quando o bebê era transformado em múmia. A cada dia, os serviçais o embutiam, da cabeça aos pés, num embrulho de vendas e faixas muito apertadas.

Assim se fechavam seus poros à passagem das pestes e aos vapores satânicos que povoavam o ar, e se conseguia que a criatura não incomodasse os adultos. O bebê, prisioneiro, mal podia respirar, nem pensava em chorar, e suas pernas e braços amarrados o proibiam de se mover.

Se as chagas ou a gangrena não o impedissem, aquele pacote humano passava para as etapas seguintes. Através do uso de correias era ensinado a ficar de pé e a caminhar como Deus manda, evitando o costume animal de andar de quatro. E depois, quando já estava mais crescidinho, começava o uso intensivo da chibata de nove tiras, dos bastões, das palmatórias, das varas de madeira ou dos vergalhões e outros instrumentos pedagógicos.

Nem os reis se salvavam. O rei francês Luís XIII foi coroado quando completou oito anos, e começou o dia recebendo sua dose de açoite.

O rei sobreviveu à sua infância.

Outras crianças também sobreviveram, sabe-se lá como, e foram adultos perfeitamente preparados para educar seus filhos.

## Anjinhos de Deus

Quando Flora Tristán viajou para Londres, ficou impressionada porque as mães inglesas jamais acariciavam os filhos. As crianças ocupavam o último degrau na escala social, abaixo das mulheres. Eram tão dignas de confiança como uma espada partida.

E, no entanto, três séculos antes tinha sido inglês o primeiro europeu de alta hierarquia que havia reivindicado as crianças como pessoas dignas de respeito e satisfação. Tomás Morus gostava delas e as defendia, brincava com elas sempre que podia e com elas compartilhava o desejo de que a vida fosse uma brincadeira sem fim.

Não durou muito o seu exemplo.

Durante séculos, e até bem pouco tempo, foi legal o castigo das crianças nas escolas inglesas. Democraticamente, sem distinção de classes, a civilização adulta tinha o direito de corrigir a barbárie infantil açoitando as meninas com correias e batendo nos meninos com varas ou cassetetes. Ao serviço da moral social, esses instrumentos de disciplina corrigiram os vícios e os desvios de muitas gerações de descarrilados.

Por fim, no ano de 1986, as correias, as varas e os cassetetes foram proibidos nas escolas públicas inglesas. Depois, também foram proibidos nas escolas particulares.

Para evitar que as crianças sejam crianças, os pais podem castigá-las, sempre que os golpes sejam aplicados *em medida razoável e sem deixar marcas.*

## O pai do Bicho-Papão

As mais famosas histórias infantis, obras terroristas, também merecem um lugar no arsenal das armas adultas contra as pessoas miúdas.

João e Maria avisam que você vai ser abandonado pelos seus pais, Chapeuzinho Vermelho informa que cada desconhecido pode ser o lobo devorador, e a Gata Borralheira obriga você a desconfiar das madrastas e suas filhas. Mas entre todos os personagens, o Bicho-Papão é o que com maior eficácia ensinou a obediência e difundiu o medo nas hostes infantis.

O Bicho-Papão, comedor de criancinha dos contos de Perrault, teve por modelo um ilustre cavalheiro, Gilles de Rais, que havia lutado ao lado de Joana d'Arc em Orleans e em outras batalhas.

Esse senhor de muitos castelos, o marechal mais jovem da França, foi acusado de violar, torturar e matar as crianças errantes que perambulavam pelas suas herdades à procura de pão ou de um emprego nos coros que cantavam suas façanhas.

Submetido à tortura, Gilles confessou centenas de infanticídios, com detalhados relatos de seus deleites carnais.

Acabou na forca.

Cinco séculos e meio depois, foi absolvido. Um tribunal, reunido no Senado da França, revisou o processo, determinou que era uma patranha e anulou a sentença.

Ele não teve como celebrar a boa notícia.

## O bicho-papão Tártaro

Gêngis Khan foi o bicho-papão das histórias que durante muitos anos aterrorizaram os europeus adultos, o Anticristo que encabeçava as hordas enviadas da Mongólia por Satã.

– *Não são homens! São demônios!* – clamava Frederico II, rei da Sicília e da Alemanha.

Na verdade, a Europa estava ofendida porque Gêngis Khan não se havia dignado a invadi-la. E com métodos não muito delicados tinha conquistado um enorme império, que se estendia da meseta da Mongólia até a savana da Rússia, passando pela China, pelo Afeganistão e pela Pérsia.

A má fama se transmitiu a todos os membros da família Khan.

No entanto, o neto de Gêngis Khan, Kublai Khan, não comia crus os viajantes europeus que muito de quando em quando chegavam até o seu trono de Pequim. Os acolhia, escutava e oferecia emprego.

Marco Polo trabalhou para ele.

## Marco Polo

Estava preso, em Gênova, quando ditou seu livro de viagens. Seus companheiros de cárcere acreditavam em tudo. Quando escutavam as palavras de Marco Polo, vinte e sete anos de viagens pelos caminhos do Oriente, todos os presos escapavam e viajavam com ele.

Três anos depois, o prisioneiro veneziano publicou seu livro. Publicou é uma maneira de dizer, porque a imprensa não existia na Europa. Circularam algumas cópias, feitas à mão. Os poucos leitores que Marco Polo encontrou não acreditaram em uma só palavra.

O mercador estava alucinado: quer dizer que as taças de vinho se erguiam no ar sem que ninguém as tocasse e chegavam aos lábios do grande Khan? Quer dizer que havia mercados onde um melão do Afeganistão era o preço de uma mulher? Os mais piedosos disseram que ele estava ruim da cabeça.

No mar Cáspio, a caminho do monte Ararat, esse delirante tinha visto óleos que ardiam, e havia visto rochas que ardiam nas montanhas da China. Soava no mínimo ridícula a história de que os chineses tinham dinheiro de papel, notas carimbadas pelo imperador mongol e barcos nos quais navegavam mais de mil pessoas. Nada mais do que gargalhadas mereciam o unicórnio da Sumatra e as areias cantoras do deserto de Gobi, e eram simplesmente inverossímeis aqueles tecidos intocáveis pelo fogo nos povoados que Marco Polo havia encontrado mais além de Taklinakan.

Séculos depois, soube-se que:

os óleos que ardiam eram petróleo;

as pedras que ardiam, carvão;

os chineses usavam papel-moeda fazia quinhentos anos, e suas embarcações, dez vezes maiores que os barcos europeus, tinham hortas que davam verduras frescas aos marinheiros e evitavam-lhes o escorbuto;

o unicórnio era o rinoceronte;

o vento fazia soar os cumes das dunas no deserto;

e eram de amianto os tecidos resistentes ao fogo.

Nos tempos de Marco Polo, a Europa não conhecia o petróleo, nem o carvão, nem o papel-moeda, nem as grandes embarcações, nem o rinoceronte, nem as altas dunas, nem o amianto.

## O que os chineses não inventaram?

Lá na infância, fiquei sabendo que a China era um país que estava do outro lado do Uruguai e que eu poderia chegar lá se tivesse a paciência de cavar um poço bem fundo.

Depois, aprendi alguma coisa da história universal, mas a história universal era, e continua sendo, a história da Europa. O resto do mundo jazia, jaz, nas trevas. A China também. Pouco ou nada sabemos do passado de uma nação que inventou quase tudo.

A seda nasceu lá, faz cinco mil anos.

Antes que qualquer um, os chineses descobriram, batizaram e cultivaram o chá.

Foram os primeiros a extrair sal de poços profundos e foram os primeiros a usar o gás e o petróleo em seus fogões e suas lâmpadas.

Criaram arados de ferro de porte leve e máquinas semeadoras, capinadoras e colhedoras, dois mil anos antes que os ingleses mecanizassem a agricultura.

Inventaram a bússola mil e cem anos antes que os barcos europeus começassem a usá-la.

Mil anos antes que os alemães, descobriram que os moinhos de água podiam dar energia aos seus fornos de ferro e de aço.

Há mil e novecentos anos, inventaram o papel.

Imprimiram livros seis séculos antes que Gutenberg, e usaram tipos móveis de metal em suas impressoras dois séculos antes que ele.

Faz mil e duzentos anos que inventaram a pólvora, e um século depois, o canhão.

Há novecentos anos criaram máquinas de fiar seda com bobinas movidas a pedal, que os italianos copiaram com dois séculos de atraso.

Também inventaram o timão, a roca, a acupuntura, a porcelana, o futebol, o baralho, a lanterna mágica, a pirotecnia, a pipa, o papel-moeda, o relógio mecânico, o sismógrafo, a laca, a pintura fosforescente, a carretilha de pescar, a ponte pênsil, o carrinho de mão, o guarda-chuva, o leque, o estribo, a ferradura, a chave, a escova de dentes e mais algumas coisinhas.

## A grande cidade flutuante

No começo do século XV, o almirante Zheng, comandante da frota naval chinesa, gravou em pedra, nas costas do Ceilão, sua homenagem a Alá, Shiva e Buda. E aos três pediu, em três idiomas, a bênção para seus marinheiros.

Zheng, eunuco fiel ao império que o havia mutilado, encabeçou a maior de todas as grandes frotas que navegaram os mares do mundo.

Ao centro, as naus gigantescas, com seus pomares de frutas e suas hortas de legumes, e ao redor um bosque de mil mastros:

*Se enfunam as velas como nuvens do céu...*

Os barcos iam e vinham entre os portos da China e as costas da África, passando por Java e pela Índia e pela Arábia e... Os marinheiros partiam da China levando porcelanas, sedas, lacas, jades, e voltavam carregados de histórias e de plantas mágicas e de girafas, elefantes e pavões. Descobriam idiomas, deuses, costumes. Conheceram as dez utilidades do coco e o inesquecível sabor da manga, descobriram cavalos pintados com listras brancas e negras e aves de pernas longas que corriam como cavalos, encontraram incenso e mirra na Arábia, e na Turquia pedras raras, como o âmbar, que chamaram de *saliva de dragão*. Nas ilhas do sul foram assombrados por pássaros que falavam como homens e por homens que levavam uma sineta pendurada entre as pernas, para anunciar suas virtudes sexuais.

As viagens da grande frota chinesa eram missões de exploração e de comércio. Não eram missões de conquista. Nenhum afã de domínio obrigava Zheng a desprezar nem a condenar o que encontrava. O que não era admirável acabava sendo, pelo menos, digno de curiosidade. E de viagem em viagem ia crescendo a biblioteca imperial de Pequim, que em quatro mil livros reunia os saberes do mundo.

Seis livros tinha, naquela época, o rei de Portugal.

## Generoso, o papa

Setenta anos depois daquelas viagens da frota chinesa, a Espanha começou a conquista da América e sentou um espanhol no trono do Vaticano.

Rodrigo Borgia, nascido em Valença, se transformou no papa de Roma e passou a se chamar Alexandre VI, graças aos votos dos cardeais que comprou com ouro e prata carregados por quatro mulas.

O papa espanhol promulgou suas *Bulas de doação*, que deram de presente aos reis da Espanha e seus herdeiros, em nome de Deus, as ilhas e terras que alguns anos depois se chamaram América.

O papa também confirmou que Portugal era dono e senhor das ilhas e das terras da África negra, das quais arrancava, fazia meio século, ouro, marfim e escravos.

As intenções não eram exatamente as mesmas que haviam guiado as navegações do almirante Zheng. O papa dava de presente a América e a África *para que as nações bárbaras sejam abatidas e reduzidas à fé católica.*

A Espanha tinha, naquela época, quinze vezes menos habitantes que a América, e a África tinha cem vezes mais habitantes que Portugal.

## O Mal copia o Bem

Num de seus afrescos, numa capela de Pádua, Giotto mostrou os tormentos que os diabos infligiam aos pecadores no inferno.

Como em outras obras de outros artistas da época, os instrumentos de suplício infernal provocavam espanto e medo. E qualquer um podia reconhecer, naquele mostruário, as ferramentas que a Santa Inquisição utilizava para impor a fé católica. Deus inspirava seu pior inimigo: Satanás imitava, no inferno, a tecnologia da dor que os inquisidores aplicavam na terra.

O castigo confirmava que este mundo não passava de um ensaio geral do inferno. No Aqui e no Além, a desobediência merecia o mesmo prêmio.

## Argumentos da fé

Durante seis séculos, e em vários países, a Santa Inquisição castigou os rebeldes, os hereges, as bruxas, os homossexuais, os pagãos...

Muitos foram parar nas fogueiras; e com lenha verde arderam os condenados ao fogo lento. E muitos mais foram submetidos a torturas. Esses eram alguns dos instrumentos utilizados para arrancar confissões, corrigir convicções e semear pânico:

o colar de arame farpado,
a gaiola suspensa,
a mordaça de ferro que evitava gritos incômodos,
a serra que lentamente partia um ser humano pela metade,
os torniquetes esmaga-dedos,
os torniquetes amassa-cabeças,
o pêndulo quebra-ossos,
a cadeira de espinhos,
a longa agulha que penetrava nas pintas do Diabo,
as garras de ferro que rasgavam a carne,
as pinças e os alicates aquecidos em brasa viva,
os sarcófagos com pregos na parte de dentro,
as camas de ferro que se esticavam até desconjuntar pernas e braços,
os açoites com pontas de ganchos ou de lâminas afiadas,
os tonéis cheios de merda,
o alçapão, o cepo, as roldanas, as argolas, os tridentes,
a pera que se abria e rasgava a boca dos hereges, o cu dos homossexuais e a vagina das amantes de Satanás,
a pinça que triturava as tetas das bruxas e das adúlteras,
o fogo nos pés
e outras armas da virtude.

## Confissão do torturador

No ano de 2003, Ibn al-Shaykh al-Libi, dirigente da Al-Qaeda, foi torturado até confessar que o Iraque o havia treinado no uso de armas químicas e biológicas. Ato contínuo, o governo dos Estados Unidos esgrimiu alegremente seu depoimento para demonstrar que o Iraque merecia ser invadido.

Pouco depois, soube-se: como de costume, o torturado havia dito o que o torturador queria que dissesse.

Esse papelão não impediu que o governo dos Estados Unidos continuasse praticando e predicando a tortura, em escala universal, chamando-a por muitos de seus nomes artísticos: *meio alternativo de coerção, técnica intensiva de interrogatórios, tática de pressão e intimidação, método de convencimento...*

Cada vez dissimulando menos, os mais poderosos meios massivos de comunicação exaltam os méritos dessa máquina de picar carne humana, e cada vez mais gente a aplaude, ou pelo menos a aceita. Será que não temos direito a nos defendermos dos terroristas e dos delinquentes que nos ameaçam?

Mas bem sabiam os inquisidores e bem o sabem, em nossos dias, os ladrões de países: a tortura não serve para proteger a população. Serve para aterrorizá-la.

A burocracia da dor tortura a serviço do poder que dela necessita para se perpetuar. A confissão do torturado vale pouco ou vale nada. Em vez disso, o poder arranca a máscara nas câmaras de tormento. O poder confessa, torturando, que se alimenta de medo.

## Éramos todos verdugos

Pouco ou nada mudou a rua Bòria, em Barcelona, embora hoje em dia se dedique a outros afazeres.

Durante boa parte da Idade Média, esse foi um dos cenários europeus da justiça transformada em espetáculo público.

O bufão e os músicos encabeçavam a procissão. O condenado, ou a condenada, saía do cárcere em lombo de burro, nu ou quase, e enquanto ia recebendo açoites era submetido a uma chuva de insultos, golpes, cusparadas, merda, ovos podres e outras homenagens da multidão.

Os castigadores mais entusiastas eram os mais entusiastas pecadores.

## Mercenários

Agora são chamados de *contratistas.*

Na Itália, faz séculos, eram chamados de *condottieri.* Alugavam-se para matar, e *condotta* era o nome do contrato.

Paolo Ucello pintou esses guerreiros, tão elegantemente vestidos e tão graciosamente movidos que seus quadros parecem mais desfiles de moda que sangrentas batalhas.

Mas os *condottieri* eram homens de pelo no peito, que não tinham medo de nada, a não ser da paz.

Em seus anos de juventude, o duque Francesco Sforza tinha sido do ofício; e não esquecia.

Numa tarde, passeava o duque pelos arredores de Milão, quando do alto do cavalo jogou uma moeda para um mendigo.

O mendigo desejou-lhe o melhor:

– *Que a paz esteja contigo.*

– *A paz?*

Um golpe de espada arrancou-lhe a moeda da mão.

## Nossa Senhora dos Impossíveis

Porque acreditou na paz, foi chamada de Nossa Senhora dos Impossíveis.

Santa Rita fez o milagre da paz em tempos de guerras,
guerras de vizinhos,
guerras de famílias,
guerras de reinos,
guerras de deuses.

Além disso, fez outros milagres. O último foi em agonia. Rita pediu que os figos amadurecessem, embora fosse pleno inverno, e que o roseiral florescesse debaixo da neve, e assim conseguiu morrer com sabor de figo na boca e respirando aromas de rosas recém-abertas, e os campanários soaram sozinhos, sem que ninguém os tocasse, em todas as igrejas de seu povoado de Cássia.

## A santa guerreira

Não havia homem que pudesse com ela, nem no arado nem na espada.

No silêncio do pomar, ao meio-dia, escutava vozes. Falavam com ela os anjos e os santos, são Miguel, santa Margarida, santa Catarina, e também a voz mais alta do Céu:

– *Não há ninguém no mundo que possa libertar o reino da França. Apenas tu.*

E ela repetia, por todos os lados, sempre citando a fonte:

– *Deus me disse isso.*

E assim aquela camponesa analfabeta, nascida para colher filhos, encabeçou um grande exército, que crescia conforme o seu caminhar.

A donzela guerreira, virgem por mandato divino ou por pânico masculino, avançava de batalha em batalha.

Lança na mão, avançando a cavalo contra os soldados ingleses, foi invencível. Até que foi vencida.

Os ingleses a fizeram prisioneira e decidiram que os franceses deveriam decidir o que fazer com aquela louca.

Pela França e pelo seu rei havia lutado, em nome de Deus, e os funcionários do rei da França e os funcionários de Deus a mandaram para a fogueira.

Ela, raspada, acorrentada, não teve advogado. Os juízes, o promotor, os especialistas da Inquisição, os bispos, os priores, os cônegos, os tabeliães e as testemunhas coincidiram com a douta Universidade de Sorbonne, que determinou que a acusada era cismática, apóstata, mentirosa, adivinhadora, suspeita de heresia, errante na fé e blasfemadora de Deus e dos santos.

Tinha dezenove anos quando foi atada a uma estaca na praça do mercado de Rouen, e o verdugo acendeu a lenha.

Depois, sua pátria e sua Igreja, que a haviam assado, mudaram de opinião. Agora, Joana d'Arc é heroína e santa, símbolo da França e emblema da Cristandade.

## Quando os barcos navegaram sobre a terra

O imperador Constantino batizou com seu nome a cidade de Bizâncio, e aquele ponto estratégico do encontro entre a Ásia e a Europa passou a se chamar Constantinopla.

Mil e cem anos depois, quando Constantinopla sucumbiu ao assédio das tropas turcas, outro imperador, outro Constantino, morreu com ela, lutando por ela, e então a Cristandade perdeu sua porta aberta ao Oriente.

Muita ajuda haviam prometido os reis cristãos; mas na hora da verdade, Constantinopla, sitiada, asfixiada, morreu sozinha. Os enormes canhões de oito metros, perfuradores de muralhas, e a insólita viagem da frota turca foram decisivas na derrocada final. As naus turcas não tinham conseguido vencer as correntes atravessadas debaixo d'água, que impediam sua passagem, até que o sultão Mehmet deu uma ordem que jamais tinha sido escutada: mandou que navegassem sobre a terra. Apoiadas em plataformas rodantes e puxadas por muitos bois, as naus deslizaram pela colina que separava o mar Bósforo do Chifre de Ouro, ladeira acima e ladeira abaixo, no silêncio da noite. Ao amanhecer, os vigias do porto descobriram, horrorizados, que a frota turca emergia diante de seus narizes, por artes de magia, nas águas proibidas.

A partir de então, o cerco, que era terrestre, se completou pelo mar, e a matança final avermelhou a chuva.

Muitos cristãos buscaram refúgio na imensa catedral de Santa Sofia, que nove séculos antes havia brotado de um delírio da imperatriz Teodora. Metidos na catedral, esses cristãos esperavam que um anjo baixasse do céu e expulsasse os invasores com sua espada de fogo.

O anjo não veio.

Quem veio foi o sultão Mehmet, que entrou na catedral, montado em seu cavalo branco, e a transformou na principal mesquita da cidade que agora se chama Istambul.

## Diabices

Fazia alguns anos que Constantinopla tinha caído quando Martinho Lutero advertiu que Satã não residia somente entre turcos e mouros, mas *em nossa própria casa: está no pão que comemos, na bebida que bebemos, nas roupas que usamos e no ar que respiramos.*

E assim continuou.

Séculos depois, no ano de 1982, o Demônio teve a ousadia de visitar, na forma de uma dona de casa, o Vaticano. Diante daquela mulher que rugia se arrastando pelo chão, o papa João Paulo II livrou um combate corpo a corpo com o Maligno. Conjurou o intruso recitando os exorcismos diabicidas de outro papa, Urbano VIII, que em tempos passados havia arrancado da cabeça de Galileu Galilei a diabólica ideia de que o mundo girava ao redor do sol.

Quando o Demônio apareceu, na forma de estagiária, no Salão Oval da Casa Branca, o presidente Bill Clinton não recorreu a esse antiquado método católico. Durante três meses, o presidente espantou o Maligno despejando um furacão de mísseis sobre a Iugoslávia.

## Diabruras

Vênus apareceu, certa manhã, na cidade de Siena. Foi encontrada deitada, nua, ao sol.

A cidade rendeu honras a essa deusa de mármore, enterrada em tempos do império romano, que havia tido a gentileza de surgir do fundo da terra.

Foi oferecida a ela, como residência, a cabeceira da principal fonte.

Ninguém se cansava de vê-la, todos queriam tocá-la.

Mas pouco depois chegaram a guerra e seus espantos, e Siena foi atacada e saqueada. E na sua sessão do dia 7 de novembro de 1357, o Conselho Municipal decidiu que a culpa era de Vênus. Por castigo pelo pecado de idolatria, Deus tinha mandado aquela desgraça. E o Conselho mandou destroçar Vênus, que convidava à luxúria, e determinou que seus pedacinhos fossem enterrados na odiada cidade de Florença.

Em Florença, cento e trinta anos depois, outra Vênus nasceu, da mão de Sandro Botticelli. O artista pintou-a enquanto ela brotava da espuma, sem outra roupa que a pele.

E uma década mais tarde, quando o monge Savonarola ergueu sua grande fogueira de purificação, dizem que Botticelli, arrependido dos pecados de seus pincéis, alimentou as chamas com algumas diabruras pintadas em seus anos juvenis.

Com Vênus, não conseguiu.

## O diabicida

Um grande bico de ave de rapina coroava sua figura, envolta num longo manto negro. Debaixo do manto, o cilício de crinas atormentava sua carne.

A cólera de Deus bramava em seus sermões. Frei Jerônimo Savonarola assustava, ameaçava, castigava. Sua palavra incendiava as igrejas da cidade de Florença: exortava as crianças a delatar os pais pecadores, denunciava os homossexuais e as adúlteras que fugiam da Inquisição e exigia que os dias de carnaval fossem transformados em tempo de penitência.

Ardiam de santa ira os púlpitos onde predicava, e na praça da Senhoria ardia a fogueira das vaidades, que Savonarola atiçava dia e noite. Ali jogavam suas joias, seus perfumes e seus cremes as damas que renunciavam ao prazer para consagrar-se à virtude, e ao fogo iam parar também os quadros lascivos e os livros que exaltavam a vida libertina.

No final do século XV, também Savonarola foi jogado no fogo. A Igreja, incapaz de controlá-lo, o queimou vivo.

## Leonardo

Aos vinte e poucos anos, os vigilantes da moral pública, os Oficiais da Noite, arrancaram Leonardo da oficina de mestre Verrocchio e o jogaram numa cela. Dois meses passou ali, sem dormir, sem respirar, aterrorizado pela ameaça da fogueira. A homossexualidade era paga com fogo, e uma denúncia anônima o havia acusado de *cometer sodomia na pessoa de Jacopo Saltarelli.*

Foi absolvido, por falta de provas, e voltou à vida.

E pintou obras-primas, quase todas inconclusas, que inauguraram na história da arte o esfumaçado e o claro-escuro;

escreveu fábulas, lendas e receitas de cozinha;

desenhou com perfeição, pela primeira vez, os órgãos humanos, estudando anatomia nos cadáveres;

confirmou que o mundo girava;

inventou o helicóptero, o avião, a bicicleta, o submarino, o paraquedas, a metralhadora, a granada, o morteiro, o tanque, o guindaste móvel, a escavadora flutuante, a máquina de fazer espaguete, o ralador de pão...

e aos domingos comprava pássaros no mercado e abria suas gaiolas.

Quem o conheceu disse que jamais abraçou uma mulher, mas da sua mão nasceu o retrato mais famoso de todos os tempos. E foi um retrato de mulher.

## Tetas

Para fugir do castigo, alguns homossexuais se disfarçavam de mulheres e se faziam passar por prostitutas.

No final do século XV, Veneza ditou uma lei que obrigava as profissionais a exibir suas tetas. Os peitos nus deviam ser mostrados nas janelas onde elas se ofereciam aos clientes que passavam. Trabalhavam numa ponte, perto do Rialto, que até hoje se chama Ponte delle Tette.

## Fundação do garfo

Dizem que Leonardo quis aperfeiçoar o garfo colocando nele três dentes, mas ficou igualzinho ao tridente do rei dos infernos.

Séculos antes, são Pedro Damião havia denunciado aquela novidade trazida de Bizâncio:

– *Deus não nos teria dado dedos se quisesse que usássemos esse instrumento satânico.*

A rainha Isabel da Inglaterra e o Rei Sol da França comiam com as mãos. O escritor Michel de Montaigne mordia os dedos quando almoçava com pressa. Cada vez que o músico Cláudio Monteverdi se via obrigado a usar o garfo, pagava três missas pelo pecado cometido.

## Visita ao Vaticano

Perguntas que faço a Michelangelo, para ver se me responde:

*– Por que a estátua de Moisés tem chifres?*

*– No afresco da Criação do Homem, na Capela Sistina, todos cravamos os olhos no dedo que dá vida a Adão, mas quem é essa moça nua que Deus aperta amorosamente, como num descuido, com o outro braço?*

*– No afresco da Criação da Fé, o que fazem esses galhos quebrados no Paraíso? Quem os cortou? A derrubada de bosques estava autorizada?*

*– No afresco do Juízo Final, quem é o papa que se precipita ao inferno, expulso a porrada por um anjo, e na sua queda leva as chaves pontificiais e uma bolsa cheia?*

*– O Vaticano tapou quarenta e um pintos que o senhor havia pintado nesse afresco. O senhor ficou sabendo que seu amigo e colega Daniele da Volterra foi quem cobriu as entrepernas com pudorosos panos, por ordem do papa, e que por isso foi chamado Il Braghettone?*

## Bosch

Um condenado caga moedas de ouro.
Outro pende de uma chave imensa.
A faca tem orelhas.
A harpa toca o músico.
O fogo gela.
O porco veste touca de freira.
No ovo, habita a morte.
As máquinas manejam as pessoas.
Cada um na sua.
Cada louco com sua mania.
Ninguém se encontra com ninguém.
Todos correm para lugar nenhum.
Não têm nada em comum, exceto o medo mútuo.

*– Há cinco séculos, Hieronymus Bosch pintou a globalização* – comenta John Berger.

## Louvada seja a cegueira

Lá pelo ano 300, em Siracusa, na Sicília, santa Luzia arrancou os olhos, ou alguém os arrancou, por se negar a aceitar um marido pagão. Perdeu a vista para ganhar o Céu, e os santinhos mostram a santa segurando um prato onde oferece seus olhos a Nosso Senhor Jesus Cristo.

Mil e duzentos e cinquenta anos depois, santo Inácio de Loyola, fundador da ordem dos jesuítas, publicou em Roma seus exercícios espirituais. Neles escreveu este testemunho de sua cega submissão:

*Tomai, Senhor, e recebei toda a minha liberdade, minha memória, meu entendimento e toda a minha vontade.*

E como se fosse pouco:

*Devo sempre crer, para em tudo acertar, que o branco que vejo é negro, se a Igreja hierárquica assim o decidir.*

## É proibido ser curioso

O conhecimento é pecado. Adão e Eva comeram os frutos dessa árvore; e aconteceu o que aconteceu.

Algum tempo depois, Nicolau Copérnico, Giordano Bruno e Galileu Galilei sofreram castigo por terem comprovado que a Terra gira ao redor do Sol.

Copérnico não se atreveu a publicar a escandalosa revelação, até sentir que a morte estava muito perto. A Igreja Católica incluiu sua obra no índex dos livros proibidos.

Bruno, poeta errante, divulgou pelos caminhos a heresia de Copérnico: o mundo não era o centro do universo, mas apenas um dos astros do sistema solar. A Santa Inquisição trancou-o durante oito anos num calabouço. Várias vezes lhe ofereceram o arrependimento, e várias vezes Bruno se negou. Esse cabeça-dura foi enfim queimado, diante da multidão, no mercado romano de Campo dei Fiori. Enquanto ardia, aproximaram um crucifixo aos seus lábios. Ele virou o rosto.

Alguns anos depois, explorando os céus com as trinta e duas lentes de aumento de seu telescópio, Galileu confirmou que o condenado tinha razão.

Foi preso por blasfêmia.

Nos interrogatórios, desmoronou.

Em voz alta jurou que amaldiçoava quem acreditasse que o mundo se movia ao redor do sol.

E baixinho murmurou, dizem, a frase que lhe deu fama eterna.

## O perigoso vício de perguntar

O que vale mais, a experiência ou a doutrina?

Deixando cair pedras e pedrinhas e bolas e bolinhas, Galileu Galilei comprovou que a velocidade é a mesma embora o peso dos objetos seja diferente. Aristóteles estava enganado, e durante dezenove séculos ninguém tinha percebido.

Johannes Kepler, outro curioso, descobriu que as plantas não giravam em círculos quando perseguiam a luz ao longo do dia. Então, o círculo não era mais o caminho perfeito de tudo que gira? Não era o universo a obra perfeita de Deus?

– *Este mundo não é perfeito, de jeito nenhum* – concluía Kepler. – *Por que haveriam de ser perfeitos os seus caminhos?*

Seu raciocínio era suspeito para os luteranos e para os católicos também. A mãe de Kepler tinha passado quatro anos presa, acusada de praticar bruxarias. E não foi por acaso.

Mas ele viu e ajudou a ver, naqueles tempos de escuridão obrigatória:

adivinhou que o sol girava ao redor do seu eixo,

descobriu uma estrela desconhecida,

inventou uma unidade de medida que chamou de *dioptria* e fundou a ótica moderna.

E quando já estava chegando ao final dos seus dias revelou que, do mesmo jeito que o sol decidia a viagem das plantas, as marés obedeciam à lua.

– *Demência senil* – concluíram seus colegas.

## Ressurreição de Servet

Em 1553, Miguel Servet virou carvão, junto com seus livros, em Genebra. A pedido da Santa Inquisição, Calvino o queimou vivo, em lenha verde.

E como se o fogo fosse pouco, os inquisidores franceses tornaram a queimá-lo, queimaram sua efígie, alguns meses mais tarde.

Servet, médico espanhol, tinha vivido fugindo, mudando de reino, mudando de nome. Não acreditava na Santíssima Trindade nem no batismo recebido antes da idade da razão, e havia cometido a imperdoável insolência de comprovar que o sangue não está quieto e circula pelo corpo inteiro e se purifica nos pulmões.

Por isso, agora é chamado de o Copérnico da Fisiologia.

Servet havia escrito: *neste mundo não há verdade alguma, mas sombras que passam.* E sua sombra passou.

Séculos mais tarde, voltou. Era teimosa, como ele.

## Eurotudo

Copérnico publicou, em agonia, o livro que fundou a astronomia moderna.

Três séculos antes, os cientistas árabes Muhayad al-Urdi e Nasir al-Tusi tinham gerado teoremas que foram importantes no desenvolvimento dessa obra. Copérnico usou-os, mas não os citou.

A Europa via o mundo olhando-se no espelho.

Além dela, o nada.

As três invenções que tornaram possível o Renascimento, a bússola, a pólvora e a imprensa, vinham da China. Os babilônios tinham anunciado Pitágoras com mil e quinhentos anos de antecipação. Muito antes que qualquer um, os hindus tinham sabido que a terra era redonda e haviam calculado a idade dela. E muito mais que ninguém, os maias haviam conhecido as estrelas, os olhos da noite, e os mistérios do tempo.

Esses detalhes não eram dignos de atenção.

## Sul

Os mapas árabes ainda desenhavam o sul em cima e o norte embaixo, mas no século XIII a Europa já havia restabelecido a ordem natural do universo.

De acordo com as regras dessa ordem, ditada por Deus, o norte estava em cima e o sul, embaixo.

O mundo era um corpo. Ao norte estava o rosto, limpo, que olhava o céu. Ao sul estavam as partes baixas, sujas, onde iam parar as imundícies e os seres escuros, chamados antípodas, que eram a imagem invertida dos luminosos habitantes do norte.

No sul, os rios corriam ao contrário, o verão era frio, o dia era noite e o Diabo era Deus. O céu, negro, estava vazio. As estrelas tinham fugido rumo ao norte.

## Bestiário

Fora da Europa, pululavam os monstros, mugia o mar e ardia a terra. Poucos viajantes tinham sido capazes de atravessar o medo. Na volta, contaram.

Odorico de Pordenone, que viajou desde o ano de 1314, viu pássaros de duas cabeças e galinhas cobertas de lã em vez de plumas. No mar Cáspio, das plantas brotavam cordeirinhos vivos. No deserto de Gobi, os testículos chegavam até os joelhos dos homens. Na África, os pigmeus se casavam e tinham filhos assim que chegavam aos seis meses de idade.

Jean de Mandeville visitou algumas ilhas do Oriente em 1356. Lá, viu gente sem cabeça, que comia e falava pela boca aberta no peito, e também viu gente com um pé só, que às vezes servia de sombrinha ou guarda-chuva. Outros tinham tetas e pênis, ou barba e vagina, e podiam ser homem ou mulher à vontade. Os habitantes da ilha de Tacorde, que só comiam serpentes cruas, não falavam. Assoviavam.

Em 1410, o cardeal Pierre d'Ailly descreveu a Ásia conforme a descreviam os viajantes. Na ilha de Taprobana havia montanhas de ouro, vigiadas por dragões e formigas do tamanho de um cachorro.

Antonio Pigafetta deu a volta ao mundo em 1520. Viu árvores que jorravam folhas vivas, com pés e tudo, e durante o dia as folhas se soltavam dos galhos e iam passear.

## Fundação dos ventos marinheiros

Segundo os contos da antiga marujada, o mar era quieto, um imenso lago sem ondas nem ondinhas, e só se podia navegar a remo.

Então uma canoa, perdida no tempo, chegou ao outro lado do mundo e encontrou a ilha onde moravam os ventos. Os marinheiros capturaram os ventos, os levaram e os obrigaram a soprar. A canoa deslizou, empurrada pelos ventos prisioneiros, e os marinheiros, que estavam há séculos remando e remando, puderam enfim dormir.

Não despertaram nunca mais.

A canoa se despedaçou contra um rochedo.

Desde então, os ventos andam à procura da ilha perdida que tinha sido a sua casa. Perambulam em vão, pelos sete mares do mundo, os alísios e as monções e os ciclones. Como vingança daquele sequestro, às vezes põem a pique os barcos que cruzam por seus caminhos.

## O mapa do depois

Há um par de milênios, Sêneca pressentiu que algum dia o mapa do mundo se estenderia além da Islândia, que naquela época era chamada de Tule.

Escreveu Sêneca, que era espanhol:

*Virão nos tardios anos do mundo*
*certos tempos nos quais o mar oceano afrouxará*

*os atamentos das coisas.*
*E se abrirá uma grande terra.*
*E um novo marinheiro,*
*como aquele que foi guia de Jasão*
*e que houve de nome Tifis,*
*descobrirá novo mundo*
*e já não será a ilha Tule a derradeira das terras.*

## Colombo

Desafiando a fúria dos ventos e a fome dos monstros devoradores de barcos, o almirante Cristóvão Colombo se lançou ao mar.

Ele não descobriu a América. Um século antes tinham chegado os polinésios, cinco séculos antes haviam chegado os vikings. E trezentos séculos antes que todos, tinham chegado os mais antigos povoadores destas terras, a quem Colombo chamou de índios achando que havia entrado no Oriente pela porta dos fundos.

Como não entendia o que aqueles nativos diziam, Colombo achou que não sabiam falar; e como andavam nus, eram mansos e davam tudo a troco de nada, achou que não eram pessoas com uso da razão.

Embora tenha morrido convencido de que suas viagens o haviam levado à Ásia, Colombo teve suas dúvidas. Esclareceu-as na segunda viagem. Quando suas naus ancoraram numa baía de Cuba, em meados de junho de 1494, o almirante ditou uma ata estabelecendo que estava na China. Deixou registrado que seus tripulantes assim o reconheciam; e quem dissesse o contrário levaria cem açoitadas, pagaria uma multa de dez mil maravedis e teria a língua cortada.

Ao pé da página, assinaram os poucos marinheiros que sabiam assinar.

## Caras

As caravelas tinham partido do porto de Palos, no rumo das aves que voavam para o nada.

Quatro séculos e meio depois da primeira viagem, Daniel Vázquez Díaz pintou as paredes do mosteiro de Rábida, grudado no porto, para render homenagem ao descobridor da América.

Embora o artista tenha querido celebrar aquela gesta, involuntariamente revelou que Colombo e sua marujada inteira estavam de muito mau humor. Em suas pinturas, ninguém sorria. Aquelas caras carrancudas, sombrias, não anunciavam nada de bom. Pressentiam o pior. Talvez aqueles pobres-diabos, arrancados das prisões ou sequestrados nos cais, soubessem que iam fazer o trabalho sujo de que a Europa necessitava para ser o que é.

## Destinos

Em nome da coroa espanhola, Cristóvão Colombo foi acorrentado, em sua terceira travessia do mar oceano, e voltou preso para a Espanha.

Em nome da coroa espanhola, Vasco Núñez de Balboa perdeu a cabeça.

Em nome da coroa espanhola, Pedro de Alvarado foi processado e encarcerado.

Diego de Almagro morreu estrangulado por Francisco Pizarro, que em seguida recebeu dezesseis estocadas do filho da sua vítima.

Rodrigo de Bastidas, primeiro espanhol que navegou o rio Madalena, acabou seus dias apunhalado pelo seu braço direito.

Cristóvão de Olid, conquistador de Honduras, ficou sem o pescoço graças a uma ordem dada por Hernan Cortez.

Hernan Cortez, o conquistador mais afortunado, que morreu marquês e na cama, não se salvou de ser submetido a julgamento pelo enviado do rei.

## Américo

A Vênus de Botticelli se chamava Simonetta, morava em Florença e se casou com um primo de Américo Vespúcio.

E Américo, ferido de morte pelo desamor, não afogou suas mágoas em lágrimas, e sim nas águas do mar; e navegando chegou à terra que agora leva o seu nome.

Debaixo de estrelas nunca vistas no céu, Américo encontrou gente que não tinha rei, nem propriedade, nem roupa, e que dava mais valor às plumas que ao ouro, e trocou com essa gente um chocalho de latão por 157 pérolas que valiam mil ducados. E se deu muito bem com esses perigosos inocentes, embora dormisse com um olho só, para o caso de levar uma paulada no meio da noite e virar o almoço do dia seguinte.

Na América, Américo sentiu que perdia a fé. Até então tinha acreditado, ao pé da letra, em tudo o que a Bíblia dizia. Mas vendo o que viu nunca mais acreditou naquela história da arca de Noé, porque nenhuma nau, por mais imensa que fosse, conseguiria abrigar aqueles pássaros de mil plumas e mil cantos e toda aquela louca quantidade de prodigiosos bichos, bichinhos e bichões.

## Isabel

Colombo partiu do pequeno porto de Palos, e não de Cádiz, como estava previsto, porque ali não cabia um alfinete. Pelo porto de Cádiz, milhares e milhares de judeus estavam sendo lançados para fora da terra de seus antepassados e dos antepassados de seus antepassados.

Colombo viajou graças à rainha Isabel. Os judeus também: ela os expulsou.

Os Reis Católicos eram dois, Isabel e Fernando, mas Fernando estava mais preocupado com as damas e as camas do que com as coisas do poder.

Depois dos judeus, foi a vez dos muçulmanos.

Dez anos Isabel tinha lutado contra o último baluarte islâmico da Espanha. Quando a cruzada acabou, e Granada caiu, fez o possível para salvar aquelas almas condenadas à queimação eterna. Sua infinita misericórdia lhes ofereceu o perdão e a conversão. Responderam com paus e pedras. Então ela não teve outro remédio: mandou queimar os livros da seita de Maomé na praça principal da cidade conquistada, e expulsou os infiéis que persistiam em sua falsa religião e em sua mania de falar árabe.

Outros decretos de expulsão, assinados por monarcas posteriores, culminaram a purga. A Espanha mandou ao exílio, para sempre, seus filhos de sangue sujo, os judeus e os muçulmanos, e assim se esvaziou de seus melhores artesãos, artistas e cientistas, de seus agricultores mais avançados e de seus mais experientes banqueiros e mercadores. Em troca, multiplicou seus mendigos e seus guerreiros, seus nobres parasitas e seus monges fanáticos, todos de sangue limpo.

Isabel, nascida numa Quinta-Feira Santa, devota da Virgem das Angústias, havia fundado a Inquisição Espanhola e nomeado seu confessor, o célebre Torquemada, como Inquisidor Supremo.

Seu testamento, inflamado por místico ardor, insistiu na defesa da pureza da fé e da pureza da raça. Aos reis vindouros rogou e mandou que *não cessem de pugnar pela fé contra os infiéis e que sempre favoreçam muito as coisas da Santa Inquisição.*

## As idades de Joana, a Louca

Aos dezesseis anos, a casam com um príncipe flamengo. Seus pais, os Reis Católicos, a casam. Ela nunca tinha visto aquele homem.

Aos dezoito, descobre o banho. Uma donzela árabe do seu séquito lhe ensina as delícias da água. Joana, entusiasmada, se banha todos os dias. A rainha Isabel, alarmada, comenta: *minha filha é anormal.*

Aos vinte e três, tenta recuperar os filhos, que por questões de Estado não vê quase nunca. *Minha filha perdeu o juízo,* comenta o pai, o rei Fernando.

Aos vinte e quatro, numa viagem a Flandres, o barco naufraga. Ela, impassível, exige que lhe sirvam a comida. *Você está louca!*, grita o marido, enquanto esperneia em pânico, metido num enorme salva-vidas.

Aos vinte e cinco, se atira sobre umas damas da corte e tesoura em mãos tosa seus cachos, por suspeita de traição conjugal.

Aos vinte e seis, enviúva. O marido, recém-proclamado rei, bebeu água gelada. Ela suspeita que foi veneno. Não derrama uma lágrima, mas a partir daquele momento se veste de negro perpétuo.

Aos vinte e sete, passa os dias sentada no trono de Castela, com o olhar perdido no vazio. Se nega a assinar as leis, as cartas e tudo o que trazem para ela.

Aos vinte e nove, seu pai a declara demente e a encarceram no castelo, às margens do rio Douro. Catalina, a menor de suas filhas, a acompanha. A menina cresce na cela ao lado e por uma janela vê as outras crianças brincarem.

Aos trinta e seis, fica sozinha. Seu filho Carlos, que em breve será imperador, leva Catalina com ele. Ela se declara em greve de fome até que a filha regresse. É amarrada, golpeada, obrigada a comer. Catalina não volta.

Aos setenta e seis, depois de quase meio século de vida prisioneira, morre essa rainha que não reinou. Fazia muito tempo que não se movia, olhando o nada.

## Carlos

O filho de Joana, a Louca, foi rei de dezessete coroas herdadas, conquistadas ou compradas.

Em 1519, em Frankfurt, se fez imperador da Europa convencendo, por meio de toneladas de ouro, os eleitores do trono do Sacro Império.

Esse argumento decisivo foi emprestado a ele pelos banqueiros alemães Fugger e Welser, os genoveses Fornari e Vivaldo e o florentino Gualterotti.

Carlos tinha dezenove anos e já estava prisioneiro dos banqueiros.

Foi rei reinante e rei reinado.

## A herança negada

Uma noite, em Madri, perguntei ao taxista:

– *O que os mouros trouxeram para a Espanha?*

– *Problemas* – respondeu ele, sem um instante de dúvida ou de vacilação.

Os chamados *mouros* eram espanhóis de cultura islâmica, que na Espanha tinham vivido durante oito séculos, trinta e duas gerações, e ali haviam brilhado como em nenhum outro lugar.

Muitos espanhóis ignoram, até hoje, os resplendores que aquelas luzes deixaram. A herança muçulmana inclui, entre outras coisas:

a tolerância religiosa, que sucumbiu nas mãos dos reis católicos;

os moinhos de vento, os jardins e os canais que até hoje dão de beber a várias cidades e irrigam seus campos;

o serviço público de correios;

o vinagre, a mostarda, o açafrão, a canela, o cominho, o açúcar de cana, os churros, as almôndegas, as frutas secas;

o jogo de xadrez;

a cifra zero e os números que usamos;

a álgebra e a trigonometria;

as obras clássicas de Anaxágoras, Ptolomeu, Platão, Aristóteles, Euclides, Arquimedes, Hipócrates, Galeno e outros autores, que graças às suas versões árabes foram difundidas na Espanha e na Europa;

as quatro mil palavras árabes que integram a língua castelhana;

e várias cidades de prodigiosa beleza, como Granada, que uma quadrinha anônima cantou assim:

*Dá-lhe esmola, mulher,*
*que na vida não há nada*
*como a dor de ser*
*cego em Granada.*

## Maimônides e Averróis

A cultura judaica e a cultura muçulmana tinham florescido, juntas, na Espanha dos califas.

Dois sábios, Maimônides, judeu, e Averróis, muçulmano, nasceram quase ao mesmo tempo, em Córdoba, no século XII, e foram caminhantes dos mesmos caminhos.

Os dois foram médicos.

O sultão do Egito foi paciente de Maimônides, e Averróis cuidou da saúde do califa de Córdoba, sem esquecer jamais que, segundo escreveu, *a maioria das mortes ocorre por causa da medicina.*

Os dois também foram juristas.

Maimônides organizou a lei hebreia, até então dispersa, e deu coerência e unidade a muitos escritos dos rabinos que tinham cuidado do assunto. Averróis foi a máxima autoridade judicial de toda a Andaluzia muçulmana e suas sentenças criaram jurisprudência, durante séculos, no direito islâmico.

E os dois foram filósofos.

Maimônides escreveu o *Guia dos perplexos*, para ajudar os judeus, que tinham descoberto a filosofia grega graças às traduções árabes, a superar as contradições entre a razão e a fé.

Essa contradição condenou Averróis. Os fundamentalistas o acusaram de pôr a razão humana acima da revelação divina. Para culminar, ele se negava a limitar o exercício da razão à metade masculina da humanidade, e dizia que em algumas nações islâmicas as mulheres pareciam vegetais. Pagou com a pena do exílio.

Nenhum dos dois morreu na cidade onde tinha nascido. Maimônides no Cairo, Averróis em Marrakesh. Uma mula levou Averróis de volta para Córdoba. A mula carregou seu corpo e seus livros proibidos.

## Pedra

Quando o triunfante poder católico invadiu a mesquita de Córdoba, arrebentou a metade das mil colunas que havia e encheu-a de santos sofredores.

Catedral de Córdoba é, agora, seu nome oficial, mas ninguém a chama por esse nome. É a mesquita. Esse bosque de colunas de pedra, as colunas que sobreviveram, continua sendo um templo muçulmano, embora estejam proibidas as orações a Alá.

No centro cerimonial, no espaço sagrado, há uma grande pedra nua.

Os padres a deixaram ficar.

Pensaram que ela era muda.

## A água e a luz

Lá por mil e seiscentos e qualquer coisa, o escultor Luis de la Peña quis esculpir a luz. Em seu ateliê, numa ruazinha de Granada, passou a vida querendo, e não conseguindo.

Nunca lhe ocorreu erguer os olhos. Lá no alto da colina de terra vermelha, outros artistas tinham esculpido a luz, e a água também.

Nas torres e nos jardins de Alhambra, coroa do reino muçulmano, aqueles artistas tinham tornado possível a façanha impossível.

Alhambra não é uma escultura quieta. Respira e brinca as brincadeiras da água e da luz, que se divertem se encontrando: luz viva, água que viaja.

## Proibido ser

O bisneto da rainha Isabel, o imperador Felipe II, inimigo da água e da luz, reiterou algumas proibições contra os chamados *mouros*, e enquanto nascia o ano de 1567 decidiu aplicá-las com mão de ferro.

Não se podia mais:
falar, ler e escrever em árabe,
vestir-se de acordo com os usos tradicionais,
celebrar festas com instrumentos e cantos mouriscos,
usar nomes ou apelidos mouros
e banhar-se nos banhos públicos.

Esta última proibição proibia o que já não existia.

Um século antes, havia seiscentos banhos públicos apenas na cidade de Córdoba.

## O homem mais poderoso deste mundo vivia no outro

O imperador Chin foi o fundador da China, que por causa dele tem o nome que tem. O imperador Felipe II foi dono e senhor de meio mundo, da América até as ilhas Filipinas, que por causa dele têm o nome que têm. Os dois viveram para a sua morte.

O monarca espanhol dedicava seus fins de semana a visitar o panteão do Escorial, desenhado para seu descanso eterno, e fazia suas melhores sestas no ataúde. Assim, ia se acostumando.

O resto era o resto. Sua Armada Invencível tinha sido vencida e as teias de aranha haviam invadido os cofres do tesouro real, mas os passeios ao seu templo funerário o salvavam da ingratidão do mundo.

O rei Felipe mandou celebrar sessenta mil missas, em homenagem à sua própria glória, quando partiu do trono para o sepulcro pela última vez.

## Último fulgor dos turbantes

A mouraria explodiu. Contra as proibições, levantaram-se os filhos de Maomé que ainda restavam em terras da Andaluzia.

Mais de um ano se passou e os soldados de Cristo não conseguiam apagar aqueles fogos, até que receberam, como nos tempos das Cruzadas, uma ajudinha decisiva: foi outorgado a eles o direito ao butim, saqueios livres de impostos e escravidão dos prisioneiros.

As forças da ordem se apoderaram das colheitas de trigo e cevada, das amêndoas, das vacas, das ovelhas, das sedas, dos ouros, das roupas, dos colares, das meninas e das senhoras. E venderam em leilão público os homens que haviam caçado.

## O Diabo é muçulmano

Até Dante sabia que Maomé era terrorista. Não foi por acaso que o colocou num dos círculos do Inferno, condenado à pena de formão perpétuo. *Eu o vi rachado*, celebrou o poeta em *A divina comédia*, *da barba até a parte inferior do ventre...*

Vários papas haviam comprovado que as hordas muçulmanas, que atormentavam a Cristandade, não eram formadas por seres de carne e osso, mas eram um grande exército de demônios que tanto mais crescia quanto mais sofria os golpes das lanças, das espadas e dos arcabuzes.

Lá pelo ano de 1564, o demonólogo Johann Wier tinha contado os diabos que estavam trabalhando na terra, em tempo integral, pela perdição das almas humanas. Havia 7.409.127 que atuavam divididos em 79 legiões.

Muitas águas ferventes passaram, desde aquele recenseamento, por baixo das pontes do inferno. Quantos são, hoje em dia, os enviados do reino das trevas? As artes do teatro dificultam a contagem. Esses enganadores continuam usando turbantes, para ocultar seus chifres, e longas túnicas cobrem suas caudas de dragão, suas asas de morcego e a bomba que carregam debaixo do braço.

## O Diabo é judeu

Hitler não inventou nada. Há dois mil anos que os judeus são os imperdoáveis assassinos de Jesus e os culpados de todas as culpas.

Como? Jesus era judeu? E também judeus eram os doze apóstolos e os quatro evangelistas? Como é que é? Não pode. As verdades reveladas estão além de qualquer dúvida: nas sinagogas o Diabo dá aula, e os judeus se dedicam desde sempre a profanar hóstias, a envenenar a água benta, a provocar falências e a semear pestes.

A Inglaterra os expulsou, sem deixar nem um, no ano de 1290, mas isso não impediu que Marlowe e Shakespeare, que talvez nunca tivessem visto um judeu na vida, criassem personagens obedientes à caricatura do parasita sanguessuga e usureiro avarento.

Acusados de servir ao Maligno, esses malditos andaram pelos séculos de expulsão em expulsão e de matança em matança. Depois da Inglaterra, foram sucessivamente expulsos da França, da Áustria, da Espanha, de Portugal e de numerosas cidades suíças, alemãs e italianas. Na Espanha, tinham vivido durante treze séculos. Levaram as chaves de suas casas. Há quem as tenha até hoje.

A colossal carniçaria organizada por Hitler foi o auge de uma longa história.

A caça aos judeus sempre foi um esporte europeu.

Agora os palestinos, que jamais o praticaram, pagam a conta.

## O Diabo é negro

Como a noite, como o pecado, o negro é inimigo da luz e da inocência.

Em seu célebre livro de viagens, Marco Polo evocou os habitantes de Zanzibar: *Tinham boca muito grande, lábios muito grossos e nariz de macaco. Andavam nus e eram totalmente negros, de maneira que quem os visse em qualquer região do mundo acreditaria que eram diabos.*

Três séculos depois, na Espanha, Lúcifer, pintado de negro, entrava em seu carro de fogo nos tablados de comédias e nos palcos das quermesses. Santa Teresa jamais conseguiu se livrar dele. Uma vez ficou parado ao seu lado, e era *um negrinho muito abominável.* Em outra ocasião, ela viu que uma grande chama vermelha saía de seu corpo negro, quando se sentou em cima do seu livro de orações e queimou suas rezas.

Na América, que tinha importado milhões de escravos, sabia-se que era Satã quem tocava os tambores nas plantações, convocando para a desobediência, e punha música e remelexos e tremores nos corpos de seus filhos nascidos para pecar. E até Martín Fierro, gaúcho dos pampas, pobre e castigado, sentia-se bem comparando-se com os negros, que andavam mais fodidos que ele:

– *Esses aí foram feitos pelo Diabo* – dizia – *para serem tição do inferno.*

## O Diabo é mulher

O livro *Malleus Maleficarum*, também chamado de *O martelo das bruxas*, recomendava o mais impiedoso exorcismo contra o demônio que tinha tetas e cabelos compridos.

Dois inquisidores alemães, Heinrich Kramer e Jakob Sprenger, escreveram, por encomenda do papa Inocêncio VIII, esse fundamento jurídico e teológico dos tribunais da Santa Inquisição.

Os autores demonstravam que as bruxas, harém de Satã, representavam as mulheres em estado natural, porque *toda bruxaria provém da luxúria carnal, que nas mulheres é insaciável.* E advertiam que esses seres de aspecto belo, contato fétido e mortal companhia encantavam os homens e os atraíam, silvos de serpente, caudas de escorpiao, para aniquilá-los.

Esse tratado de criminologia aconselhava a submeter a tormento todas as suspeitas de bruxaria. Se confessavam, mereciam o fogo. Se não confessavam, também, porque só uma bruxa, fortalecida pelo amante, o Diabo, nas festas de feiticeiras, conseguia resistir a semelhante suplício sem abrir a boca.

O papa Honório III havia sentenciado:

– *As mulheres não devem falar. Seus lábios carregam o estigma de Eva, que foi a perdição dos homens.*

Oito séculos mais tarde, a Igreja Católica continua negando-lhes o púlpito.

O mesmo pânico faz com que os fundamentalistas muçulmanos lhes mutilem o sexo e tapem seus rostos.

E o alívio pelo perigo conjurado move os judeus muito ortodoxos a começar o dia sussurrando:

– *Obrigado, Senhor, por não ter me feito mulher.*

## O Diabo é pobre

Nas cidades do nosso tempo, imensos cárceres que trancam os prisioneiros do medo, as fortalezas dizem ser casas e as armaduras simulam ser ternos.

Estado de sítio. Não se distraia, não baixe a guarda, não confie. Os amos do mundo dão a voz de alarme. Eles, que impunemente violam a natureza, sequestram países, roubam salários e assassinam multidões, nos advertem: cuidado. Os perigosos acossam, tocaiados nos subúrbios miseráveis, mordendo invejas, engolindo rancores.

Os perigosos, os pobres: os pobres-diabos, os mortos das guerras, os presos dos cárceres, os braços disponíveis, os braços descartáveis.

A fome, que mata calando, mata os calados. Os especialistas, os pobrólogos, falam por eles. E nos contam em que não trabalham, o que não comem, o quanto não pesam, o quanto não medem, o que não têm, o que não pensam, o que não votam, em que não creem.

Só nos falta saber por que os pobres são pobres. Será porque sua fome nos alimenta e sua nudez nos veste?

## O Diabo é estrangeiro

O culpômetro indica que o imigrante vem roubar nosso emprego, e o perigômetro dispara a luz vermelha.

Se é pobre, jovem e não é branco, o intruso, o que veio de longe, está condenado à primeira vista por indigência, inclinação ao caos ou porte de pele. E em qualquer caso, se não é pobre, nem jovem, nem escuro, ainda assim é mal vindo, porque chega disposto a trabalhar o dobro a troco da metade.

O pânico da perda do emprego é um dos medos mais poderosos entre todos os medos que nos governam nestes tempos de medo, e o imigrante está sempre à mão na hora de acusar os responsáveis pelo desemprego, pela queda do salário, pela insegurança pública e por outras desgraças terríveis.

Antes, a Europa derramava sobre o sul do mundo soldados, presos e camponeses mortos de fome. Esses protagonistas das aventuras coloniais passaram à história como agentes viajantes de Deus. Era a Civilização lançada ao resgate da barbárie.

Agora, a viagem é feita ao contrário. Os que chegam, ou tentam chegar, do sul para o norte, são protagonistas das desventuras coloniais, que passarão à história como mensageiros do Diabo. É a barbárie lançada ao ataque à Civilização.

## O Diabo é homossexual

Na Europa do Renascimento, o fogo era o destino que mereciam os filhos do inferno, que do fogo tinham vindo. A Inglaterra castigava com *morte horrorosa os que houvessem tido relações sexuais com animais, judeus ou pessoas de seu mesmo sexo.*

Exceto nos reinos dos astecas e dos incas, os homossexuais eram livres na América. O conquistador Vasco Núñez de Balboa jogou aos cães famintos os índios que praticavam essa anormalidade com toda normalidade. Ele acreditava que a homossexualidade era contagiosa. Cinco séculos depois, ouvi o arcebispo de Montevidéu dizer a mesma coisa.

O historiador Richard Nixon sabia que esse vício era fatal para a Civilização:

– *Vocês sabem o que aconteceu com os gregos? A homossexualidade os destruiu! Com certeza. Aristóteles era homo. Todos sabemos. E Sócrates também. E vocês sabem o que aconteceu com os romanos? Os últimos seis imperadores eram veados...*

O civilizador Adolf Hitler havia adotado medidas drásticas para salvar a Alemanha desse perigo. *Os degenerados culpados de aberrante delito contra a natureza* foram obrigados a usar um triângulo cor-de-rosa. Quantos deles morreram nos campos de concentração? Jamais se soube.

No ano de 2001, o governo alemão resolveu *retificar a exclusão dos homossexuais das vítimas do Holocausto.* Levou mais de meio século para corrigir a omissão.

## O Diabo é cigano

Hitler achava que a *praga cigana* era uma ameaça, e não estava sozinho.

Fazia séculos que muitos achavam e continuam achando que essa raça de origem obscura e escura cor leva o crime no sangue: sempre malditos, vagabundos sem outra casa que o caminho, violadores de donzelas e de fechaduras, mãos bruxas para o baralho e o punhal.

Numa só noite de agosto de 1944, 2.897 ciganos, mulheres, crianças, homens, viraram fumaça nas câmaras de gás de Auschwitz.

Um quarto dos ciganos da Europa foram aniquilados naqueles anos.

Alguém perguntou por eles?

## O Diabo é índio

Os conquistadores confirmaram que Satã, expulso da Europa, tinha encontrado refúgio nas ilhas e nas areias do mar do Caribe, beijadas pela sua boca flamejante.

Ali moravam seres bestiais que chamavam de *brincadeira* o pecado carnal e o praticavam sem horário nem contrato, ignoravam os dez mandamentos e os sete sacramentos e os sete pecados capitais, andavam pelados e tinham o costume de comer-se entre si.

A conquista da América foi uma longa e dura tarefa de exorcismo. Tão enraizado estava o Maligno nessas terras, que quando parecia que os índios se ajoelhavam devotamente diante da Virgem, estavam na realidade adorando a serpente que ela esmagava debaixo do pé; e quando beijavam a cruz estavam celebrando o encontro da chuva com a terra.

Os conquistadores cumpriram a missão de devolver a Deus o ouro, a prata e as muitas outras riquezas que o Diabo havia usurpado. Não foi fácil recuperar o butim. Ainda bem que, de vez em quando, recebiam uma ajudinha lá de cima. Quando o dono do Inferno preparou uma emboscada num desfiladeiro, para impedir a passagem dos espanhóis para o Morro Rico de Potosí, um arcanjo desceu das alturas e deu-lhe uma tremenda sova.

## Fundação da América

Em Cuba, segundo Cristóvão Colombo, havia sereias com rosto de homem e penas de galo.

Na Guiana, segundo sir Walter Raleigh, havia gente com os olhos nos ombros e a boca no peito.

Na Venezuela, segundo frei Pedro Simón, havia índios de orelhas tão grandes que se arrastavam pelo chão.

No rio Amazonas, segundo Cristóvão de Acuña, havia nativos que tinham os pés virados ao contrário, com os calcanhares na frente e os dedos para trás.

Segundo Pedro Martin de Angleria, que escreveu a primeira história da América mas nunca esteve lá, no Novo Mundo havia homens e mulheres com rabos tão compridos que só conseguiam se sentar em assentos com buracos.

## O Dragão da Maldade

Na América, a Europa encontrou o iguana.

Esse animal diabólico tinha sido pressentido pelas imagens dos dragões. O iguana tem cabeça de dragão, papada de dragão, crista e coração de dragão e garras e cauda de dragão.

Mas se o dragão era como o iguana, a lança de são Jorge se enganou.

O iguana só fica estranho quando se apaixona. Então muda de cor e de ânimo, anda nervoso, perde a fome e o rumo e torna-se desconfiado. Quando o amor não o atormenta, fica amigo de todos, sobe nas árvores à procura de folhas saborosas, nada nos rios só para se divertir e faz a sesta ao sol, sobre as pedras, abraçado a outros iguanas. Não ameaça ninguém, não sabe se defender e não consegue nem dar dor de barriga nos humanos que o comem.

## Americanos

Conta a história oficial que o conquistador espanhol Vasco Nuñez de Balboa foi o primeiro homem que viu, de um pico do Panamá, os dois oceanos. E os que moravam lá eram cegos?

Quem pôs seus primeiros nomes no milho e na batata e no tomate e no chocolate e nas montanhas e nos rios da América? Hernan Cortez, Francisco Pizarro? E os que moravam lá eram mudos?

Os peregrinos do *Mayflower* ouviram: Deus dizia que a América era a Terra Prometida. E os que viviam lá eram surdos?

Depois, os netos daqueles peregrinos do norte se apoderaram do nome e de todo o resto. Agora, americanos são eles. E nós, que vivemos nas outras Américas, o que somos?

## Caras e caretas

Nas vésperas do assalto a cada aldeia, o Requerimento de Obediência explicava aos índios que Deus tinha vindo ao mundo e havia deixado em seu lugar são Pedro e que são Pedro tinha como sucessor o Santo Padre e que o Santo Padre havia feito mercê à Rainha de Castela de toda essa terra e que por isso eles tinham de ir embora daqui ou pagar tributo em ouro e que no caso de negativa ou demora haveria guerra contra eles e eles seriam transformados em escravos e também suas mulheres e seus filhos.

Esse requerimento era lido na montanha, em plena noite, em língua castelhana e sem intérprete, na presença de um tabelião e de nenhum índio.

## A primeira guerra da água

Da água havia nascido, e de água era, a grande cidade de Tenochtitlán.

Diques, pontes, tubulações, canais: pelas ruas de água, duzentas mil canoas iam e vinham entre as casas e as praças, os templos, os palácios, os mercados, os jardins flutuantes, as plantações.

A conquista do México começou sendo uma guerra da água, e a derrota da água anunciou a derrota de todo o resto.

Em 1521, Hernan Cortez armou o sítio a Tenochtitlán, e a primeira coisa que fez foi romper a golpes de machado o aqueduto de madeira que trazia, do bosque de Chapultepec, a água de beber. E quando a cidade caiu, após muita matança, Cortez mandou demolir seus templos e seus palácios e jogou os escombros nas ruas de água.

A Espanha tinha más relações com a água, que era coisa do Diabo, heresia muçulmana, e da água vencida nasceu a cidade do México, erguida sobre as ruínas de Tenochtitlán. E continuando a obra dos guerreiros, os engenheiros foram bloqueando com pedras e terra, ao longo dos tempos, todo o sistema circulatório dos lagos e rios da região.

E a água se vingou, e várias vezes invadiu a cidade colonial, e isso não fez mais do que confirmar que ela era aliada dos índios pagãos e inimiga dos cristãos.

Século após século, o mundo seco prosseguiu na guerra contra o mundo molhado.

Agora, a cidade do México morre de sede. À procura de água, escava. Quanto mais escava, mais afunda. Onde havia ar, há pó. Onde havia rios, há avenidas. Onde corria a água, correm os automóveis.

## Os aliados

Hernan Cortez conquistou Tenochtitlán com uma tropa de seiscentos espanhóis e uma incontável quantidade de índios de Tlaxcala, Chalco, Mixquic, Chimalhuacan, Amecameca, Tlalmanalco e outros povos humilhados pelo império asteca, fartos de banhar com seu sangue as escadarias do Templo Maior.

Eles acreditaram que os guerreiros barbudos vinham para libertá-los.

## O jogo de bola

Hernan Cortez jogou uma bola no chão. E assim o imperador Carlos e seus numerosos cortesãos assistiram a um prodígio jamais visto: a bola quicou e voou pelos ares.

A Europa não conhecia essa bola mágica, mas no México e na América Central usava-se a borracha desde sempre, e o jogo de bola tinha mais de três mil anos de idade.

No jogo, cerimônia sagrada, combatiam os treze céus de cima contra os nove mundos de baixo, e a bola, saltadora, voadora, ia e vinha entre a luz e a escuridão.

A morte era a recompensa do triunfador. O que vencia morria. Ele se oferecia aos deuses, para que o sol não se apagasse no céu e continuasse chovendo a chuva sobre a terra.

## As outras armas

Como é que Francisco Pizarro, com cento e sessenta e oito soldados, conseguiu vencer os oitenta mil homens do exército de Atahualpa no Peru, sem que sua tropa sofresse uma única baixa?

Os invasores, Cortez, Pizarro, souberam explorar habilmente a divisão dos invadidos, desgarrados pelos ódios e pelas guerras, e com promessas jamais cumpridas conseguiram multiplicar seus exércitos contra os centros de poder dos astecas e dos incas.

Além disso, os conquistadores atacavam com armas que a América não conhecia.

A pólvora, o aço e os cavalos eram novidades incompreensíveis. Os bastões indígenas não conseguiam nada contra os canhões e os arcabuzes, as lanças e as espadas; nem as couraças de pano contra as armaduras de aço; nem os índios a pé contra aqueles guerreiros de seis patas que eram a soma do ginete e seu cavalo. E não eram menos desconhecidas as doenças, a varíola, o sarampo, a gripe, o tifo, a peste bubônica e outras involuntárias aliadas das tropas invasoras.

E como se tudo isso fosse pouco, os índios ignoravam os costumes da Civilização.

Quando Atahualpa, rei dos incas, aproximou-se para dar as boas-vindas aos seus estranhos visitantes, Pizarro prendeu-o e prometeu libertá-lo a troco do maior resgate exigido em um sequestro até hoje. Pizarro recebeu o resgate e desnucou seu prisioneiro.

## Fundação da guerra bacteriológica

Para a América Latina, o abraço da Europa foi mortífero. Morreram nove de cada dez nativos.

Os guerreiros mais pequeninos foram os mais ferozes. Os vírus e as bactérias vinham, como os conquistadores, de outras terras, outras águas, outros ares; e os índios não tinham defesa contra esse exército que avançava, invisível, atrás das tropas.

Os numerosos povoadores das ilhas do Caribe desapareceram deste mundo, sem deixar nem a memória de seus nomes, e as pestes mataram muitos mais do que os muitos mortos pela escravidão ou pelo suicídio.

A varíola matou o rei asteca Cuitláhuac e o rei inca Huayna Cápac, e na cidade do México foram tantas as suas vítimas que, para cobri-las, foi preciso derrubar as casas em cima delas.

O primeiro governador de Massachusetts, John Winthrop, dizia que a varíola tinha sido mandada por Deus para limpar o terreno para os eleitos. Os índios tinham se enganado de endereço. Os colonos do norte ajudaram o Altíssimo dando de presente aos índios, em mais de uma ocasião, mantas infectadas de varíola:

– *Para extirpar essa raça execrável* – explicou, em 1763, o comandante sir Jeffrey Amherst.

## Em outros mapas, a mesma história

Quase três séculos depois do desembarque de Colombo na América, o capitão James Cook navegou os misteriosos mares do sul do Oriente, cravou a bandeira britânica na Austrália e na Nova Zelândia e abriu caminho para a conquista das infinitas ilhas da Oceania.

Por causa da sua cor branca, os nativos acharam que aqueles navegantes eram mortos regressados ao mundo dos vivos. E por causa de seus atos souberam que voltavam para se vingar.

E a história se repetiu.

Como na América, os recém-chegados se apoderaram dos campos férteis e das fontes de água e expulsaram para o deserto os que ali viviam.

E os submeteram aos trabalhos forçados, como na América, e lhes proibiram a memória e os costumes.

Como na América, os missionários cristãos pulverizaram ou queimaram as efígies pagãs de pedra ou madeira. Umas poucas se salvaram e foram enviadas para a Europa, com a prévia amputação dos pênis, para dar testemunho da guerra contra a idolatria. O deus Rá, que agora é exibido no Louvre, chegou a Paris com uma etiqueta que o definia assim: *Ídolo da impureza, do vício e da paixão desavergonhada.*

Como na América, poucos nativos sobreviveram. Os que não caíram por exaustão ou bala foram aniquilados por pestes desconhecidas, contra as quais não tinham defesa.

## Endemoniados

*Virão para ensinar o medo.*

*Virão para castrar o sol.*

Os profetas maias haviam anunciado, em Iucatã, esse tempo de humilhação.

E foi em Iucatã, em 1562, que frei Diego de Landa atirou ao fogo, numa longa cerimônia, os livros dos índios.

E o exorcista escreveu:

*Achamos com eles grande número de livros dessas suas letras, e porque não tinham coisa em que não houvesse superstição e falsidades do Demônio, queimamos todos.*

O odor de enxofre era sentido de longe. Os maias mereciam o fogo por serem curiosos, por interrogarem as andanças dos dias no tempo e as andanças dos astros nos treze céus.

Entre muitas outras demonices, haviam criado o calendário mais preciso de todos os que existiram, e haviam previsto melhor que ninguém as eclipses do sol e da lua, e haviam descoberto a cifra zero tempos antes que os árabes tivessem a gentileza de levar essa novidade para a Europa.

## A arte oficial nos reinos maias

A conquista espanhola chegou muito tempo depois da queda dos reinos maias.

Só ruínas restavam de suas praças imensas e dos palácios e dos templos onde os reis, sentados de cócoras diante dos altos sacerdotes e dos chefes guerreiros, decidiam a sorte e a desgraça de todos os demais.

Nesses santuários do poder, os pintores e os escultores tinham se consagrado à exaltação dos deuses, das proezas dos monarcas e da veneração de seus antepassados.

A arte oficial não oferecia nenhum lugarzinho aos gentios que trabalhavam e calavam.

As derrotas dos reis tampouco figuravam nos livros sagrados, nem nos murais, nem nos baixos-relevos.

Um rei de Copán, digamos, o monarca 18-Coelho, havia criado Cauac Céu como se fosse seu próprio filho, e tinha dado de presente a ele o trono do vizinho reino de Quiriguá. No ano de 737, Cauac Céu pagou-lhe o favor: invadiu Copán, humilhou seus guerreiros, capturou seu protetor e cortou sua cabeça.

A arte do palácio não ficou sabendo. Nenhuma cortiça foi escrita, nem pedra alguma foi talhada, para ilustrar o triste fim do rei degolado, que em seus tempos de esplendor havia sido retratado várias vezes com seu bastão de mando e seu vestuário de plumas, jades e peles de jaguar.

## Matando bosques morreram

Havia cada vez mais bocas e menos comida. Cada vez menos bosques e mais desertos. Demasiada chuva, ou chuva alguma.

Atados com cordas, os camponeses raspavam em vão as paredes desoladas das montanhas. O milho não encontrava água nem terra onde erguer suas folhas. A terra, sem árvores que a retivessem, tingia de vermelho as águas do rio e se perdia no vento.

Após três mil anos de história, caiu a noite sobre os reinos maias.

Mas os dias maias continuaram caminhando nas pernas das comunidades camponesas. As comunidades se mudaram para outras paragens e sobreviveram, quase em segredo, sem pirâmides de pedra nem pirâmides de poder: sem outro rei que o sol de cada dia.

## A ilha perdida

Muito longe dos reinos maias, e séculos depois, a ilha da Páscoa foi devorada pelos seus filhos.

Os navegantes europeus que chegaram a ela, no século XVIII, a encontraram vazia de árvores e de tudo.

Aquilo dava espanto. Nunca se havia visto solidão tão solitária. Não havia pássaros no ar, nem pasto no solo, nem outros animais além dos ratos.

Dos tempos antigos, tempos verdes, já não restava memória. A ilha era uma pedra, habitada por quinhentos gigantes de pedra que olhavam o horizonte, longe de tudo e de todos.

Talvez aquelas estátuas pedissem socorro aos deuses. Mas nem os deuses conseguiam escutar suas vozes mudas, perdidas no meio do mar como perdido está o mundo no céu infinito.

## Os reinos sem rei

Segundo os historiadores, e segundo quase todos os outros, a civilização maia desapareceu faz séculos.

Depois, o nada.

O nada: a realidade comunitária, nascida do silêncio e em silêncio vivida, não despertou admiração nem curiosidade.

Despertou, sim, assombro, pelo menos naquele tempo da conquista espanhola. Os novos senhores estavam desconcertados: aqueles índios sem rei haviam perdido o costume de obedecer.

Frei Tomás de la Torre contava, em 1545, que os tzotziles de Zinacatán punham alguém para dirigir a guerra, e *quando não fazia direito o tiravam e punham outro*. Na guerra e também na paz, a comunidade elegia a autoridade, que era, entre todos, quem melhor sabia escutar.

Muito açoite e muita força foram gastos pelo poder colonial para obrigar os maias a pagar tributos e aceitar o trabalho forçado. Em Chiapas, em 1551, o magistrado Tomás López comprovava que eles se negavam à servidão, e reclamava:

– *É gente que trabalha tanto quanto houver mister, e nada mais.*

E um século e meio depois, em Totonicapán, o corregedor Fuentes y Guzmán não tinha outro remédio a não ser reconhecer que o novo despotismo não havia avançado muito. Os índios continuavam *vivendo sem superior cabeça à qual obedecer, e tudo entre eles são juntas, conversas, conselhos e mistérios, e só dúvidas para os nossos.*

## Teu passado te condena

O milho, planta sagrada dos maias, foi batizado com diversos nomes na Europa. Os nomes inventavam geografias: foi chamado de grão turco, grão árabe, grão do Egito ou grão da Índia. Esses erros não contribuíram em nada para salvá-lo da desconfiança nem do desprezo. Quando se soube de onde ele vinha, não foi bem-vindo. Foi destinado aos porcos. O milho rendia mais que o trigo e crescia mais rápido, aguentava a seca e dava bom alimento, mas não era digno das bocas cristãs.

A batata também foi fruto proibido na Europa. Era, como o milho, condenada por causa de sua origem americana. Para piorar, a batata era uma raiz criada no fundo da terra, onde o inferno tem suas cavernas. Os médicos sabiam que causava lepra e sífilis. Na Irlanda, se uma mulher grávida a comesse de noite, de manhã paria um monstro. Até o final do século XVIII, a batata estava destinada aos presos, aos loucos e aos moribundos.

Depois, essa raiz maldita salvou os europeus da fome. Mas nem assim as pessoas deixaram de se perguntar:

*– Se a batata e o milho não são coisas do Diabo, por que a Bíblia não os menciona?*

## Teu futuro te condena

Séculos antes que nascesse a cocaína, a coca já era a *folha do Diabo.*

Como os índios andinos a mascavam em suas cerimônias pagãs, a Igreja incluiu a coca entre as idolatrias a serem extirpadas. Mas as plantações, longe de desaparecerem, se multiplicaram por cinquenta desde que se descobriu que a coca era imprescindível. Ela mascarava a extenuação e a fome da multidão de índios que arrancavam prata das tripas do Morro Rico de Potosí.

Algum tempo depois, também os senhores da colônia se acostumaram com a coca. Transformada em chá, curava indigestões e resfriados, aliviava dores, dava brios e evitava o mal de altura.

Hoje em dia, a coca continua sendo sagrada para os índios dos Andes e um bom remédio para qualquer um. Mas os aviões exterminam as plantações, para que a coca não se transforme em cocaína.

No entanto, os automóveis matam muito mais gente que a cocaína e ninguém pensa em proibir a roda.

## Abacaxi

O abacaxi, ou ananás, que os espanhóis chamaram de pinha, teve melhor sorte.

Embora viesse da América, esse manjar de alta fineza foi cultivado nas estufas do rei da Inglaterra e do rei da França e foi celebrado por todas as bocas que tiveram o privilégio de prová-lo.

E séculos depois, quando as máquinas já o despojavam de seu penacho e o despiam e arrancavam seus olhos e seu coração e o despedaçavam para metê-lo em latas num ritmo de cem frutas por minuto, Oscar Niemeyer lhe ofereceu, em Brasília, a homenagem que merecia.

O abacaxi se transformou em catedral.

## Dom Quixote

Marco Polo havia ditado seu livro das maravilhas no cárcere de Gênova.

Exatamente três séculos depois, Miguel de Cervantes, preso por causa de dívidas, engendrou Dom Quixote de la Mancha no cárcere de Sevilha.

E essa foi outra aventura da liberdade, nascida na prisão.

Metido em sua armadura de latão, montado em seu rocim faminto, Dom Quixote parecia destinado ao ridículo perpétuo. Esse maluco se achava personagem de romance de cavalaria e acreditava que os romances de cavalaria eram livros de história.

Mas os leitores, que há séculos rimos dele, rimos *com ele*. Uma vassoura é um cavalo para o menino que brinca, enquanto a brincadeira dura, e enquanto dura a leitura compartilhamos as extravagantes desventuras de Dom Quixote e as fazemos nossas. Tão nossas que transformamos o anti-herói em herói, e até lhe atribuímos o que não é dele. *Os cães ladram e a caravana passa* é a frase que os políticos dizem com mais frequência. Dom Quixote não disse isso jamais.

O cavalheiro da triste figura estava há mais de três séculos e meio perambulando sem rumo pelos caminhos do mundo, quando Che Guevara escreveu a última carta aos seus pais. Para dizer adeus, não escolheu uma frase de Marx. Escreveu: *Outra vez sinto debaixo de meus calcanhares as costelas de Rocinante. Volto ao caminho com minha adaga no braço.*

Navega o navegante, embora saiba que jamais tocará as estrelas que o guiam.

## Direito trabalhista

Rocinante, o corcel de Dom Quixote, era só pele e osso:

– *Metafísico estás.*

– *É que não como.*

Rocinante ruminava suas queixas, enquanto Sancho Pança erguia a voz contra a exploração do escudeiro pelo cavaleiro. Ele se queixava do pagamento que recebia pela sua mão de obra, nada além de pancadas, fomes, intempéries e promessas, e exigia um salário decoroso em dinheiro vivo e sonoro.

Dom Quixote achava desprezíveis aquelas expressões de grosseiro materialismo. Invocando seus colegas da cavalaria andante, o fidalgo cavaleiro sentenciava:

– *Jamais os escudeiros estiveram a salário, e sim à mercê.*

E prometia que Sancho Pança ia ser governador do primeiro reino que seu amo conquistasse e receberia o título de conde ou de marquês.

Mas o plebeu queria uma relação trabalhista estável e com salário assegurado.

Passaram-se quatro séculos. E continuamos na mesma.

## Hemofobia

Desde o século XV, e durante muito tempo, a Espanha praticou as obrigatórias comprovações de limpeza de sangue.

Eram de sangue limpo, por linhagem herdada ou comprada, os cristãos puros. Quem fosse judeu, mouro ou herege, ou descendente até a sétima geração de algum antepassado judeu, mouro ou herege, não podia ter nenhum emprego público civil, militar, nem eclesiástico.

Do século XVI em diante, essa proibição se estendeu a quem quisesse viajar para a América. Ao que parece, foi por isso que Cervantes não pôde ir embora para o Novo Mundo. Foi rejeitado duas vezes: *Busque por aqui em que se lhe faça mercê*, sentenciou a seca resposta oficial.

Suspeitava-se que algum glóbulo judeu navegasse nas veias do pai de Dom Quixote. As raças infames eram dadas a escrever.

## Morrer de médico

No início do século XIX, a França comprava, a cada ano, mais de trinta milhões de sanguessugas vivas.

Fazia muitos séculos que os médicos sangravam os pacientes, por sanguessuga ou por talho, para livrar o corpo do sangue ruim. A sangria era o remédio aplicado contra a pneumonia, a melancolia, o reumatismo, a apoplexia, os ossos quebrados, os nervos desfeitos e a dor de cabeça.

A sangria debilitava os pacientes. Jamais foi registrada a menor evidência de que fizesse bem, mas a Ciência aplicou-a como cura-tudo durante dois mil e quinhentos anos, até bem avançado o século XX.

Essa terapia infalível fez mais estragos que todas as pestes juntas.

– *Morreu, mas morreu curado* – podia-se dizer.

## Molière

E como se o açoite das pestes fosse pouco castigo, o medo da enfermidade transformou-se numa nova enfermidade.

Na Inglaterra, os médicos atendiam pacientes que se achavam frágeis como jarros de barro e se afastavam das pessoas para não bater e quebrar; na França, Molière dedicou ao enfermo imaginário a última das obras que criou, dirigiu e atuou.

Zombando de suas próprias manias e obsessões, Molière caçoava de si. Ele representava o personagem principal: afundado nas almofadas de sua poltrona, envolto em peles, o gorro até as orelhas, se submetia a contínuas sangrias, purgas e lavativas, receitadas pelos médicos que diagnosticavam nele bradipepsia, dispepsia, apepsia, lienteria, disenteria, hidropisia, hipocondria, hipocrisia...

Fazia pouco que a obra tinha estreado, e com êxito, quando uma tarde o elenco suplicou a ele que suspendesse a função. Molière estava muito doente, doente de verdade, e não com febre de imaginação. Respirava pouco, tossia muito, e mal podia falar e caminhar.

Suspender a função? Nem se deu o trabalho de responder. Seus companheiros o estavam convidando a trair o reino onde havia nascido e sido, desde aquele dia em que deixou de ser quem era e se transformou em Molière para divertir o respeitável público.

E naquela noite, o enfermo imaginário fez rir mais que nunca o público que lotava a sala. E o riso, por Molière escrito e atuado, elevou-o acima de suas penúrias e de seu pânico de morrer, e graças ao riso, que ria de tudo, naquela noite fez o melhor trabalho de sua vida. Tossiu até arrebentar o peito, mas não esqueceu nem uma única palavra de suas longas falas, e quando vomitou sangue e caiu no chão o público acreditou, ou entendeu, que a morte era parte da obra, e ovacionou-o enquanto a cortina caía com ele.

## Fundação da anestesia

O carnaval de Veneza durava quatro meses, e isso quando durava pouco.

De todos os lados vinham saltimbancos, músicos, mambembes, marioneteiros, putas, magos, adivinhos e mercadores que ofereciam o filtro do amor, a poção da fortuna e o elixir da vida eterna.

E de todas as partes vinham os tiradentes e os sofredores de boca que santa Apolônia não tinha conseguido curar. Eles chegavam aos gritos até os portais de São Marcos, onde os tiradentes esperavam, alicate na mão, acompanhados pelos seus anestesistas.

Os anestesistas não adormeciam os pacientes: os divertiam. Não lhes davam dormideira, nem mandrágora, nem ópio: davam piadas e piruetas. E tão milagrosas eram as suas graças que a dor esquecia de doer.

Os anestesistas eram macacos e anões, vestidos de carnaval.

## Fundação da vacina

No começo do século XVIII, a varíola matava meio milhão de europeus por ano.

Naquela época, *Lady* Mary Montagu, a mulher do embaixador inglês em Istambul, tentou difundir na Europa um velho método preventivo, que era aplicado na Turquia: um toquezinho de pus variólico imunizava contra a peste assassina. Mas as pessoas caçoaram daquela mulher metida a cientista, que trazia superstições e bruxarias de terras pagãs.

Setenta anos depois, um médico inglês, Edward Jenner, inoculou no filho de seu jardineiro, um menino de oito anos, a chamada varíola das vacas, que dizimava estábulos, mas pouco dano fazia aos humanos. E depois aplicou-lhe a varíola mortífera. Não aconteceu nada com o menino.

Assim nasceu a vacina, que deve a sua existência a um menino dos serviçais, transformado em coelho de laboratório, e deve seu nome à palavra latina *vacca*.

## Fundação das procissões

Em 1576, uma peste provocou um choque entre o arcebispo Carlos Borromeu, pecador em trânsito para a santidade, e o governador de Milão.

O arcebispo mandava que os fiéis se reunissem nas igrejas e juntos suplicassem a Deus o perdão pelos pecados que haviam trazido a peste. Mas o governador proibia qualquer reunião em lugares fechados, para evitar contágios.

Então o arcebispo Borromeu inventou as procissões. Ordenou que os santos e suas relíquias fossem tirados das igrejas e que viajassem, em ombros da multidão, por todas as ruas da cidade.

Aquele mar de lírios, círios e asas de anjos se detinha diante das portas de cada igreja, para entoar cânticos de louvor aos virtuosos da cristandade e para representar cenas de suas vidas e de seus milagres.

O pessoal dos teatros morria de inveja.

## Máscaras

Em Milão, o arcebispo Borromeu denunciava que *este mundo adúltero, ingrato, inimigo de Deus, mundo cego e louco, feio e pestífero* tinha se entregue, mascarado, à lascívia das festas pagãs.

E havia pronunciado sentença contra as máscaras:

– *As máscaras deformam o rosto humano e assim profanam nossa divina semelhança com Deus.*

Em nome de Deus, a Igreja as proibiu. Em nome da liberdade, tempos depois, as proibiu Napoleão.

As máscaras da *commedia dell'arte* encontraram refúgio entre os marioneteiros.

Com quatro pauzinhos e um pano, eles montavam seus teatrinhos, nas praças públicas que compartilhavam com os saltimbancos, os vagamundos, os músicos nômades, os contadores de histórias e os magos de quermesse.

E quando os marionetes mascarados forçavam a mão em suas zombarias contra os senhores, os policiais soltavam uns tantos sopapos nos marioneteiros e os levavam presos. E os marionetes ficavam abandonados, luvas sem mãos, na noite da praça vazia.

## Outras máscaras

As máscaras africanas não tornam você invisível. Não ocultam, não disfarçam, não mascaram.

Os deuses que na África fundaram nossa vida terrestre enviam as máscaras para transmitir energia aos seus filhos. Dá forças essa máscara de chifres de touro, oferece velocidade a que ostenta cornadura de antílope, a que tem tromba de elefante ensina a resistir, a que tem asas faz voar.

Quando uma máscara se quebra, o artista mascareiro a entalha de novo, para que seu espírito não fique sem casa e para que as pessoas não fiquem sem ajuda.

## Pasquins

A palavra *pasquim*, libelo, escrito injurioso, provém de uma estátua de Roma. No peito ou nas costas desse personagem de mármore, chamado Pasquino, mãos anônimas escreviam suas homenagens aos papas.

* Sobre Alexandre VI:
*Alexandre vende os pregos e vende Jesus crucificado.*
*Tem direito: os havia comprado.*

* Sobre Leão X:
*Morreu o décimo Leão,*
*que sempre deu seu afeto*
*ao canalha e ao bufão.*
*Tirano sujo, desonesto, infecto.*

* Sobre Paulo IV, o inquisidor:
*Filhos, menos juízo*
*e mais fé, manda o Santo Ofício.*
*E de razões nada, é evidente,*
*pois contra a razão existe o ferro candente.*
*E guardem a língua bem guardada*
*porque o papa Paulo gosta dela assada.*

* E assim falou a estátua de Pasquino ao papa Pio V, que mandou para a fogueira vários de suspeitos de escrever pasquins:
*A forca, o fogo lento*
*e todos teus tormentos*
*não me assustam, bom Pio.*
*Podes mandar me queimar*
*mas não me farás calar.*
*Pois de pedra sou. Rio*
*e te desafio.*

## Atas das confissões do Diabo

Foi velho desde a infância.

Carlos II, rei da Espanha e da América, tinha mais de trinta e dois anos e era preciso dar-lhe de comer na boca e não conseguia caminhar sem cair.

Não adiantavam nada as pombas mortas que os médicos punham em sua cabeça, nem os capões cevados com carne de víbora que seus serviçais lhe enfiavam garganta abaixo, nem o mijo de vaca que lhe davam de beber, nem os escapulários recheados de unhas e de cascas de ovos que os monges que velavam o seu sono deslizavam debaixo de seu travesseiro.

Duas vezes o haviam casado, e nenhum príncipe havia nascido de suas rainhas, embora elas tomassem leite de burra e extrato de cogumelos agáricos no café da manhã.

Naquela época, o Diabo morava em Astúrias, no corpo de uma das freiras do convento de Cangas. O exorcista, frei Antonio Álvarez Argüelles, arrancou-lhe a confissão:

– *Que é verdade que o rei está enfeitiçado* – o exorcista disse que a freira disse que o Diabo disse. E disse que o feitiço tinha sido de restos de cadáver:

– *Dos miolos, para deixá-lo sem governo. Das entranhas, para tirar-lhe a saúde. Dos rins, para impedir-lhe a geração.*

E disse o exorcista que a freira disse que o Diabo disse que tinha sido fêmea a autora do malefício. A mãe do rei, para ser mais exato.

## Teresa

Teresa de Ávila havia entrado no convento para se salvar do inferno conjugal. Mais valia ser escrava de Deus que serva de macho.

Mas são Paulo tinha outorgado três direitos às mulheres: *obedecer, servir e calar.* E o representante de Sua Santidade o Papa condenou Teresa *por ser fêmea inquieta e andarilha, desobediente e contumaz, que a título de devoção inventa doutrinas más contra são Paulo, que mandou que as mulheres não ensinassem.*

Teresa tinha fundado na Espanha vários conventos onde as monjas davam aula e tinham autoridade, e muito importava a virtude e nada a linhagem, e de nenhuma era exigida limpeza de sangue.

Em 1576, foi denunciada diante da Inquisição, porque seu avô dizia ser cristão velho, mas era judeu convertido, e porque seus transes místicos eram obra do Diabo metido em corpo de mulher.

Quatro séculos depois, Francisco Franco se apoderou do braço direito de Teresa, para se defender do Diabo em seu leito de agonia. Por uma dessas estranhas reviravoltas da vida, naquele momento Teresa já era santa e modelo da mulher ibérica e seus pedaços tinham sido enviados a várias igrejas da Espanha, exceto um pé que foi parar em Roma.

## Juana

Como Teresa de Ávila, Juana Inés de la Cruz se fez monja para evitar a jaula do matrimônio.

Mas também no convento seu talento ofendia. Tinha cérebro de homem aquela cabeça de mulher? Por que escrevia com letra de homem? Por que queria pensar, se cozinhava tão bem? E ela, zombando, respondia:

– *O que podemos saber as mulheres, a não ser filosofias de cozinha?*

Como Teresa, Juana escrevia, embora o sacerdote Gaspar de Astete já tivesse advertido que *à donzela cristã não lhe é necessário saber escrever, e pode ser-lhe danoso.*

Como Teresa, Juana não apenas escrevia como, para aumentar o escândalo, escrevia indubitavelmente bem.

Em séculos diferentes, e em diferentes margens do mesmo mar, Juana, a mexicana, e Teresa, a espanhola, defendiam por falado e por escrito a desprezada metade do mundo.

Como Teresa, Juana foi ameaçada pela Inquisição. E a Igreja, a sua Igreja, a perseguiu, por cantar o humano tanto ou mais que o divino, e por obedecer pouco e perguntar demais.

Com sangue, e não com tinta, Juana assinou o seu arrependimento. E jurou silêncio para sempre. E muda, morreu.

## Adeus

As melhores pinturas de Ferrer Bassa, o Giotto catalão, estão nas paredes do convento de Pedralbes, lugar das pedras alvas, nas alturas de Barcelona.

Ali viviam, afastadas do mundo, as monjas de clausura.

Era uma viagem sem volta: às suas costas se fechava o portão, e se fechava para nunca mais abrir. Suas famílias haviam pago altos dotes, para que elas merecessem a glória de serem para sempre esposas de Cristo.

Dentro do convento, na capela de São Miguel, ao pé de um dos afrescos de Ferrer Bassa, há uma frase que sobreviveu, meio às escondidas, ao passar dos séculos.

Não se sabe quem a escreveu.

Se sabe quando. Está datada, 1426, em números romanos.

Quase não se nota a frase. Em letras góticas, em idioma catalão, pedia e ainda pede:

> *Diga a Juan*
> *que não me esqueça.**

## Tituba

Na América do Sul tinha sido caçada, lá na infância, e tinha sido vendida uma vez e outra e outra, e de dono em dono tinha ido parar na vila de Salem, na América do Norte.

Lá, naquele santuário puritano, a escrava Tituba servia na casa do reverendo Samuel Parris.

As filhas do reverendo a adoravam. Elas sonhavam acordadas quando Tituba contava contos de fantasmas ou lia os seus futuros numa clara de ovo. E no inverno de 1692,

---

* *No m'oblidi*
*diga.li a Joan.*

quando as meninas foram possuídas por Satã e se reviraram e uivaram, só Tituba conseguiu acalmá-las, e as acariciou e sussurrou contos para elas até que adormeceram em seu regaço.

Isso a condenou: era ela quem havia metido o inferno no virtuoso reino dos eleitos de Deus.

E a maga conta-contos foi atada ao cadafalso, em praça pública, e confessou.

Foi acusada de cozinhar bolos com receitas diabólicas e a açoitaram até que disse que sim.

Foi acusada de dançar nua nos festins das bruxas e a açoitaram até que disse que sim.

Foi acusada de dormir com Satanás e a açoitaram até que disse que sim.

E quando lhe disseram que suas cúmplices eram duas velhas que jamais iam à igreja, a acusada se transformou em acusadora e apontou com o dedo aquele par de endemoniadas e não foi mais açoitada.

E depois outras acusadas acusaram.

E a forca não parou de trabalhar.

## Endiabradas

O teólogo frei Martín de Castañega havia confirmado que o Diabo gosta mais das mulheres que dos homens, *porque elas são pusilânimes e de coração mais fraco e de cérebro mais úmido.*

Satã as seduzia acariciando-as com sua pata de cabra e sua garra de madeira ou disfarçando-se de sapo vestido de rei.

Os exorcismos das endemoniadas convocavam multidões que transbordavam as igrejas.

Os escapulários, com recheio de sal consagrado, arruda benta e cabelos e unhas de santos, protegiam o peito do exorcista. Alçando o crucifixo, se lançava a lutar contra a bruxaria. As possuídas blasfemavam, uivavam, ladravam, mordiam, insultavam nas línguas do inferno e aos tabefes arrancavam a própria roupa e rindo às gargalhadas ofereciam suas partes proibidas. O momento culminante chegava quando o exorcista rodava pelo chão, abraçado a um dos corpos onde o Diabo tinha feito sua morada, até que se acabavam as convulsões e a gritaria.

Depois, havia aqueles que procuravam no chão os pregos e os cristais vomitados pela possuída.

## Hendrickje

No ano de 1654, a jovem Hendrickje Stoffels, notoriamente grávida, foi julgada e condenada pelo Conselho de Igrejas Protestantes de Amsterdã.

Ela confessou *ter fornicado com Rembrandt, o pintor*, e admitiu que compartilhava seu leito sem estar casada, *como uma puta* ou, em tradução mais literal, *cometendo putismo.*

O Conselho a castigou obrigando-a ao arrependimento e à penitência e excluindo-a para sempre da mesa de Nosso Senhor Jesus Cristo.

Rembrandt não foi condenado, talvez porque o júri tivesse muito presente aquele famoso episódio de Eva e da maçã; mas o escândalo derrubou o preço de suas obras, e se viu obrigado a se declarar em bancarrota.

O mestre do claro-escuro, que havia revelado a luz nascida da escuridão, passou nas sombras seus últimos anos. Perdeu sua casa e seus quadros. Foi enterrado numa tumba alugada.

## Ressurreição de Vermeer

Suas obras eram vendidas por quase nada quando ele morreu. Em 1676, a viúva pagou com dois quadros o que devia ao padeiro.

Depois, Vermeer van Delft foi castigado com a pena do esquecimento.

Demorou dois séculos para regressar ao mundo. Os impressionistas, caçadores da luz, o resgataram. Renoir disse que seu retrato da mulher fazendo bordado era a pintura mais bela que havia visto.

Vermeer, cronista da trivialidade, não pintou outra coisa além da sua casa e alguma coisa da vizinhança. Sua mulher e suas filhas eram seus modelos, e seus temas eram as tarefas do lar. Sempre a mesma coisa, nunca a mesma coisa: nessa rotina caseira, ele soube descobrir, como Rembrandt, os sóis que o escuro céu do norte lhe negava.

Em seus quadros não há hierarquias. Nada ou ninguém é mais ou menos luminoso. A luz do universo vibra, secretamente, na taça de vinho tanto como na mão que a oferece, na carta tanto como nos olhos que a leem, num tapete gasto tanto como no rosto não usado dessa menina que olha para você.

## Ressurreição de Arcimboldo

Cada pessoa era uma fonte de sabores, odores, cores:

a orelha, uma tulipa;
as sobrancelhas, dois lagostins;
os olhos, duas uvas;
as pálpebras, bicos de pato;
o nariz, uma pera;
a face, uma maçã;
o queixo, uma granada;
e os cabelos, um bosque de ramos.

Giuseppe Arcimboldo, pintor da corte, fez rir três imperadores.

Foi celebrado, porque não foi entendido. Suas obras pareciam parques de diversões. E assim conseguiu sobreviver, e viver à forra, esse artista pagão.

Arcimboldo se deu ao luxo de cometer pecados mortais de idolatria, exaltando a comunhão humana com a natureza exuberante e louca, e pintou retratos que diziam ser brincadeiras inofensivas, mas eram caçoadas ferozes.

Quando morreu, a memória da arte o suprimiu, como se fosse um pesadelo.

Quatro séculos depois, foi ressuscitado pelos surrealistas, seus filhos temporões.

## Tomás Morus

Tomás Morus sim foi entendido, e isso talvez tenha lhe custado a vida. Em 1535, Henrique VIII, o rei glutão, exibiu sua cabeça numa estaca erguida sobre o rio Tâmisa.

Vinte anos antes, o decapitado tinha escrito um livro que contava os costumes de uma ilha chamada Utopia, onde a propriedade era comum, o dinheiro não existia e não havia nem pobreza nem riqueza.

Pela boca de um de seus personagens, um viajante que tinha voltado da América, Tomás Morus expressava suas próprias, perigosas ideias:

* Sobre as guerras: *os ladrões são às vezes galantes soldados, os soldados costumam ser valentes ladrões. As duas profissões têm muito em comum.*
* Sobre o roubo: *nenhum castigo, por mais severo que seja, impedirá que as pessoas roubem se esse for seu único meio de conseguir comida.*
* Sobre a pena de morte: *me parece muito injusto roubar a vida de um homem porque ele roubou algum dinheiro. Nada no mundo tem tanto valor como a vida humana. Vocês fabricam os ladrões e depois os castigam.*
* Sobre o dinheiro: *tão fácil seria satisfazer as necessidades da vida de todos, se essa sagrada coisa chamada dinheiro, que se supõe inventada para remediá-las, não fosse realmente a única que impede que isso aconteça.*
* Sobre a propriedade privada: *até que não desapareça a propriedade, não haverá uma justa nem igualitária distribuição das coisas, nem o mundo poderá ser felizmente governado.*

## Erasmo

Erasmo de Rotterdam dedicou ao seu amigo Tomás Morus o *Elogio da loucura*.

Nessa obra, a Loucura falava em primeira pessoa. Ela dizia que não havia alegria nem felicidade que não se devesse aos seus favores, exortava a desenrugar o sobrecenho, propunha a aliança das crianças com os velhos e zombava dos *arrogantes filósofos, os purpurados reis, os sacerdotes piedosos, os pontífices três vezes santíssimos e toda essa turba de deuses.*

Esse homem incomodador, irreverente, predicou a comunhão do evangelho cristão com a tradição pagã:

– *São Sócrates, rogai por nós.*

Suas insolências foram censuradas pela Inquisição, incluídas no índex católico e malvistas pela nova igreja protestante.

## Fundação do elevador

O monarca inglês Henrique VIII teve seis rainhas.

Enviuvava fácil.

Devorava mulheres e banquetes.

Seiscentos lacaios serviam suas mesas, transbordantes de tortas recheadas de perdizes, pavões servidos com toda sua excelsa plumagem e cortes de carne de vitela e leitão aos que outorgava títulos nobiliários, faca na mão, antes de devorá-los.

Quando chegou sua última rainha, Henrique estava tão gordo que já não conseguia enfrentar a escadaria que ia do salão de refeições ao leito nupcial.

O rei não teve outro remédio a não ser inventar uma cadeira que através de um complicado mecanismo de roldanas o elevava, sentado, do prato até a cama.

## O precursor do capitalismo

Inglaterra, Holanda, França e outros países devem a ele uma estátua.

Boa parte do poder dos poderosos vem do ouro e da prata que ele roubou, das cidades que incendiou, dos galeões que esvaziou e dos escravos que caçou.

Algum escultor refinado deveria modelar a efígie desse funcionário armado do capitalismo nascente: a faca entre os dentes, o tapa-olho, a perna de pau, o gancho no lugar da mão, o papagaio no ombro.

## Esquinas perigosas do Caribe

Os piratas faziam a América. Nas ilhas e nas costas do mar do Caribe, eles eram mais temidos que os furacões.

Em seu *Diário do Descobrimento*, Colombo havia mencionado Deus 51 vezes e o ouro, 139, embora Deus estivesse em todas as partes e o ouro não desse nem para fazer uma obturação.

Mas o tempo tinha passado, e nas férteis terras americanas floresciam o ouro, a prata, o açúcar, o algodão e outros prodígios. Os piratas estavam especializados na usurpação desses frutos. E graças ao mérito de seus esforços, esses instrumentos de acumulação de capitais se incorporavam à nobreza britânica.

A rainha Isabel da Inglaterra foi sócia do temível Francis Drake, que chegou a dar a ela um lucro de quatro mil e seiscentos por cento sobre seus investimentos. Ela o transformou em *sir*. Também transformou em *sir* o tio de Drake, John Hawkins, e se associou ao negócio que Hawkins inaugurou quando comprou trezentos escravos em Serra Leoa, vendeu-os em São Domingos e suas três naus voltaram a Londres carregadas de açúcar, peles e gengibre.

A partir daquele momento, o tráfico negreiro passou a ser o Morro Rico de Potosí que a Inglaterra não tinha.

## Raleigh

Ao sul da América, buscou o Eldorado. Ao norte, encontrou tabaco. Foi navegante, guerreiro, explorador e poeta. E foi pirata.

Sir Walter Raleigh:

o que fumava cachimbo e revelou à nobreza britânica o prazer do tabaco;

o que na corte vestia gibão pregueado de diamantes e na batalha exibia armadura de prata;

o favorito da rainha Isabel, a Rainha Virgem;

o que por ela chamou de Virgínia a terra que continua com esse nome;

o que para ela assaltou portos e galeões da Espanha e foi por ela convertido, ao toque da espada, em nobre cavalheiro;

o que anos depois, pelos mesmos motivos, perdeu a cabeça, a golpe de machado, na torre de Londres.

Morta Isabel, o rei inglês Jacó quis uma rainha espanhola, e o pirata Raleigh, o bandido do filme, foi condenado por alta traição.

A viúva recebeu, como era costume, a cabeça embalsamada.

## Retrato de família na Inglaterra

Talvez as rusgas entre a família York e a família Lancaster não tivessem passado de um conflito entre vizinhos, se não tivessem fornecido um tema à pluma de William Shakespeare.

O poeta certamente não imaginou que por virtudes de seu talento ganharia dimensão universal essa guerra de dinastias entre a rosa branca e a rosa rubra.

Na história inglesa e na obra de Shakespeare, o rei Ricardo III, profeta dos *serial killers*, deixou um rio de sangue em seu caminho rumo à coroa. Matou o rei Henrique VI e também o príncipe Eduardo. Afogou Clarence, o irmão, num barril de vinho, e por via das dúvidas acabou com a vida de seus sobrinhos. Trancou na torre de Londres dois desses principezinhos, ainda meninos, sufocou-os com seus travesseiros e os enterrou em segredo, ao pé de uma escadaria. Também enforcou lorde Hastings e decapitou o duque de Buckingham, seu melhor amigo, seu outro eu, para prevenir-se contra conspirações.

Ricardo III foi o último monarca inglês que morreu em batalha.

Shakespeare deu a ele de presente a frase da sua perpetuidade:

– *Meu reino por um cavalo!*

## Mare nostrum

Mais de um século tinha se passado desde que o papa de Roma havia repartido meio mundo entre a Espanha e Portugal, quando em 1653 o jurista inglês John Selden publicou *Mare clausum.*

Esse tratado demonstrava que não apenas a terra tinha dono, mas também o mar, e Sua Majestade o Rei da Inglaterra era, por direito natural, o legítimo proprietário das terras e das águas de seu império em expansão.

O direito britânico de propriedade se fundamentava no deus Netuno, em Noé e seus três filhos, no Gênese, do Deuteronômio, nos salmos e nas profecias de Isaías e de Ezequiel.

Trezentos e setenta anos depois, os Estados Unidos reivindicaram plenos direitos sobre o espaço sideral e os corpos celestes, mas não invocaram fontes tão prestigiosas.

## Obrigado

Ano após ano, no final de novembro, os Estados Unidos celebram o Dia de Ação de Graças. Dessa maneira, a nação expressa sua gratidão a Deus e aos índios que colaboraram com Deus na salvação de seus conquistadores.

O inverno de 1620 tinha matado metade dos europeus chegados no navio *Mayflower*. No ano seguinte, Deus decidiu salvar os sobreviventes. Os índios lhes deram amparo, caçaram e pescaram para eles, os ensinaram a cultivar o milho, a distinguir as plantas venenosas, a descobrir as plantas medicinais e a encontrar nozes e amoras e outros frutos silvestres.

Os salvados ofereceram aos salvadores uma festa de Ação de Graças. Foi celebrada na aldeia inglesa de Plymouth, que até pouco antes se chamava Patuxet e era uma aldeia indígena devastada pela varíola, pela difteria, pela febre amarela e por outras novidades vindas da Europa.

Esse foi o primeiro e o último Dia de Ação de Graças dos tempos coloniais.

Quando os colonos invadiram as terras indígenas, chegou a hora da verdade. Os invasores, que se chamavam a si próprios de *santos* e também de *eleitos*, deixaram de chamar os índios de *nativos*, e eles passaram a ser *selvagens*.

## "Este execrável bando de carniceiros"

No começo do século XVIII, Jonathan Swift retratou a aventura colonial no último capítulo de *As viagens de Gulliver*:

*Os piratas desembarcam para roubar e saquear; descobrem gente inofensiva, que os recebe amavelmente; batizam esse país com um novo nome e tomam posse em nome do rei; deixam registrado o fato numa tábua podre ou numa pedra.*

*Aqui começa um novo domínio, adquirido por direito divino. Os nativos são expulsos ou aniquilados; seus príncipes, torturados para que confessem onde está o ouro; há patente de corso para todos os atos de desumanidade e luxúria; a terra fede a sangue; e esse execrável bando de carneiros consagrado a tão piedosa expedição é uma colônia moderna enviada para converter e civilizar um povo idólatra e bárbaro.*

## O pai de Gulliver

A primeira edição de *As viagens de Gulliver* foi publicada com outro título e sem autor.

Os tropeços obrigavam a caminhar com cuidado. Outras obras anteriores de Jonathan Swift, sacerdote de alta hierarquia, deão da catedral de São Patrício, na Irlanda, tinham provocado várias denúncias contra o autor, por sedição, e haviam mandado o editor para a cadeia.

O êxito clamoroso de *Gulliver* tornou possível que Swift assinasse as edições seguintes com seu nome. E assinou também sua nova obra. "Uma modesta proposta para evitar que os filhos dos pobres da Irlanda sejam uma carga para seus pais ou seu país e para que sejam de benefício público" foi o longuíssimo título do mais feroz panfleto político de que se tenha notícia.

Na gelada linguagem dos especialistas em ciência econômica, o autor demonstrava, objetivamente, a conveniência de mandar para o matadouro os filhos dos pobres. Essas crianças poderiam se transformar *no mais delicioso, nutritivo e completo alimento, ensopado, assado, cozido ou fervido*, e além disso dava para aproveitar a pele para fabricar luvas de senhoras.

Isso foi publicado em 1729, quando até os espectros perambulavam pelas ruas de Dublin procurando comida. Não caiu muito bem.

Swift havia se especializado em formular perguntas insuportáveis:

Por que provocava horror seu projeto de canibalismo, se a Irlanda era um país devorado pela Inglaterra e ninguém se mexia?

Os irlandeses morriam de fome por causa do clima ou por causa da asfixia colonial?

Por que ele era um homem livre quando estava na Inglaterra e se transformava em escravo assim que pisava a Irlanda?

Por que os irlandeses não se negavam a comprar roupas inglesas e móveis ingleses e aprendiam a amar a sua pátria?

Por que não queimavam tudo o que viesse da Inglaterra, exceto as pessoas?

Foi declarado louco.

Suas economias tinham financiado o primeiro manicômio público de Dublin, mas não foi possível interná-lo lá. Morreu antes que as obras terminassem.

## Céus e chãos

Inglaterra, século XVIII: tudo subia.

Subia a fumaça das chaminés das fábricas,

subia a fumaça dos canhões vitoriosos,

subia a maré dos sete mares dominados pelos cem mil marinheiros do rei inglês,

subia o interesse dos mercados por tudo o que a Inglaterra vendia

e subiam os juros do dinheiro que a Inglaterra emprestava.

Qualquer inglês, por mais ignorante que fosse, sabia que ao redor de Londres giravam o mundo e o sol e as estrelas.

Mas William Hogarth, o artista inglês do século, não se tinha distraído contemplando os esplendores de Londres no alto do universo. As baixuras o atraíam mais que as alturas. Em suas pinturas e gravuras, tudo caía. Arrastavam-se pelo chão os bêbados e as garrafas,

as máscaras rasgadas,
as espadas quebradas,
os contratos rasgados,
as perucas,
os espartilhos,
a roupa íntima das damas,
a honra dos cavalheiros,
os votos comprados pelos políticos,
os títulos de nobreza comprados pelos burgueses,
os baralhos das fortunas perdidas,
as cartas do amor mentido
e o lixo da cidade.

## O filósofo da liberdade

Passaram-se os séculos e continua crescendo a influência do filósofo inglês John Locke no pensamento universal.

Não é de se estranhar. Graças a Locke, sabemos que Deus outorgou o mundo aos seus legítimos proprietários, *os homens industriosos e racionais*, e foi Locke quem deu fundamento filosófico à liberdade humana em todas as suas variantes: a liberdade de imprensa, a liberdade de comércio, a liberdade de competição, a liberdade de contratação.

E a liberdade de investir. Enquanto escrevia seu *Ensaio sobre o entendimento humano*, o filósofo contribuiu para o entendimento humano investindo suas economias na compra de um pacote de ações da Royal Africa Company.

Essa empresa, que pertencia à coroa britânica e *aos homens industriosos e racionais*, ocupava-se de agarrar escravos na África para vendê-los na América.

De acordo com a Royal Africa Company, seus esforços asseguravam *um constante e suficiente subministro de negros a preços moderados.*

## Contratos

Enquanto nascia o século XVIII, um rei Bourbon sentou-se pela primeira vez no trono de Madri.

Mal estreou a coroa, Felipe V virou traficante de negros.

Assinou contrato com a Compagnie de Guinée, francesa, e com seu primo, o rei da França.

O contrato outorgava a cada monarca vinte e cinco por cento dos lucros da venda de quarenta e oito mil escravos nas colônias espanholas da América durante os dez anos seguintes, e estabelecia que o tráfico deveria ser realizado em barcos católicos, com capitães católicos e marinheiros católicos.

Doze anos depois, o rei Felipe assinou contrato com a South Sea Company, inglesa, e com a rainha da Inglaterra.

O contrato outorgava a cada monarca vinte e cinco por cento dos lucros da venda de 144 mil escravos nas colônias espanholas da América, durante os trinta anos seguintes, e estabelecia que os negros não podiam ser velhos nem defeituosos, que deveriam ter todos os dentes e levar em lugar visível os selos da coroa espanhola e da empresa britânica, marcados a fogo.

Os proprietários garantiam a qualidade do produto.

## Breve história do intercâmbio entre a África e a Europa

Nada de novo havia na escravidão hereditária, que vinha dos tempos da Grécia e de Roma. Mas a Europa contribuiu, a partir do Renascimento, com algumas novidades: nunca antes tinha sido determinada a escravidão a partir da cor da pele, e nunca antes a venda de carne humana tinha sido o mais brilhante negócio internacional.

Durante os séculos XVI, XVII e XVIII, a África vendia escravos e comprava fuzis: trocava braços por violência.

Depois, durante os séculos XIX e XX, a África entregava ouro, diamantes, cobre, marfim, borracha e café e recebia Bíblias: trocava a riqueza da terra pela promessa do Céu.

## Água benta

Um mapa, publicado em Paris em 1761, revelou a origem do horror africano. Os animais selvagens acudiam em tropel para beber água nos raros mananciais do deserto. As mais diferentes espécies disputavam a água escassa. Excitados pelo calor e pela sede, montavam-se entre si, qualquer um com qualquer uma sem reparar em quem, e o cruzamento de espécies muito diferentes gerava os monstros mais espantosos do mundo.

Graças aos traficantes, os escravos tinham a sorte de se salvar desse inferno. O batismo abria para eles as portas do Paraíso.

O Vaticano tinha previsto isso. Em 1454, o papa Nicolau V havia autorizado o rei de Portugal a praticar a escravidão, com a condição de que evangelizasse os negros. E alguns anos depois, outra bula, do papa Calixto III, havia estabelecido que a captura da África era uma cruzada da Cristandade.

Naquela época, a maior parte daquela costa ainda estava proibida pelo medo: as águas ferviam, no mar havia, à espreita, serpentes que assaltavam os barcos, e os marinheiros brancos ficavam negros assim que desembarcavam em terra africana.

Mas durante os séculos seguintes, todas ou quase todas as coroas europeias instalaram fortificações ao longo daquele litoral mal afamado. Dali controlavam o comércio mais lucrativo de todos; e, para cumprir com a vontade divina, regavam os escravos com água benta.

Nos contratos e nos livros de contabilidade, os escravos eram chamados de *peças* ou de *mercadorias*, embora o batismo enfiasse almas naqueles corpos vazios.

## A Europa canibal

Os escravos subiam nos barcos tremendo. Achavam que iam ser comidos. Não estavam tão enganados assim. Afinal, o tráfico negreiro foi a boca que devorou a África.

Desde antes, os reis africanos já tinham escravos e lutavam entre si, mas a captura e a venda de gente se transformou no centro da economia, e de todo o resto, a partir do momento em que os reis europeus descobriram o negócio. A partir daí, a sangria de jovens esvaziou a África negra e selou o seu destino.

Mali é agora um dos países mais pobres do mundo. No século XVI, era um reino opulento e culto. A universidade de Tombuctu tinha vinte e cinco mil estudantes. Quando o sultão do Marrocos invadiu Mali, não encontrou o ouro que buscava, porque pouco ouro amarelo tinha sobrado, mas vendeu o ouro negro aos traficantes europeus, e ganhou muito mais: seus prisioneiros de guerra, entre os quais havia médicos, juristas, escritores, músicos e escultores, foram escravizados e tomaram o rumo das plantações da América.

A máquina escravagista exigia braços e a caça aos braços exigia guerras. A economia guerreira dos reinos africanos passou a depender mais e mais de tudo o que viesse de fora. Um guia comercial publicado na Holanda, em 1655, enumerava as armas mais cobiçadas na costa da África, e também as melhores oferendas para agradar àqueles reis de fantasia. O gim era muito valorizado, e um punhado de cristais de Murano era o preço de sete homens.

## Fashion

A venda de escravos despejou uma chuva de produtos importados.

Embora a África produzisse ferros e aços de boa qualidade, as espadas europeias eram cobiçados objetos de ostentação para os monarcas e cortesãos dos muitos reinos e reininhos que vendiam negros para as empresas brancas.

A mesma coisa acontecia com os tecidos africanos, feitos de fibras diversas, do algodão à cortiça das árvores. No começo do século XVI, o navegante português Duarte Pacheco havia comprovado que os vestidos do Congo, feitos de fibra de palmeira, eram *suaves como o veludo e tão bonitos que não os há melhores na Itália.* Mas as roupas importadas, que custavam o dobro, davam prestígio. O preço ditava o valor. Custa tanto, tanto vale. Baratos e abundantes eram os escravos, e por isso mesmo não valiam nada. Quando mais cara e mais rara era alguma coisa, mais valor tinha, e quanto menos se necessitava, melhor: a fascinação por tudo o que vinha de fora dava preferência às novidades inúteis, modas mutantes, hoje isto, amanhã aquilo, depois de amanhã quem sabe.

Esses brilhos fugazes, símbolos de poder, diferenciavam os mandões dos mandados.

Tal como agora.

## Gaiolas navegantes

O traficante de escravos que mais amava a liberdade tinha batizado de *Voltaire* e *Rousseau* os seus melhores navios.

Alguns negreiros haviam batizado seus barcos com nomes religiosos: *Almas, Misericórdia, Profeta Davi, Jesus, Santo Antônio, São Miguel, Santiago, São Felipe, Santa Ana* e *Nossa Senhora da Conceição.*

Outros prestavam testemunho de amor à humanidade, à natureza e às mulheres: *Esperança, Amizade, Herói, Arco-Íris, Pomba, Rouxinol, Beija-Flor, Desejo, Adorável Betty, Pequena Polly, Amável Cecília, Prudente Hannah.*

As naus mais sinceras se chamavam *Subordinador* e *Vigilante.*

Esses carregamentos de mão de obra não anunciavam com sirenes nem foguetes sua chegada aos portos. Não era necessário. De longe já se sabia, por causa do cheiro.

Nos porões, amontoava-se a mercadoria pestilenta. Os escravos ficavam juntos dia e noite, sem se mover, bem grudados para não desperdiçar nem um pouquinho de espaço, se mijando e se cagando, acorrentados uns aos outros, pescoços com pescoços, punhos com punhos, tornozelos com tornozelos, e acorrentados todos a longas barras de ferro.

Muitos morriam na travessia do oceano.

A cada manhã, os guardas atiravam aqueles pacotes no mar.

## Filhos do caminho

As *pateras*, barquinhos desengonçados que o mar devora, são netas daqueles navios negreiros.

Os escravos de agora, que já não são chamados desse jeito, têm a mesma liberdade que tinham seus avós arrojados, a golpes de açoite, nas plantações da América.

Não se vão: são empurrados. Ninguém emigra porque quer.

Da África e de muitos outros lugares, os desesperados fogem das guerras e das secas e das terras extenuadas e dos rios envenenados e das barrigas vazias.

As vendas de carne humana são, hoje em dia, as exportações mais exitosas do sul do mundo.

## Primeira rebelião dos escravos na América

Acontece no começo do século XVI.

Alguns dias depois do Natal, os escravos negros se rebelam num moinho de açúcar de São Domingos, que é propriedade do filho de Cristóvão Colombo.

Depois da vitória da Divina Providência e do apóstolo Santiago, os caminhos se povoam de negros enforcados.

## Teimosa liberdade

Acontece em meados do século XVI.

Os escravos que fracassam na primeira tentativa de fuga sofrem castigo de mutilação, corte de uma orelha, ou do tendão, ou de um pé, ou da mão, e em vão o rei da Espanha proíbe *cortar as partes que não podem ser mencionadas.*

Nos reincidentes, cortam o que sobra, e eles acabam na forca, no fogo ou no machado. Suas cabeças são exibidas, cravadas em estacas, nas praças dos povoados.

Mas em toda a América se multiplicam os baluartes dos livres, metidos no fundo da selva ou nos desfiladeiros das montanhas, rodeados de areias movediças que simulam ser terreno firme e de falsos caminhos semeados de estacas de ponta.

Até ali chegam os vindos de muitas pátrias da África, que se fizeram compatriotas de tanto compartilhar humilhações.

## Reino dos livres

Acontece ao longo do século XVII.

Feito cogumelos brotam os refúgios dos escravos fugidos. No Brasil, são chamados de quilombos. Essa palavra africana significa comunidade, embora o racismo a traduza como esbórnia, briga ou casa de putas.

No quilombo de Palmares, os que haviam sido escravos vivem livres de seus amos e também livres da tirania do açúcar, que não deixa nada crescer. Eles cultivam de tudo, e comem de tudo. O cardápio de seus amos vem dos barcos. O deles vem da terra. Suas forjas, feitas no estilo africano, lhes dão enxadas, picaretas e pás para trabalhar a terra, e facas, machados e lanças para defendê-la.

## Rainha dos livres

Acontece na primeira metade do século XVIII.

A divisão internacional do trabalho decidiu que a Jamaica existe para adoçar a mesa europeia. A terra produz açúcar e açúcar e açúcar.

Na Jamaica, como no Brasil, a diversidade do cardápio é um privilégio dos escravos fugidos. Embora a terra fértil não seja muita nessas montanhas altas, os negros fugidos dão seu jeito para plantar de tudo, e criam até porcos e galinhas.

Aqui metidos, veem sem ser vistos, mordem e se desvanecem.

Nessas montanhas azuis de Barlovento, Nanny tem templo e trono. Ela é a rainha dos livres. Era uma máquina de parir escravos e agora exibe colares de dentes de soldados ingleses.

## Arte dos livres

Acontece em meados do século XVIII.

Os santuários livres do Suriname resistem mudando de lugar. Quando as tropas holandesas os descobrem, depois de muito penar, não encontram nada além de cinzas do que foi uma aldeia.

Quais são seus produtos de primeira necessidade? Agulhas de coser, fios coloridos. Os negros fugidos e libertos pedem isso aos raros mercadores que por engano ou loucura aparecem em seus caminhos. O que seria de suas vidas sem essas roupas de cores vivas, feitas de retalhos de panos velhos sabiamente combinados e costurados?

Das aspas dos moinhos dos engenhos, partidas em pedaços, fazem anéis, braceletes e ornamentos da dignidade guerreira. E com o que o bosque oferece, inventam instrumentos de música, para dar ritmo ao corpo que exige dançar.

## Rei dos livres

Acontece no final do século XVIII.

O poder colonial enforcou Domingo Bioho muitas vezes, mas ele continua reinando.

Aqui, em Palenque, não muito longe do porto de Cartagena das Índias, os negros fugidos e libertos elegem o mais valente, o que merece esse nome que de rei em rei é herdado. Domingo Bioho é muitos.

## À procura da propriedade fugida

Acontece no começo do século XIX.

Em suas conversas de depois do almoço, a aristocracia fala de casamentos, heranças e cães negreiros.

Os jornais do Mississippi, do Tennessee ou da Carolina do Sul oferecem os serviços dos *nigger dogs* a uns cinco dólares por dia. Os anúncios exaltam as virtudes desses mastins, que perseguem os escravos fugidos, os agarram e os devolvem, intactos, aos seus amos.

O olfato é fundamental. O bom cão caçador consegue seguir a pista muitas horas depois de a presa ter passado. Também são muito apreciadas a velocidade e a tenacidade, porque para apagar o cheiro os escravos nadam rios e arroios ou semeiam o caminho de pimenta, e a fera que sabe ganhar o osso jamais se dá por vencida, e não deixa de rastrear até recuperar a pista perdida.

Mas o mais importante de tudo é o longo treinamento para que a fera não faça picadinho de carne negra. Só o legítimo proprietário tem o direito de castigar o mau comportamento de seus animais.

## Harriet

Acontece em meados do século XIX.

Foge. Harriet Tubman leva a lembrança das cicatrizes nas costas e um afundamento no crânio.

Não leva o marido. Ele diz a ela:

– *Você está louca. Pode até fugir, mas não vai conseguir contar.*

Ela escapa, conta, regressa a Maryland e leva seus pais, torna a regressar, e leva seus irmãos. E faz dezenove viagens das plantações do sul para as terras do norte, e atravessando a noite, de noite em noite, liberta mais de trezentos negros durante dez anos.

Nenhum de seus fugitivos foi capturado. Dizem que Harriet resolve com um tiro os esgotamentos e arrependimentos que acontecem no meio do caminho. E dizem que ela diz:

– *Comigo nenhum passageiro se perde.*

É a cabeça mais cara do seu tempo. A recompensa por ela é de quarenta mil dólares.

Ninguém recebe.

Seus disfarces de teatro a tornam irreconhecível e nenhum caçador consegue competir com sua maestria na arte de despistar pistas e inventar caminhos.

## Não perca!

Nenhum advogado os defende. Eles tampouco podem se defender, porque a lei não acredita no juramento dos negros.

O juiz os condena num piscar de olhos.

Uma série de incêndios na cidade de Nova York, durante todo o ano de 1741, exige mão de ferro contra os escravos corrompidos por excesso de liberdade. Se os condenados têm culpa por esses incêndios, será justo o castigo. Se não têm culpa, o castigo servirá de advertência.

Treze negros serão acorrentados às estacas e queimados vivos, dezessete negros serão enforcados e nas forcas continuarão pendurados até que apodreçam, e também irão para a morte quatro brancos, pobres porém brancos, porque alguém tem que ter posto inteligência, que é coisa de brancos, nessa conspiração infernal.

Falta uma semana para o espetáculo, e a multidão já começa a acampar disputando os melhores lugares.

## As idades de Rosa Maria

Quando tinha seis anos, em 1725, um navio negreiro trouxe-a da África, e no Rio de Janeiro ela foi vendida.

Quando tinha catorze anos, o amo abriu suas pernas e ensinou-lhe o ofício.

Quando tinha quinze, foi comprada por uma família de Ouro Preto, que a partir dali alugou seu corpo aos mineiros do ouro.

Quando tinha trinta, essa família vendeu-a para um sacerdote, que com ela praticava seus métodos de exorcismo e outros exercícios noturnos.

Quando tinha trinta e dois, um dos demônios que habitava seu corpo fumou pelo seu cachimbo e uivou pela sua boca e revirou-a no chão. E por isso ela foi condenada a cem açoitadas na praça da cidade de Mariana, e o castigo deixou-a com um braço paralisado para sempre.

Quando tinha trinta e cinco, jejuou e rezou e mortificou sua carne com cilício, e a mãe da Virgem Maria ensinou-a a ler. Segundo contam, Rosa Maria Egipcíaca da Vera Cruz foi a primeira negra alfabetizada no Brasil.

Quanto tinha trinta e sete, fundou um asilo para escravas abandonadas e putas em desuso, que ela financiava vendendo biscoitos cuja massa era amassada com sua saliva, infalível remédio contra qualquer doença.

Quando tinha quarenta, numerosos fiéis assistiam aos seus transes, quando ela bailava ao ritmo de um coro de anjos, envolta em fumaça de tabaco, e o Menino Jesus mamava em seus peitos.

Quando tinha quarenta e dois, foi acusada de bruxaria e trancada no cárcere do Rio de Janeiro.

Quando tinha quarenta e três, os teólogos confirmaram que era bruxa porque conseguiu suportar sem uma queixa, e durante um longo tempo, uma vela acesa debaixo da língua.

Quando tinha quarenta e quatro, foi mandada para Lisboa, para o cárcere da Santa Inquisição. Entrou nas câmaras de tormento, para ser interrogada, e nunca mais se soube dela.

## Dormia o Brasil em leito de ouro

Brotava da terra, como se fosse capim.

Atraía multidões, como se fosse ímã.

Brilhava, como se fosse ouro.

E era ouro.

Os banqueiros ingleses celebravam cada novo achado, como se o ouro fosse deles.

E era deles.

Lisboa, que não produzia nada, enviava a Londres o ouro do Brasil, em troca de novos empréstimos, roupas de luxo e todos os consumos da vida parasita.

Ouro Preto era o nome do centro dos esplendores do ouro, porque negras eram as pedras que continham o ouro, noites com sóis guardados lá dentro, embora também pudesse muito bem ter esse nome porque negros eram os braços que arrancavam o ouro das montanhas e das margens dos rios.

Aqueles braços custavam cada vez mais caro. Os escravos, ampla maioria na região mineira, eram os únicos que trabalhavam.

E muito mais caros eram os alimentos. Ninguém cultivava nada. Nos primeiros anos da euforia mineira, o preço de um gato equivalia ao ouro que um escravo recolhia em dois dias de trabalho. A carne de galinha era mais barata: custava o ouro de um dia.

Após mais de um século, continuavam sendo astronômicos os preços da comida e dos esbanjamentos das festas dos ricos, que viviam em farra contínua, mas o manancial do ouro, que parecia inesgotável, brotava cada vez com menos força. E cada vez era mais difícil cobrar os impostos que espremiam as minas para financiar as fadigas da corte portuguesa, cansada de tanto descansar ao serviço dos banqueiros ingleses.

Em 1750, quando morreu o rei de Portugal, as arcas reais estavam vazias. Foram eles, os banqueiros ingleses, que pagaram os funerais.

## Digestões

Potosí, Guanajuato e Zacatecas comiam índios. Ouro Preto comia negros.

Em solo espanhol, quicava a prata que vinha do trabalho forçado dos índios da América. Em Sevilha, a prata estava de passagem. Ia parar na pança dos banqueiros belgas, alemães e genoveses, e dos mercadores florentinos, ingleses e franceses, que tinham hipotecado a coroa espanhola e todas as suas rendas.

Sem a prata da Bolívia e do México, ponte de prata que atravessou o mar, teria a Europa conseguido ser a Europa?

Em solo português, quicava o ouro que vinha do trabalho escravo no Brasil. Em Lisboa, o ouro estava de passagem. Ia parar na pança dos banqueiros e mercadores britânicos, credores do reino, que tinham hipotecado a coroa portuguesa e todas as suas rendas.

Sem o ouro do Brasil, ponte de ouro que atravessou o mar, teria sido possível a revolução industrial na Inglaterra?

E sem a compra e a venda de negros, teria sido Liverpool o porto mais importante do mundo e a empresa Lloyd's a rainha dos seguros?

Sem os capitais do tráfico negreiro, quem teria financiado a máquina de vapor de James Watt? Em que fornos teriam sido fabricados os canhões de George Washington?

## O pai das marionetes

Antônio José da Silva, nascido no Brasil, vive em Lisboa. Seus bonecos fazem rir nos palcos portugueses.

Há nove anos não consegue usar os dedos, esmagados nas câmaras de tortura da Santa Inquisição, mas seus personagens de madeira, medeias, quixotes, proteus, continuaram oferecendo risos e consolos às pessoas que os amam.

Acaba cedo. Acaba na fogueira: por ser judeu e zombador, porque suas marionetes não guardam o devido respeito à Coroa, nem à Igreja, nem aos verdugos encapuzados que fazem o ridículo perseguindo-os pelo palco.

Do camarote de honra, João V, rei dos portugueses, chamado de O Magnânimo, contempla o auto de fé onde arde o rei dos marioneteiros.

E assim diz adeus ao mundo Antônio, enquanto outro Antônio diz olá, no mesmo dia do ano de 1730, do outro lado do mar.

Antônio Francisco Lisboa nasce em Ouro Preto. Será chamado de Aleijadinho. Ele também perderá os dedos, mas não será por torturas, e sim por misteriosa maldição.

## Aleijadinho

O homem mais feio do Brasil cria a mais alta beleza da arte colonial americana.

O Aleijadinho talha em pedra a glória e a agonia de Ouro Preto, a Potosí do ouro.

Filho de uma escrava africana, esse mulato tem escravos que o movem, o lavam, lhe dão de comer e atam os cinzéis aos seus cotocos de braço.

Atacado pela lepra, ou sífilis, ou quem sabe o quê, o Aleijadinho perdeu um olho e os dentes e os dedos, mas esse resto dele talha pedras com as mãos que faltam.

Noite e dia trabalha, como vingando-se, e brilham mais que o ouro seus cristos, suas virgens, seus santos, seus profetas, enquanto a fonte do ouro é cada vez mais avara em fortunas e mais pródiga em desventuras e revoltas.

Ouro Preto e a região inteira querem dar razão à antecipada sentença do conde de Assumar, que foi seu governador:

*Parece que a terra exala tumultos e a água, motins; as nuvens vomitam insolências e os astros, desordens; o clima é tumba de paz e berço de rebeliões.*

## A arte oficial no Brasil

O pincel de Pedro Américo de Figueiredo e Melo, artista do gênero épico, retratou para a imortalidade o instante sagrado.

Em seu quadro, um airoso ginete desembainha a espada e lança o grito vibrante que dá nascimento à pátria brasileira, enquanto posam para a ocasião os Dragões da Guarda de Honra, armas ao alto, e flamejam ao vento as plumagens dos capacetes de guerra e as crinas dos cavalos.

As versões da época não coincidem exatamente com essas pinceladas.

Segundo essas versões, o herói, Pedro, príncipe português, agachou-se às margens do arroio do Ipiranga. O jantar da véspera tinha lhe feito mal, e ele estava *curvando o corpo para responder ao chamado da natureza*, ao dizer de uma das crônicas, quando um mensageiro trouxe uma carta de Lisboa. Sem interromper sua tarefa, o príncipe fez com que lessem para ele a carta, que continha certas insolências de seus reais parentes, talvez agravadas pela sua dor de barriga. E no meio da leitura, ergueu-se e lançou uma longa blasfêmia que a história oficial traduziu, abreviada, no famoso grito:

– *Independência ou morte!*

E assim, naquela manhã de 1822, o príncipe arrancou de sua casaca as insígnias portuguesas e se transformou em imperador do Brasil.

Anos antes, outras independências tinham querido ser. Em Ouro Preto e em Salvador. Tinham querido ser, mas não foram.

## As idades de Pedro

Com nove anos e dezoito nomes, Pedro de Alcântara Francisco Antônio João Carlos Xavier de Paula Miguel Rafael Joaquim José Gonzaga Pasqual Cipriano Serafim de Bragança e Bourbon, príncipe herdeiro da coroa portuguesa, desembarcou no Brasil. Foi trazido pelos ingleses, com toda a corte, para ser posto a salvo dos ataques de Napoleão. Naquela época, o Brasil era colônia de Portugal e Portugal era colônia da Inglaterra, embora ninguém dissesse.

Aos dezenove anos, Pedro foi casado com Leopoldina, arquiduquesa da Áustria. Ele nem percebeu. Como muitos outros turistas de épocas posteriores, vivia perseguindo mulatas nas noites ardentes do Rio de Janeiro.

Aos vinte e quatro, proclamou a independência do Brasil e passou a ser o imperador Pedro I. Em seguida, assinou os primeiros empréstimos com a banca britânica. A nova nação e a dívida externa nasceram juntas. Continuam sendo inseparáveis.

Aos trinta e três, teve a louca ideia de abolir a escravidão. Molhou a pena no tinteiro, mas não chegou a assinar o decreto. Um golpe de Estado deixou-o sem trono e sentado no ar.

Aos trinta e quatro, regressou a Lisboa e passou a ser o rei Pedro IV de Portugal.

Aos trinta e seis, esse rei de dois tronos morreu em Lisboa. Foi sua tumba a terra que havia sido sua mãe e sua inimiga.

## A liberdade trai

A história oficial do Brasil continua chamando de *inconfidências*, ou seja, deslealdades, as primeiras rebeliões pela independência nacional.

Antes que o príncipe português se transformasse em imperador brasileiro, houve várias tentativas patrióticas. As mais importantes foram a Inconfidência Mineira, em Ouro Preto, que em 1789 morreu no ovo, e a Inconfidência Baiana, que explodiu em 1794, em Salvador, e se prolongou durante quatro anos.

O único protagonista da Inconfidência Mineira que foi enforcado e esquartejado era um militar de baixa patente, Tiradentes. Os demais conspiradores, senhores da alta sociedade mineira fartos de pagar impostos coloniais, foram indultados.

A Inconfidência Baiana durou mais e chegou mais longe. Não apenas lutou por uma república independente, mas também pela igualdade de direitos sem distinção de raças.

Quando já tinha corrido muito sangue e a rebelião havia sido vencida, o poder nacional indultou os protagonistas, com quatro exceções: Manoel Lira, João do Nascimento, Luís Gonzaga e Lucas Dantas foram enforcados e esquartejados. Os quatro eram negros, filhos ou netos de escravos.

Há quem acredite que a Justiça é cega.

## Ressurreição de Tupac Amaru

Tupac Amaru tinha sido o último rei dos incas, que durante quarenta anos havia lutado nas montanhas do Peru. Em 1572, quando o sabre do verdugo partiu seu pescoço, os profetas índios anunciaram que algum dia a cabeça se juntaria com o corpo.

E se juntou. Dois séculos depois, José Gabriel Condorcanqui encontrou o nome que estava esperando por ele. Transformado em Tupac Amaru, encabeçou a mais numerosa e perigosa rebelião indígena de toda a história das Américas.

Os Andes arderam. Da cordilheira até o mar rebelaram-se as vítimas do trabalho forçado nas minas, fazendas e fábricas. De vitória em vitória, os sublevados avançavam, num passo que ninguém conseguia parar, vadeando rios, escalando montanhas, atravessando vales, povoado atrás de povoado, ameaçando o cardápio colonial. E estiveram a ponto de conquistar Cuzco.

A cidade sagrada, o coração do poder, estava ali: do topo das montanhas dava para vê-la, tocá-la.

Tinham se passado dezoito séculos e meio, e se repetia a história de Espártaco, que teve Roma ao alcance da mão. E Tupac Amaru também não se decidiu a atacar. Tropas índias, comandadas por um cacique vendido, defendiam Cuzco, cidade sitiada, e ele não matava índios: isso não, isso nunca. Sabia muito bem que era necessário, que não havia outra saída, mas...

Enquanto ele duvidava, sim, não, não, sim, quem sabe, passaram-se os dias e as noites e os soldados espanhóis, muitos, bem armados, iam chegando de Lima.

Em vão sua mulher, Micaela Bastidas, que comandava a retaguarda, mandava mensagens desesperadas a ele:

– *De tanto pesadelo você há de acabar comigo...*
– *Já não tenho paciência para aguentar tudo isso...*
– *Muitas foram as minhas advertências...*
– *Se o que você quer é nossa ruína, pode dormir em paz.*

Em 1781, o chefe rebelde entrou em Cuzco. Entrou acorrentado, apedrejado, insultado.

## Chuva

Na câmara de torturas, foi interrogado pelo enviado do rei.

– *Quem são os seus cúmplices?* – perguntou o enviado.

E Tupac Amaru respondeu:

– *Aqui não há outro cúmplice além de você e de mim. Você, por ser opressor, e eu, por ser libertador, merecemos a morte.*

Foi condenado a morrer esquartejado. Foi atado a quatro cavalos, braços e pernas em cruz, e não se partiu. As esporas rasgavam os ventres dos cavalos, que puxavam em vão, e ele não se partiu.

Foi preciso recorrer ao machado do verdugo.

Era um meio-dia de sol feroz, tempo de longa seca no vale do Cuzco, mas o céu ficou negro de repente e se rompeu e despejou uma chuva dessas que afogam o mundo.

Também foram esquartejados os outros chefes e chefas rebeldes, Micaela Bastidas, Tupac Catari, Bartolina Sisa, Gregoria Apaza... E seus pedaços foram passeados pelos povoados sublevados, e foram queimados, e suas cinzas atiradas ao ar, *para que deles não reste memória.*

## Os poucos e os todos

Em 1776, a independência dos Estados Unidos antecipou o que depois iria acontecer, do México ao sul, com outras independências de outras nações americanas.

Para que não restassem dúvidas sobre a função dos índios, George Washington propôs a total destruição das aldeias indígenas, Thomas Jefferson opinou que aquela infortunada raça havia justificado seu extermínio e Benjamin Franklin sugeriu que o rum poderia ser um meio adequado para extirpar aqueles selvagens.

Para que não restassem dúvidas sobre a função das mulheres, a Constituição do estado de Nova York acrescentou o adjetivo *masculino* ao direito de voto.

Para que não restassem dúvidas sobre a função dos brancos pobres, os que assinaram a Declaração de Independência eram todos brancos ricos.

E para que não restassem dúvidas sobre a função dos negros, havia seiscentos e cinquenta mil escravos que continuaram sendo escravos na nação recém-nascida. Braços negros ergueram a Casa Branca.

## Pai ausente

A Declaração de Independência afirmou que todos os homens são criados iguais.

Pouco depois, a primeira Constituição nacional dos Estados Unidos esclareceu esse conceito: estabeleceu que cada escravo equivalia a três quintas partes de uma pessoa.

Se opôs, em vão, o redator da Constituição, Gouverneur Morris. Pouco antes, ele mesmo havia tentado, em vão, que o estado de Nova York abolisse a escravidão, e pelo menos tinha conseguido a promessa constitucional de que no futuro *cada pessoa que respire o ar deste estado desfrutará os privilégios de um homem livre.*

Morris, que tanta importância teve na hora de dar rosto e alma aos Estados Unidos, foi um dos pais fundadores que a história esqueceu.

No ano de 2006, o jornalista espanhol Vicente Romero procurou sua tumba. Encontrou-a atrás de uma igreja, no sul do Bronx. A lápide, apagada pela chuva e pelos sóis, servia de apoio a dois grandes latões de lixo.

## Outro pai ausente

Robert Carter foi enterrado no jardim.

Em seu testamento, havia pedido para *descansar debaixo de uma árvore de sombra, dormindo em paz e na escuridão. Nenhuma pedra, nenhuma inscrição.*

Esse patrício da Virgínia foi um dos mais ricos, talvez o mais de todos, entre aqueles prósperos proprietários que se independizaram da Inglaterra.

Embora alguns pais fundadores tivessem má opinião sobre a escravidão, nenhum deles libertou seus escravos. Carter foi o único que desacorrentou seus quatrocentos e cinquenta negros *para deixá-los viver e trabalhar de acordo com sua própria vontade e prazer.* Libertou-os gradativamente, cuidando para que nenhum fosse jogado ao desamparo, setenta anos antes que Abraham Lincoln decretasse a abolição.

Essa loucura condenou-o à solidão e ao esquecimento.

Foi deixado sozinho pelos vizinhos, pelos amigos e parentes, todos convencidos de que os negros livres ameaçavam a segurança pessoal e nacional.

Depois, a amnésia coletiva foi a sua recompensa.

## Sally

Quando Jefferson ficou viúvo, tornaram-se dele os bens de sua mulher. Entre outras propriedades, herdou Sally.

Há registro de sua beleza na juventude.

Depois, nada.

Sally nunca falou, e se falou não foi escutada, ou ninguém se deu o trabalho de registrar o que ela disse.

Já do presidente Jefferson temos vários retratos e muitas palavras. Sabemos que tinha profundas suspeitas de que *os negros são inferiores aos brancos nos dons naturais do corpo e da mente*, e que sempre expressou sua *grande aversão* à mistura do sangue branco e do sangue negro, que achava moralmente repugnante. Ele acreditava que, se algum dia os escravos fossem libertados, haveria que evitar o perigo da contaminação *transportando-os para longe de qualquer risco de mistura.*

Em 1802, o jornalista James Callender publicou no *Recorder* de Richmond um artigo que repetia o que todo mundo sabia: o presidente Jefferson era o pai dos filhos de sua escrava Sally.

## Morra o chá, viva o café

A coroa britânica havia decretado que suas colônias deviam pagar um imposto impagável. Em 1773, os furiosos colonos do norte da América jogaram quarenta toneladas de chá, vindas de Londres, no fundo da baía do porto. A operação foi comicamente chamada de *Boston Tea Party*. E desatou-se a guerra de independência.

O café se transformou em um emblema pátrio, embora de produto pátrio não tivesse nada. Havia sido descoberto, sabe-se lá quando, em uma montanha da Etiópia, onde as cabras comeram uns frutos vermelhos que as botaram bailando a noite inteira, e após uma viagem de séculos tinha chegado às ilhas do Caribe.

Em 1776, as cafeterias de Boston se transformaram em centros de conspiração contra a coroa britânica. E mal se proclamou a independência, o presidente Washington recebia as pessoas numa cafeteria que vendia escravos e café cultivado por escravos nas ilhas do Caribe.

Um século depois, os conquistadores do *Far West* tomavam café, e não chá, à luz das fogueiras de seus acampamentos.

## Em Deus confiamos?

Os presidentes dos Estados Unidos costumam falar com Deus, embora nenhum deles tenha revelado se essa conversa é por e-mail, fax, telefone ou telepatia. Com ou sem sua aprovação, no ano de 2006 Deus foi proclamado presidente do Partido Republicano no Texas.

E no entanto, o Todo-Poderoso, que agora aparece até nos dólares, brilhava pela ausência nos tempos da independência. A primeira Constituição sequer o mencionava. Quando alguém perguntou por quê, Alexander Hamilton explicou:

– *Não precisamos de ajuda externa.*

Em seu leito de agonia, George Washington não quis orações, nem sacerdote, nem pastor, nem nada.

Benjamin Franklin dizia que as revelações divinas eram pura superstição.

*Minha própria mente é a minha Igreja*, afirmava Thomas Paine, e o presidente John Adams acreditava que *este seria o melhor dos mundos possíveis se não existisse religião.*

Segundo Thomas Jefferson, os sacerdotes católicos e os pastores protestantes eram *adivinhos* e *negromantes* que haviam dividido a humanidade em duas metades, uma feita de tontos e a outra, de hipócritas.

## Um prólogo da revolução francesa

Pela rua principal de Abbeville passou a procissão.

Das calçadas, todos tiravam o chapéu à passagem da hóstia, erguida sobre as cruzes e os santos. Todos, menos três rapazes que estavam com os olhos postos no público feminino e não perceberam nada.

E foram denunciados. Eles não apenas tinham se negado a descobrir a cabeça diante da carne branca de Jesus, como além do mais haviam dirigido sorrisos zombeteiros a ela. E as testemunhas acrescentaram outras evidências graves: a hóstia tinha sido quebrada, para fazê-la sangrar, e uma cruz de madeira tinha aparecido, mutilada, numa vala do caminho.

O tribunal concentrou os raios da ira sobre um dos três rapazes, Jean François La Barre. Embora tivesse acabado de fazer vinte anos, esse insolente se jactava de ter lido Voltaire e desafiava os juízes com sua estúpida arrogância.

No dia da execução, certa manhã do ano de 1766, ninguém deixou de ir até a praça do mercado. Jean François subiu ao cadafalso com um cartaz pendurado no pescoço:

*Ímpio, blasfemador, sacrílego, execrável, abominável.*

E o verdugo arrancou a língua do condenado e cortou seu pescoço e partiu seu corpo e atirou seus pedaços na fogueira. E com seus pedaços jogou ao fogo alguns livros de Voltaire, para que juntos ardessem autor e leitor.

## Aventuras da razão em tempos de cerração

Vinte e sete volumes.

A cifra não impressiona muito, se forem levados em conta os 745 volumes da enciclopédia chinesa, publicada poucos anos antes.

Mas a enciclopédia francesa, *l'Encyclopédie*, marcou com seu selo o Século das Luzes, que de alguma forma deve a ela o seu nome. O papa de Roma ordenou queimá-la e determinou a excomunhão de quem tivesse algum exemplar da obra blasfema. Os autores, Diderot, D'Alembert, Jaucourt, Rousseau, Voltaire e alguns outros, se arriscaram a padecer, ou padeceram, no cárcere ou no exílio para que seu grande trabalho coletivo pudesse influenciar, como influenciou, a história seguinte das nações europeias.

Dois séculos e meio depois, esse convite ao pensamento continua sendo assombroso. Algumas definições, retiradas de suas páginas ao acaso:

Autoridade: *nenhum homem recebeu da natureza o direito de mandar nos outros.*

Censura: *não há nada mais perigoso para a fé que fazê-la depender de uma opinião humana.*

Clitóris: *centro do prazer sexual da mulher.*

Cortesão: *aplica-se aos que foram colocados entre os reis e a verdade, com o fim de impedir que a verdade chegue aos reis.*

Homem: *o homem não vale nada sem a terra. A terra não vale nada sem o homem.*

Inquisição: *montezuma foi condenado por sacrificar prisioneiros aos seus deuses. O que diria ele se tivesse visto um auto de fé?*

Escravidão: *comércio odioso, contra a lei natural, no qual alguns homens compram e vendem outros como se fossem animais.*

Orgasmo: *existe alguma coisa que mereça tanto ser alcançada?*

Usura: *os judeus não praticavam a usura. Foi a opressão cristã que forçou os judeus a se transformarem em agiotas.*

## Mozart

O homem que foi música criava todo dia e toda noite e além do dia e da noite, como quem corre contra a morte, sabendo que ela o levaria dali a pouco.

Em ritmo de febre compunha suas obras, uma atrás da outra, e em suas partituras deixava linhas nuas que abriam espaço para improvisar no piano suas aventuras de liberdade.

Não se sabe de onde tirava tempo, mas em sua vida fugaz passou longas horas enfiado nos livros de sua vasta biblioteca ou enredado em animadas discussões com gente muito malvista pela polícia imperial, como Joseph von Sonnenfels, o jurista que conseguiu que em Viena fosse proibida a tortura pela primeira vez na Europa. Seus amigos eram inimigos do despotismo e da estupidez. Filho do Século das Luzes, leitor da enciclopédia francesa, Mozart compartilhou as ideias que sacudiram sua época.

Aos vinte e cinco anos perdeu seu emprego de músico do rei, e nunca mais voltou à corte. Desde então, viveu de seus concertos e da venda de suas obras, que eram muitas e tinham muito valor, mas pouco preço.

Foi um artista independente, quando a independência era coisa rara, e isso lhe custou caro. Por castigo de sua liberdade, morreu afogado em dívidas: tanta música lhe devia o mundo, e ele morreu devendo.

## Perucas

Na corte de Versalhes, mais de cem *perruquiers* cuidavam desses artifícios, que de um salto haviam atravessado o Canal da Mancha para aterrissar nos crânios do rei da Inglaterra, do duque de York e de outros traficantes de escravos que impunham a moda francesa à alta nobreza britânica.

As perucas masculinas tinham nascido na França para exibir privilégio de classe, e não para ocultar a calvície. As de cabelo natural, regadas de talco, eram as mais caras, e as que mais horas de trabalho exigiam cada manhã.

Classe alta, altas torres: as damas, ajudadas pelos postiços, que agora se chamam apliques, exibiam complicadas armações de arame que elevavam suas cabeças em andares sucessivos, exuberantes de plumas e flores. O teto capilar podia ser decorado por barquinhos a vela ou granjas com animaizinhos e tudo.

Não era nada fácil construir tudo aquilo, e mantê-lo na cabeça era uma façanha. E como se fosse pouco, elas deviam dar seus jeitos para se moverem metidas em enormes saias-balão que as obrigavam a caminhar chocando-se.

O penteado e o vestido ocupavam quase o tempo todo e toda a energia da aristocracia. O resto era consagrado aos banquetes. Tanto sacrifício havia deixado exaustos damas e cavalheiros. Escassa resistência encontrou a revolução francesa quando os fez engasgar nas comilanças e suprimiu as perucas e as saias-balão.

## A desprezível mão humana

Em 1783, o rei da Espanha decretou que os ofícios manuais não eram desprezíveis.

Até aquele momento, não merecia ser tratado por *dom* quem tivesse vivido ou vivesse do trabalho de suas mãos, nem quem tivesse pai, mãe ou avós dedicados a ofícios baixos e vis.

Desempenhavam ofícios baixos e vis
os que trabalhavam a terra,
os que trabalhavam a pedra,
os que trabalhavam a madeira,
os que vendiam a varejo,
os alfaiates,
os barbeiros,
os vendedores de especiarias
e os sapateiros.
Esses seres degredados pagavam impostos.
Por seu lado, estavam isentos de impostos
os militares,
os nobres
e os padres.

## A revolucionária mão humana

Em 1789, a prisão da Bastilha foi atacada, e conquistada, por um povo em fúria.

E na França inteira os produtores se sublevaram contra os parasitas. A população se negou a continuar pagando tributos e dízimos que tinham engordado a monarquia, a aristocracia e a Igreja, veneráveis instituições nas quais ninguém tinha conseguido encontrar, jamais, utilidade alguma.

O rei e a rainha fugiram. A carruagem tomou o rumo norte, até a fronteira. Os principezinhos iam vestidos de meninas. A tutora, disfarçada de baronesa, usava um passaporte russo. O rei, Luís XVI, era o seu mordomo. A rainha, Maria Antonieta, sua mucama.

Tinha caído a noite quando chegaram a Varennes.

De repente, uma multidão emergiu das sombras, rodeou a carruagem, agarrou os monarcas e devolveu-os a Paris.

## Maria Antonieta

Era pouca a importância do rei. A rainha, Maria Antonieta, era a odiada. Odiada por ser estrangeira, porque bocejava durante as cerimônias reais, porque não usava espartilho e porque tinha amantes. E pelo seu esbanjamento. Era chamada de *Madame Déficit.*

Foi muito concorrido, o espetáculo. A multidão rugiu uma ovação quando a cabeça de Maria Antonieta rodou aos pés do carrasco.

A cabeça nua. Sem colar algum.

A França inteira estava convencida de que a rainha havia comprado a joia mais cara da Europa, um colar de 647 diamantes. Todo mundo também acreditava que ela tinha dito que, se o povo não tinha pão, que comesse brioches.

## A Marselhesa

O hino mais famoso do mundo nasceu de um famoso momento da história universal. Mas também nasceu da mão que o escreveu e da boca que pela primeira vez o cantarolou: a mão e a boca de seu nada famoso autor, o capitão Rouget de Lisle, que o compôs numa noite.

A letra foi ditada pelas vozes da rua, e a música brotou como se o autor a tivesse dentro dele, desde sempre, esperando para sair.

Corria o ano de 1792, horas turbulentas: as tropas prussianas avançavam contra a revolução francesa. Discursos inflamados e declarações alvoroçavam as ruas de Estrasburgo.

– *Às armas, cidadãos!*

Em defesa da revolução acossada, o recém-recrutado exército do Reno partiu rumo à frente de batalha. O hino de Rouget deu brio às tropas. Soou, emocionou; e alguns meses depois reapareceu, sabe-se lá como, na outra ponta da França. Os voluntários de Marselha marcharam para o combate cantando essa canção poderosa, que passou a se chamar "A Marselhesa", e a França inteira fez coro. E o povo invadiu, cantando, o palácio das Tulherias.

O autor foi preso. O capitão Rouget era suspeito de traição à pátria, porque tinha cometido a insensatez de divergir de dona Guilhotina, a mais afiada ideóloga da revolução.

No fim, saiu do cárcere. Sem uniforme, sem salário.

Durante anos arrastou sua vida, comido pelas pulgas, perseguido pela polícia. Quando dizia que era o pai do hino da revolução, todo mundo ria na sua cara.

## Hinos

O primeiro hino nacional de que se tem notícia nasceu na Inglaterra, de pais desconhecidos, em 1745. Seus versos anunciavam que o reino ia esmagar os rebeldes escoceses, para desmontar *os truques desses bribões.*

Meio século depois, "A Marselhesa" advertia que a revolução ia *regar os campos da França com o sangue impuro dos invasores.*

No começo do século XIX, o hino dos Estados Unidos profetizava sua vocação imperial, abençoada por Deus: *conquistar devemos, quando nossa causa for justa.* E nos finais desse século, os alemães consolidavam sua tardia união nacional erguendo 327 estátuas do imperador Guilherme e 470 do príncipe Bismarck, enquanto cantavam o hino que punha a Alemanha *über alles*, acima de todos.

Como regra geral, os hinos confirmam a identidade de cada nação através de ameaças, de insultos, do autoelogio, da louvação da guerra e do honroso dever de matar e morrer.

Na América Latina, essas liturgias, consagradas aos louros dos próceres, parecem obra dos empresários de pompas fúnebres:

o hino uruguaio nos convida a escolher entre a pátria e a tumba

e o paraguaio, entre a república e a morte,

o argentino nos exorta a jurar que com glória morreremos,

o chileno anuncia que sua terra será a tumba dos livres,

o guatemalteco convoca a vencer ou morrer,

o cubano garante que morrer pela pátria é viver,

o equatoriano comprova que o holocausto dos heróis é germe fecundo,

o peruano exalta o terror de seus canhões,

o mexicano aconselha a empapar os pátrios pendões em ondas de sangue,

e em sangue de heróis se banha o hino colombiano, que com geográfico entusiasmo combate nas Termópilas.

## Olympia

São femininos os símbolos da revolução francesa, mulheres de mármore ou de bronze, poderosas tetas nuas, gorros frígios, bandeiras ao vento.

Mas a revolução proclamou a Declaração dos Direitos do Homem e do Cidadão, e quando a militante revolucionária Olympia de Gouges propôs a Declaração dos Direitos da Mulher e da Cidadã, foi presa, o Tribunal Revolucionário a condenou e a guilhotina cortou sua cabeça.

Ao pé do cadafalso, Olympia perguntou:

– *Se nós, mulheres, estamos capacitadas para subir até a guilhotina, por que não podemos subir até as tribunas públicas?*

Não podiam. Não podiam falar, não podiam votar. A Convenção, o Parlamento revolucionário, tinha fechado todas as associações políticas femininas e havia proibido que as mulheres discutissem com os homens em pé de igualdade.

As companheiras de luta de Olympia de Gouges foram trancadas no manicômio. E pouco depois de sua execução foi a vez de Manon Roland. Manon era a esposa do ministro do Interior, mas nem isso a salvou. Foi condenada por *sua antinatural tendência à atividade política.* Ela havia traído sua natureza feminina, feita para cuidar do lar e parir filhos valentes, e tinha cometido a insolência mortal de meter o bedelho nos masculinos assuntos de Estado.

E a guilhotina tornou a cair.

## A guilhotina

Uma alta porta sem porta, um batente vazio. No alto, suspensa, a lâmina mortal.

Teve vários nomes: a Máquina, a Viúva, a Barbeadora. Quando decapitou o rei Luís, passou a se chamar Luisinha. E finalmente foi batizada, para sempre, de Guilhotina.

Em vão foram os protestos de Joseph Guillotin. Mil vezes alegou que não era filha dele essa carrasca que semeava terror e atraía multidões. Ninguém escutava as razões daquele médico, inimigo jurado da pena de morte: dissesse o que dissesse, todo mundo continuava acreditando que ele era o pai da atriz principal do espetáculo mais popular das praças de Paris.

E todo mundo também acreditou, e continua acreditando, que Guillotin morreu guilhotinado. Na verdade, ele exalou o último suspiro na paz do leito, com a cabeça bem colada no corpo.

A guilhotina trabalhou até 1977, quando um modelo ultrarrápido, de comando elétrico, executou um imigrante árabe no pátio da prisão de Paris.

## A revolução perdeu a cabeça

Para sabotar a revolução, os donos da terra incendiavam as próprias colheitas. O fantasma da fome rondava as cidades. Os reinos da Áustria, Prússia, Inglaterra, Espanha e Holanda se erguiam em pé de guerra contra a contagiosa Revolução Francesa, que ofendia as tradições e ameaçava a santíssima trindade da coroa, da peruca e da batina.

Acossada por dentro e por fora, a revolução fervia. O povo era o público que via o que estava sendo feito em seu nome. Pouca gente assistia aos debates. Não dava tempo. Era preciso fazer fila para comer.

As divergências conduziam ao cadafalso. Todos os dirigentes da Revolução Francesa eram inimigos da monarquia, mas alguns tinham um rei dentro, e por direito revolucionário, novo direito divino, eram donos da verdade absoluta e exigiam o poder absoluto. E quem ousasse discordar era contrarrevolucionário, aliado do inimigo, espião estrangeiro e traidor da causa.

Marat salvou-se da guilhotina porque uma senhora maluca apunhalou-o enquanto ele tomava banho.

Saint-Just, inspirado por Robespierre, acusou Danton.

Danton, condenado à morte, pediu que não esquecessem de exibir sua cabeça à curiosidade pública e deixou seu par de bolas, como herança, para Robespierre. Disse que ia precisar.

Sem querer nem saber, a república, caótica, desesperada, trabalhava pela restauração do poder monárquico. A revolução que tinha anunciado liberdade, igualdade e fraternidade acabou abrindo caminho para o despotismo de Napoleão Bonaparte, que fundou sua própria dinastia.

## Büchner

Em 1835, os jornais alemães publicaram este anúncio das autoridades:

> PROCURA-SE
>
> Georg Büchner, estudante de medicina de Darmstadt, 21 anos de idade, olhos cinzentos, testa proeminente, nariz grande, boca pequena, míope.

Büchner, agitador social, organizador de camponeses pobres, traidor da sua classe, fugia da polícia.

Pouco depois, aos vinte e três anos, morreu.

Morreu de febres: tanta vida em tão pouco tempo. Entre salto e salto de sua vida fugitiva, Büchner escreveu, com um século de antecipação, as obras que iam fundar o teatro moderno: *Woyzzek*, *Leôncio e Lena*, *A morte de Danton*.

Em *A morte de Danton*, esse revolucionário alemão teve a coragem de pôr em cena, tirado da dor e sem consolo, o trágico destino da Revolução Francesa, que tinha começado anunciando *o despotismo da liberdade* e tinha acabado impondo o despotismo da guilhotina.

## A maldição branca

Os escravos negros do Haiti propinaram tremenda sova no exército de Napoleão Bonaparte; e em 1804 a bandeira dos homens livres ergueu-se sobre as ruínas.

Mas o Haiti foi, desde o começo, um país arrasado. Nos altares das plantações francesas de açúcar tinham sido imoladas terras e braços, e as calamidades da guerra haviam exterminado um terço da população.

O nascimento da independência e a morte da escravidão, façanhas negras, foram humilhações imperdoáveis para os brancos donos do mundo.

Dezoito generais de Napoleão tinham sido enterrados na ilha rebelde. A nova nação, parida em sangue, nasceu condenada ao bloqueio e à solidão: dali ninguém comprava nada, para lá ninguém vendia nada, ninguém a reconhecia. Por ter sido infiel ao amo colonial, o Haiti foi obrigado a pagar uma indenização gigantesca para a França. Essa expiação do pecado da dignidade, que ficou pagando durante cerca de um século e meio, foi o preço que a França impôs para dar seu reconhecimento diplomático ao novo país.

Ninguém mais o reconheceu. Nem a Grã-Colômbia de Simón Bolívar, embora lhe devesse tudo. O Haiti havia dado a Bolívar barcos, armas e soldados, com a única condição de que libertasse os escravos, uma ideia que ainda não tinha passado pela cabeça do Libertador. Depois, quando Bolívar triunfou em sua guerra de independência, esqueceu essa ajuda, e até se negou a convidar o Haiti ao congresso das novas nações americanas.

O Haiti continuou sendo o leproso das Américas.

Thomas Jefferson havia advertido, desde o princípio, que era preciso confinar a peste naquela ilha, porque dali vinha o mau exemplo.

A peste, o mau exemplo: desobediência, caos, violência. Na Carolina do Sul, a lei permitira encarcerar qualquer marinheiro negro, enquanto seu barco estivesse no porto, pelo risco de que pudesse se contagiar com a febre antiescravagista que ameaçava todas as Américas. No Brasil, essa febre era chamada de *haitianismo.*

## Toussaint

Nasce escravo, filho de escravos.

É raquítico e feio.

Passa a infância conversando com cavalos e plantas.

Os anos fazem dele cocheiro do amo e médico de seus jardins.

Não matou nem uma mosca quando as coisas da guerra o colocam onde está. Agora é chamado de Toussaint L'Ouverture, porque a golpes de espada abre as defesas inimigas. Esse general improvisado doutrina seus soldados, escravos analfabetos, explicando a eles o porquê e o como da revolução, através de contos que aprendeu ou inventou quando era menino.

Em 1803, o exército francês já está nas últimas.

O general Leclerc, cunhado de Napoleão, oferece a ele:

– *Vamos conversar.*

Toussaint concorda.

É preso, acorrentado, embarcado.

Preso no castelo mais frio da França, de frio morre.

## As muitas mortes da escravidão

Consulte qualquer enciclopédia. Pergunte qual foi o primeiro país que aboliu a escravidão. A enciclopédia responderá: a Inglaterra.

É verdade que um belo dia o império britânico, campeão mundial do tráfico negreiro, mudou de opinião, quando ao fazer as contas notou que a venda de carne humana já não era tão rentável. Mas Londres descobriu que a escravidão era ruim em 1807, e a notícia foi tão pouco convincente que trinta anos depois foi preciso repeti-la duas vezes.

Também é verdade que a Revolução Francesa tinha libertado os escravos das colônias, mas o decreto libertador, que se chamou de *imortal*, morreu pouco depois, assassinado por Napoleão Bonaparte.

O primeiro país livre, verdadeiramente livre, foi o Haiti. Aboliu a escravidão três anos antes que a Inglaterra, numa noite iluminada pelo sol das fogueiras, enquanto celebrava sua recém-conquistada independência e recuperava seu esquecido nome indígena.

## A morta que fala

A abolição da escravatura também foi se repetindo, ao longo de todo o século XIX, nas novas pátrias latino-americanas.

A repetição era a prova da sua impotência. Em 1821, Simón Bolívar declarou a morte da escravidão. Trinta anos depois, a defunta continuava gozando de boa saúde, e novas leis de abolição foram decretadas na Colômbia e na Venezuela.

Nos dias em que foi promulgada a Constituição de 1830, os jornais do Uruguai publicavam ofertas como estas:

*Vende-se muito barato um negro sapateiro.*

*Vende-se uma criada recém-parida, própria para ama.*

*Vende-se uma negra jovem, de dezessete anos, sem vícios.*

*Vende-se uma parda muito ladina para qualquer trabalho de fazenda, e um tacho grande.*

Cinco anos antes, em 1825, havia sido promulgada a primeira lei uruguaia contra a venda de gente, que precisou ser repetida em 1842, 1846 e 1853.

O Brasil foi o último país das Américas e o penúltimo do mundo. Lá, houve escravidão legal até o final do século XIX. Depois também houve, mas ilegal; e continua havendo. Em 1888, o governo brasileiro mandou queimar toda a documentação existente sobre o assunto. Assim, o trabalho escravo foi oficialmente apagado da história pátria. Morreu sem ter existido, e existe apesar de ter morrido.

## As idades de Iqbal

No Paquistão, como em outros países, a escravidão sobrevive.

As crianças pobres são objetos descartáveis.

Quando Iqbal Maiz tinha quatro anos, seus pais o venderam por quinze dólares.

Foi comprado por um fabricante de tapetes. Acorrentado ao tear, trabalhava catorze horas por dia. Aos dez anos, Iqbal tinha costas de corcunda e pulmões de velho.

Então fugiu e viajou e se transformou no porta-voz das crianças escravas do Paquistão.

Em 1995, quando tinha doze anos, um tiro derrubou-o da bicicleta.

## Proibido ser mulher

Em 1804, Napoleão Bonaparte consagrou-se imperador e decretou um Código Civil, o chamado Código Napoleão, que ainda serve de modelo jurídico no mundo inteiro.

Essa obra-prima da burguesia no poder consagrou a dupla moral e elevou o direito de propriedade ao mais alto posto no altar das leis.

As mulheres casadas foram privadas de direitos, como as crianças, os criminosos e os débeis mentais. Elas deviam obediência ao marido. Ficavam obrigadas a segui-lo, aonde quer que fosse, e necessitavam de sua autorização para quase tudo, exceto para respirar.

O divórcio, que a Revolução Francesa havia reduzido a um trâmite simples, foi limitado por Napoleão às faltas graves. O marido podia se divorciar por adultério da esposa. A esposa só podia se divorciar se o entusiasta tivesse deitado sua amante no leito conjugal.

O marido adúltero pagava uma multa, na pior das hipóteses. As esposas adúlteras iam para a cadeia, em qualquer hipótese.

O código não outorgava permissão para matar a infiel se fosse surpreendida no ato. Mas quando o marido traído a executava, os juízes, sempre homens, assoviavam e olhavam de lado.

Essas disposições, esses costumes, regeram a França durante mais de século e meio.

## A arte oficial na França

Em plena conquista da Europa, à frente de seu imenso exército, Napoleão cruzou os Alpes.

Foi pintado por Jacques Louis David.

No quadro, Napoleão exibe seu vistoso uniforme de gala de general-comandante do exército francês. A capa dourada ondula, com oportuna elegância, ao vento. Ele alça a mão, apontando para o céu. O brioso corcel branco, crinas e cauda com cachos de cabeleireiro, acompanha o gesto erguendo-se sobre duas patas. As rochas do solo têm gravados os nomes de Bonaparte e seus colegas Aníbal e Carlos Magno.

Na verdade, Napoleão não estava usando uniforme militar. Ele atravessou aquelas alturas geladas tremendo de frio, embrulhado num grosso abrigo cinza que tapava seus olhos, no lombo de uma mula parda que fazia o possível para não cair nas escorregadias rochas anônimas.

## Beethoven

Viveu uma infância prisioneira, e acreditou na liberdade como se fosse religião.

Por ela dedicou a Napoleão sua terceira sinfonia e depois apagou a dedicatória,

inventou música sem medo do que será que vão dizer,

zombou dos príncipes,

viveu em perpétuo desacordo com todo mundo,

foi sozinho e pobre, e precisou mudar de casa mais de sessenta vezes.

E odiou a censura.

A censura mudou o nome da "Ode à liberdade", do poeta Friedrich Von Schiller, que passou a ser a "Ode à alegria" da Nona Sinfonia.

Na estreia da Nona, em Viena, Beethoven se vingou. Regeu a orquestra e o coro com brio tão desenfreado que a censurada "Ode" se transformou num hino à alegria da liberdade.

A obra já tinha terminado e ele continuava de costas para o público, até que alguém o fez virar e ele pôde ver a ovação que não conseguia escutar.

## Fundação das agências de notícias

Napoleão foi definitivamente aniquilado pelos ingleses na Batalha de Waterloo, ao sul de Bruxelas.

O marechal Arthur Wellesley, duque de Wellington, reivindicou a vitória, mas o vencedor foi o banqueiro Nathan Rothschild, que não disparou nem um tiro e estava muito longe dali.

Rothschild operou no comando de uma minúscula tropa de pombos-correio. Os pombos, velozes e bem-amestrados, levaram a notícia para ele em Londres. Ele soube antes de qualquer um que Napoleão havia sido derrotado, mas fez correr a voz de que a vitória francesa tinha sido fulminante, e confundiu o mercado livrando-se de tudo o que fosse britânico: bônus, ações, dinheiro. Num piscar de olhos todos o imitaram, porque ele sempre sabia o que fazia, e a preço de lixo venderam os valores da nação que achavam que tinha sido vencida. E então Rothschild comprou tudo. Comprou tudo, a troco de nada.

Assim a Inglaterra triunfou no campo de batalha e foi derrotada na Bolsa de Valores.

O banqueiro Rothschild multiplicou sua fortuna por vinte e se transformou no homem mais rico do mundo.

Alguns anos depois, em meados do século XIX, nasceram as primeiras agências internacionais de notícias: a Havas, que agora se chama France Presse, a Reuters, a Associated Press...

Todas usavam pombos-correio.

## Fundação do *croissant*

Napoleão, símbolo da França, nasceu na Córsega. Seu pai, inimigo da França, o batizou Napoleone.

Outro símbolo da França, o *croissant*, nasceu em Viena. Não à toa tem nome e forma de lua crescente. A lua crescente era, e é, o símbolo da Turquia. As tropas turcas haviam sitiado Viena. A cidade rompeu o cerco, num dia de 1683, e naquela mesma noite, no forno de uma confeitaria, Peter Wender inventou o *croissant*: para comer os vencidos.

E Franz Georg Koltschitzky, um cossaco que tinha lutado por Viena, pediu como recompensa as sacas de grão de café que os turcos haviam abandonado na retirada, e abriu a primeira cafeteria da cidade: para beber os vencidos.

## Fundação da mesa francesa

Jean Anthelme Brillat-Savarin, revolucionário desiludido, e Grimod de la Reynière, monarquista nostálgico, fundaram a mesa que hoje é o emblema da França.

A revolução já tinha ficado para trás, os servos já tinham mudado de senhores. Uma nova ordem nascia, uma nova classe mandava, e eles se dedicaram a educar os paladares da burguesia triunfante.

A Brillat-Savarin, autor do primeiro tratado de gastronomia, é atribuída a frase: *diz-me o que comes e te direi quem és*, que foi tão repetida por tantos, e também: *um prato novo contribui mais para a felicidade humana que uma nova estrela.* Sua sabedoria provinha de Aurora, sua mãe, uma especialista que aos noventa e nove anos morreu à mesa: sentiu-se mal, bebeu um gole de vinho e suplicou que trouxessem urgente a sobremesa.

Grimod de la Reynière foi o fundador do jornalismo gastronômico. Seus artigos, publicados em jornais e almanaques, orientaram as cozinhas dos restaurantes onde a arte do bem comer havia deixado de ser um luxo reservado aos salões da nobreza. Não tinha mãos o que mais mão tinha: Reynière, o grande mestre da pluma e da concha, tinha nascido sem mãos, e com ganchos escrevia, cozinhava e comia.

## Goya

Em 1814, Fernando VII posou para Francisco de Goya. Isso não tinha nada de mais. Goya, artista oficial da coroa espanhola, estava pintando o retrato do novo monarca. Mas o artista e o rei se detestavam.

O rei suspeitava, e com toda razão, que aquela pintura cortesã era mentirosamente amável. O artista não tinha outra saída a não ser cumprir com o seu trabalho ganha-pão, que dava de comer e oferecia uma boa armadura contra os embates da Santa Inquisição. Ao Tribunal de Deus sobrava vontade de queimar vivo o autor de *La maja desnuda* e de numerosas obras que zombavam da virtude dos freis e da bravura dos guerreiros.

O rei tinha o poder e o artista não tinha nada. Fernando havia chegado ao trono para restabelecer a Inquisição e os privilégios do senhorio, no andar de uma multidão que o aclamava gritando:

– *Viva as correntes!*

Mais cedo que tarde, Goya perdeu seu posto de pintor do rei, e foi substituído por Vicente López, obediente burocrata do pincel.

Então o artista desempregado buscou refúgio numa chácara, nas margens do rio Manzanares, e naquelas paredes nasceram as obras-primas da chamada *pintura negra.*

Goya pintou-as para ele, por puro gosto ou desgosto, nas noites de solidão e desespero, à luz das velas que transformavam seu chapéu num ouriço.

E assim esse surdo de surdez total foi capaz de escutar as vozes rotas de seu tempo, e deu a elas forma e cor.

## Mariana

Em 1814, o rei Fernando matou a Pepa.

Pepa era o nome que o povo dava à Constituição de Cádiz, que dois anos antes tinha abolido a Inquisição e havia consagrado a liberdade de imprensa, o direito de voto e outras insolências.

O rei decidiu que a Pepa não tinha existido. Declarou--a *nula e de valor algum nem efeito, como se tais atos jamais tivessem ocorrido, que deviam ser arrancados do meio do tempo.*

E depois, para arrancar do meio do tempo os inimigos do despotismo monárquico, foram erguidos patíbulos por toda a Espanha.

Certa manhã de 1831, bem cedinho, diante de uma das portas da cidade de Granada, o verdugo deu voltas no torniquete até que o colar de ferro quebrou o pescoço de Mariana Pineda.

Mariana não era inocente. Por bordar uma bandeira, por não delatar os conspiradores da liberdade e por negar o favor de seus amores ao juiz que a condenou.

Mariana teve vida breve. Gostava das ideias proibidas, dos homens proibidos, das mantilhas negras, de chocolate e das canções suaves.

## Leques

*As liberalas*, que eram chamadas desse jeito pelos policiais de Cádiz, conspiravam em código.

De suas avós andaluzas tinham aprendido a linguagem secreta do leque, que servia tanto para desobedecer ao marido como ao rei: aqueles lentos movimentos e súbitas acelerações, aquelas ondulações, aquele bater de asas.

Se as damas afastavam os cabelos da testa com o leque fechado, diziam: *não me esqueça.*

Se escondiam os olhos atrás do leque aberto: *te amo.*

Se abriam o leque sobre os lábios: *me beija.*

Se apoiavam os lábios sobre o leque fechado: *não confio.*

Se com um dedo roçavam as varetinhas: *precisamos conversar.*

Se abanando-se chegavam perto da varanda: *nos vemos lá fora.*

Se fechavam o leque ao chegar: *hoje não posso sair.*

Se era com a mão esquerda que se abanavam: *não acredite nisso.*

## A arte oficial da Argentina

25 de maio de 1810: chove em Buenos Aires. Debaixo do guarda-chuva, há uma multidão de chapéus de copa. Distribuem-se fitinhas azuis e brancas. Reunidos na que hoje se chama Praça de Maio, os senhores de casaca clamam viva a pátria e exigem que o vice-rei se vá.

Na verdade verdadeira, não maquiada pelas litografias escolares, não houve chapéus de copa, nem fitinhas, nem casacas, e parece que não houve nem chuva e muito menos guarda-chuva. Houve um coro de gente recrutada para apoiar, do lado de fora, os poucos que dentro do Cabildo discutiam a independência.

Esses poucos, armazeneiros, contrabandistas, ilustrados doutores e chefes militares, foram os próceres que deram nome às avenidas e ruas principais.

Mal declararam a independência, implantaram o livre-comércio.

E assim o porto de Buenos Aires assassinou na matriz a indústria nacional, que estava nascendo em fiações, tecelagens, destilarias, talabartarias e outras fábricas artesanais de Córdoba, Catamarca, Tucumán, Santiago del Estero, Corrientes, Salta, Mendoza, San Juan...

Poucos anos depois, o chanceler britânico George Canning brindou celebrando a liberdade das colônias espanholas:

– *A Hispano-América é inglesa* – comprovou, erguendo a taça.

Eram inglesas até as pedras das calçadas.

## A independência que não houve

Assim acabaram seus dias os heróis da emancipação latino-americana:

*Fuzilados:* Miguel Hidalgo, José María Morelos, José Miguel Carrera e Francisco de Morazán.

*Assassinado:* Antonio José de Sucre.

*Enforcado e esquartejado:* Tiradentes.

*Exilados:* José Artigas, José de San Martín, Andrés de Santa Cruz e Ramón Betances.

*Encarcerados:* Toussaint L'Ouverture e Juan José Castelli.

José Martí caiu em batalha.

Simón Bolívar morreu na solidão.

No dia 10 de agosto de 1809, enquanto a cidade de Quito celebrava a libertação, alguma mão anônima tinha escrito num muro:

*Último dia do despotismo e primeiro do cinismo.*

Dois anos depois, Antonio Nariño comprovou em Bogotá:

– *Trocamos de amos.*

## O perdedor

Pregou no deserto e morreu sozinho.

Simón Rodríguez, que tinha sido professor de Bolívar, andou meio século pelos caminhos da nossa América, em lombo de mula, fundando escolas e dizendo o que ninguém queria escutar.

* Sobre a independência: *somos independentes, mas não somos livres. Faça-se alguma coisa por esses pobres povos que vieram a ser menos livres que antes. Antes tinham um rei pastor, que não os comia antes que estivessem mortos. Agora são comidos vivos pelo primeiro que chegar.*
* Sobre o colonialismo mental: *a sabedoria da Europa e a prosperidade dos Estados Unidos são, na nossa América, dois inimigos da liberdade de pensar. Nada querem as novas repúblicas admitir, que não traga permissão... Imitem a originalidade, já que tratam de imitar tudo!*
* Sobre o colonialismo comercial: *uns tomam por prosperidade ver seus portos cheios de barcos... alheios, e suas casas transformadas em armazéns de produtos... alheios. A cada dia chega uma nova remessa de roupa feita, e até de gorros para os índios. Dentro de pouco veremos pacotinhos dourados, com as armas da coroa, contendo argila preparada "por novos procedimentos" para os rapazes acostumados a comer terra.*
* Sobre a educação popular: *mandar recitar de cor o que não se entende é fazer papagaios. Ensinem as crianças a ser perguntadoras, para que se acostumem a obedecer à razão: não à autoridade como os limitados, nem ao costume como os estúpidos. A quem não sabe, qualquer um engana. Ao que não tem, qualquer um compra.*

## Artigas

A arquitetura da morte é uma especialidade militar.

Em 1977, a ditadura uruguaia ergueu um monumento fúnebre em memória de José Artigas.

Essa enorme extravagância foi um cárcere de luxo: havia bem fundamentadas suspeitas de que o herói poderia escapar, um século e meio depois da sua morte.

Para decorar o mausoléu, e dissimular a intenção, a ditadura procurou frases do prócer. Mas o homem que tinha feito a primeira reforma agrária das Américas, o general que se fazia chamar de *cidadão Artigas*, havia dito que os mais infelizes deviam ser os mais privilegiados, havia afirmado que jamais venderia nosso rico patrimônio ao baixo preço da necessidade, e uma e outra vez tinha repetido que sua autoridade emanava do povo e diante do povo cessava.

Os militares não encontraram nenhuma frase que não fosse perigosa.

Decidiram que Artigas era mudo.

Nas paredes, de mármore negro, não há mais do que datas e nomes de batalhas.

## Dois traidores

Domingo Faustino Sarmiento odiou José Artigas. Não odiou ninguém com tanto ódio.

*Traidor da sua raça*, disse, e era verdade. Sendo branco e de olhos claros, Artigas lutou junto aos gaúchos mestiços e aos negros e aos índios. E foi vencido e rumou para o exílio e morreu na solidão e no esquecimento.

Sarmiento também era traidor da sua raça. Basta ver seus retratos. Em guerra contra o espelho, pregou e praticou o extermínio dos argentinos de pele escura, para substituí-los por europeus brancos e de olhos claros. E foi o presidente de seu país e egrégio prócer, glória e louvor, herói imortal.

## Constituições

A principal avenida de Montevidéu se chama 18 de Julho, em homenagem ao nascimento da Constituição do Uruguai, e o estádio onde se disputou o primeiro campeonato mundial de futebol foi construído para celebrar o primeiro século de vida dessa lei fundacional.

O texto magno de 1830, calcado no projeto da Constituição argentina, negava a cidadania às mulheres, aos analfabetos, aos escravos e a quem fosse *servente a soldo, peão diarista ou simples soldado de linha.* Apenas um em cada dez uruguaios teve o direito a ser cidadão do novo país, e noventa e cinco por cento não votaram nas primeiras eleições.

E assim foi por toda a América, de norte a sul. Todas as nossas nações nasceram mentidas. A independência renegou quem, lutando por ela, tinha apostado a vida; e as mulheres, os pobres, os índios e os negros não foram convidados para a festa. As constituições deram prestígio legal a essa mutilação.

A Bolívia levou 181 anos para perceber que era um país de ampla maioria indígena. A revelação ocorreu no ano de 2006, quando Evo Morales, índio aimara, conseguiu consagrar-se presidente por uma avalanche de votos.

Naquele mesmo ano, o Chile ficou sabendo que a metade dos chilenos era de chilenas, e Michelle Bachelet se tornou presidenta.

## A América segundo Humboldt

Enquanto o século XIX dava seus primeiros passos, Alexander von Humboldt entrou na América e descobriu suas entranhas. Anos depois, escreveu:

* Sobre as classes sociais: *o México é o país da desigualdade. Salta aos olhos a desigualdade monstruosa dos direitos e das fortunas. A pele mais ou menos branca decide a classe que o homem ocupa na sociedade.*

* Sobre os escravos: *em lugar algum nos envergonhamos tanto de ser europeus como nas Antilhas, sejam francesas, inglesas, dinamarquesas ou espanholas. Discutir sobre qual nação trata melhor os negros é como escolher entre ser apunhalado ou escalpelado.*
* Sobre os índios: *entre todas as religiões, nenhuma mascara tanto a infelicidade humana como a religião cristã. Quem visite os desafortunados americanos sujeitos ao açoite dos frades não irá tornar a querer saber mais dos europeus e de sua teocracia.*
* Sobre a expansão dos Estados Unidos: *as conquistas dos norte-americanos me desgostam muito. Desejo-lhes o pior no México tropical. E o melhor seria se ficassem em casa, em vez de difundir sua louca escravidão.*

## Fundação da ecologia

Esse alemão curioso e valente estava preocupado com o desenvolvimento sustentável, muito antes que isso se chamasse assim. Em todas as partes ficava maravilhado pela diversidade dos recursos naturais e horrorizado pelo pouco respeito com que eram tratados.

Na ilha Uruana, no rio Orinoco, Humboldt notou que os índios não recolhiam uma boa parte dos ovos que as tartarugas deixavam na praia, para que a reprodução continuasse, mas os europeus não tinham imitado esse bom hábito e sua voracidade estava extinguindo uma riqueza que a natureza havia posto ao alcance da mão.

Por que baixavam as águas no lago venezuelano de Valência? Porque as plantações coloniais haviam arrasado os bosques nativos. Humboldt dizia que as velhas árvores retardavam a evaporação da água da chuva, evitavam a erosão do solo e garantiam o equilíbrio harmonioso dos rios e das chuvas. Seu assassinato era a causa das secas ferozes e das inundações irrefreáveis:

– *Não apenas o lago de Valência* – dizia. – *Todos os rios da região estão cada vez menos caudalosos. A cordilheira está desmatada. Os colonos europeus destroem os bosques. Os rios secam, durante boa parte do ano, e quando chove na cordilheira se transformam em torrentes que arrasam os campos.*

## Apagaram a Bolívia do mapa

Numa noite de 1867, o embaixador do Brasil fixou no peito do ditador da Bolívia, Mariano Melgarejo, a Grã-Cruz da Ordem Imperial do Cruzeiro. Melgarejo tinha o costume de obsequiar pedaços do país a troco de condecorações ou cavalos. Naquela noite, saltaram suas lágrimas e deu de presente ao embaixador sessenta e cinco mil quilômetros quadrados de selva boliviana rica em borracha. Com esse presente, além de duzentos mil quilômetros de selva conquistados em guerra, o Brasil ficou com as árvores que choravam látex para o mercado mundial.

Em 1884, a Bolívia perdeu outra guerra, dessa vez contra o Chile. Foi chamada de Guerra do Pacífico, mas foi a Guerra do Salitre. O salitre, vasto tapete de brilhante brancura, era o mais cobiçado fertilizante da agricultura europeia e um ingrediente importante da indústria militar. O empresário inglês John Thomas North, que nas festas se fantasiava de Henrique VIII, devorou todo o salitre que tinha sido do Peru e da Bolívia. O Chile ganhou a guerra, e ele cobrou a vitória. O Peru perdeu muito e também perdeu muito a Bolívia, que ficou sem saída para o mar, sem quatrocentos quilômetros de costa, sem quatro portos, sem sete enseadas e sem cento e vinte mil quilômetros quadrados de desertos ricos em salitre.

Mas esse país tantas vezes mutilado não foi oficialmente apagado do mapa até ocorrer um incidente diplomático na cidade de La Paz.

Pode ser que sim, pode ser que não. Muitas vezes me contaram, e conto agora: Melgarejo, aquele ditador bêbado, deu as boas-vindas ao representante da Inglaterra oferecendo-lhe um copo de chicha, o milho fermentado que era e é a bebida nacional. O diplomata agradeceu e elogiou as virtudes da chicha, mas disse que preferia chocolate. Então o presidente ofereceu-lhe, amavelmente, uma enorme tina cheia de chocolate. O embaixador passou a noite inteira preso, obrigado a beber aquele castigo até a última gota, e ao amanhecer foi passeado num burro, montado ao contrário, pelas ruas da cidade.

Quando a rainha Vitória soube da história, em seu palácio de Buckingham, mandou trazer o mapa-múndi. Perguntou onde diabos ficava a Bolívia, riscou o país com uma cruz de giz e sentenciou:

*– A Bolívia não existe.*

## Comeram o mapa do México

Entre 1833 e 1855, Antonio López de Santa Anna foi onze vezes presidente do México.

Nesse período, o México perdeu o Texas, a Califórnia, o Novo México, o Arizona, Nevada, Utah e boa parte do Colorado e do Wyoming.

O México se reduziu à metade pelo módico preço de quinze milhões de dólares e uma quantidade de soldados mortos, índios e mestiços, que nunca foram contados.

A mutilação tinha começado no Texas, que naquela época se chamava Tejas. Lá, a escravidão era proibida. Sam Houston, dono de negros, encabeçou a invasão que restabeleceu a escravidão.

Sam Houston, Stephen Austin e outros ladrões de terra são agora heróis da liberdade e próceres da pátria. A saúde e a cultura levam seus nomes. Houston oferece cura ou consolo aos enfermos graves e Austin outorga brilho aos intelectuais.

## Rasgaram o mapa da América Central

Francisco Morazán não morreu na primeira carga. Levantou-se como pôde, e ele próprio mandou corrigir a pontaria e deu a ordem de fogo.

Depois, o tiro de misericórdia partiu sua cabeça.

Partida também ficou a América Central. Cinco pedaços, que agora são seis. Esses seis países, treinados para a ignorância mútua e o mútuo ódio, tinham sido, nos tempos de Morazán, uma só república.

Ele havia presidido a América Central de 1830 até 1838. Quis que fosse unida, e lutou por ela.

Em sua última batalha, reuniu oitenta homens contra cinco mil.

Quando entrou em San José da Costa Rica, amarrado ao cavalo, uma multidão o viu passar em silêncio.

Pouco depois, ouviu a sentença e foi fuzilado e durante muitas horas a chuva continuou crivando-o.

Quando Morazán nasceu, em Honduras, não havia lá nenhuma escola pública e nenhum hospital onde os pobres pudessem entrar antes de passar para o cemitério.

Morazán transformou os conventos em escolas e hospitais, em Honduras e em toda a América Central, e o alto clero denunciou que aquele Satã expulso do Céu era o culpado pela varíola e pela seca e pela guerra que a Igreja fez contra ele.

Treze anos depois da queda de Morazán, William Walker invadiu aquelas terras.

## O predestinado

Em 1856, William Walker proclama-se presidente da Nicarágua.

A cerimônia inclui discursos, desfiles militares, missa e banquete com cinquenta e três brindes de vinhos europeus.

Uma semana depois, o embaixador dos Estados Unidos, John H. Wheeler, reconhece oficialmente o novo presidente, e em seu discurso o compara a Cristóvão Colombo.

Walker impõe na Nicarágua a Constituição da Louisiana e restabelece a escravidão, que trinta anos antes havia sido abolida em toda a América Central. Faz isso pelo bem dos negros, porque *as raças inferiores não podem competir com a raça branca, se não se lhes derem um amo branco que dirija suas energias.*

Esse cavalheiro do Tennessee, *o Predestinado*, recebe ordens diretamente de Deus. Cavernoso, patibular, sempre de luto, encabeça um bando de mercenários, recrutados nos portos, que dizem ser os Cavaleiros do Círculo Dourado e também se fazem chamar, modestamente, de Falange dos Imortais.

*Five or none*, proclama Walker, que se lança à conquista da América Central inteira.

E os cinco países centro-americanos, divorciados, brigados, envenenados pelos rancores mútuos, recuperam, pelo menos por um instante, sua unidade perdida: se unem contra ele.

Em 1860, o fuzilam.

## Mudança de mapa

Em 1821, a American Colonization Society comprou um pedaço da África.

Em Washington batizaram o novo país, o chamaram de Libéria, e chamaram a capital de Monróvia, em homenagem a James Monroe, que na época era presidente dos Estados Unidos. E também em Washington foi desenhada a bandeira, igualzinha à própria, mas com uma estrela só, e elegeram as autoridades. Em Harvard elaboraram a Constituição.

Os cidadãos da recém-nascida nação eram escravos libertados, ou melhor, expulsos, das plantações do Sul dos Estados Unidos.

Os que haviam sido escravos se transformaram em amos assim que desembarcaram em terra africana. A população nativa, *negros selvagens da selva*, devia obediência a esses recém-chegados que vinham de ser os últimos e passavam a ser os primeiros.

Ao amparo das canhoneiras, eles se apoderaram das melhores terras e se reservaram, em caráter exclusivo, o direito de voto.

Depois, com o passar dos anos, concederam o látex às empresas Firestone e Goodrich e presentearam o petróleo, o ferro e os diamantes a outras empresas norte-americanas.

Seus herdeiros, cinco por cento da população total, continuam administrando essa base militar estrangeira na África.

Quando os pobres entram em turbulência, chamam os *marines* para restabelecer a ordem.

## Mudança de nome

Aprendeu a ler lendo números. Brincar com números era o que mais a divertia e de noite sonhava com Arquimedes.

O pai proibia:

– *Isso não é coisa de mulher* – dizia.

Quando a Revolução Francesa fundou a Escola Politécnica, Sophie Germain tinha dezoito anos. Quis entrar. Fecharam as portas na sua cara:

– *Isso não é coisa de mulher* – disseram.

Por conta própria, sozinha, estudou, pesquisou, inventou.

Enviava seus trabalhos, por correio, ao professor Lagrange. Sophie assinava Monsieur Antoine-August Le Blanc, e assim evitava que o exímio mestre respondesse:

– *Isso não é coisa de mulher.*

Fazia dez anos que se correspondiam, de matemático a matemático, quando o professor soube que ele era ela.

A partir de então, Sophie foi a única mulher aceita no masculino Olimpo da ciência europeia: nas matemáticas, aprofundando teoremas, e depois na física, onde revolucionou o estudo das superfícies elásticas.

Um século depois, suas contribuições ajudaram a tornar possível, entre outras coisas, a torre Eiffel.

A torre tem gravados os nomes de vários cientistas.

Sophie não está lá.

Em seu atestado de óbito, de 1831, aparece como dona de casa, e não como cientista:

– *Isso não é coisa de mulher* – disse o funcionário.

## As idades de Ada

Aos dezoito anos, foge nos braços de seu preceptor.

Aos vinte, se casa, ou é casada, apesar de sua notória incompetência para os assuntos domésticos.

Aos vinte e um, se põe a estudar, por conta própria, lógica matemática. Não são as tarefas mais adequadas para uma dama, mas a família aceita seu capricho, porque talvez assim possa cair em si e salvar-se da loucura à qual está destinada por herança paterna.

Aos vinte e cinco, inventa um sistema infalível, baseado na teoria das probabilidades, para ganhar dinheiro nas corridas de cavalo. Aposta as joias da família. Perde tudo.

Aos vinte e sete, publica um trabalho revolucionário. Não assina com seu nome. Uma obra assinada por uma mulher? Essa obra a transforma na primeira programadora da história: propõe um novo sistema para ditar tarefas a uma máquina que poupa das piores rotinas os operários têxteis.

Aos trinta e cinco, cai doente. Os médicos diagnosticam histeria. É câncer.

Em 1852, aos trinta e seis anos, morre. Nessa mesma idade tinha morrido seu pai, lorde Byron, poeta, que ela não conheceu.

Um século e meio depois, se chama Ada, em sua homenagem, uma das linguagens de programação de computadores.

## Eles são elas

Em 1847, três romances comovem os leitores ingleses.

*O morro dos ventos uivantes*, de Ellis Bell, conta uma devastadora história de paixão e vingança. *Agnes Grey*, de Acton Bell, despe a hipocrisia da instituição familiar. *Jane Eyre*, de Currer Bell, exalta a coragem de uma mulher independente.

Ninguém sabe que os autores são autoras. Os irmãos Bell são as irmãs Brontë.

Essas frágeis virgens, Emily, Anne, Charlotte, aliviam a solidão escrevendo poemas e romances num povoado perdido nos páramos de Yorkshire. Intrusas no masculino reino da literatura, puseram máscaras de homens para que os críticos perdoem seu atrevimento, mas os críticos maltratam suas obras *rudes, cruas, grosseiras, selvagens, brutais, libertinas...*

## Flora

Flora Tristán, avó de Paul Gauguin, errante militante, peregrina da revolução, dedicou sua turbulenta vida a lutar contra o direito de propriedade do marido sobre a mulher, do patrão sobre o operário e do amo sobre o escravo.

Em 1883, viajou ao Peru. Nos arredores de Lima, visitou um engenho açucareiro. Conheceu os moinhos que trituravam a cana, as caldeiras que ferviam o melaço, a refinaria que fazia açúcar. Por todos os lados viu escravos negros que iam e vinham, trabalhando em silêncio. Nem perceberam a sua presença.

O dono disse a ela que tinha novecentos. Em tempos melhores tinha tido o dobro:

– *É a ruína* – se queixou.

E disse tudo o que estava previsto que dissesse: que os negros eram folgazões como os índios, que só trabalhavam na base do açoite, que...

Quando já estava indo embora, Flora descobriu um cárcere num lado da plantação.

Sem pedir licença, entrou.

Ali, na fechada sombra do calabouço, conseguiu distinguir duas negras nuas, agachadas num canto.

– *Não são nem animais* – desprezou o guarda. – *Os animais não matam seus filhotes.*

Aquelas escravas tinham matado seus filhotes.

As duas olharam aquela mulher, que as olhava do outro lado do mundo.

## Concepción

Passou a vida lutando com alma e vida contra o inferno dos cárceres e pela dignidade das mulheres, presas nos cárceres disfarçados de lares.

Contra o costume de absolver generalizando, ela chamava o pão de pão e o vinho de vinho:

– *Quando a culpa é de todos, não é de ninguém* – dizia.

E assim ganhou um bocado de inimigos.

E embora com o tempo seu prestígio tenha se tornado indiscutível, em seu país custavam a acreditar nisso. E não só em seu país: em seu tempo também.

Lá por 1840, Concepción Arenal tinha assistido aos cursos da Faculdade de Direito, disfarçada de homem, o peito amassado por um espartilho duplo.

Lá por 1850 e pouco, ela continuava se disfarçando de homem para poder frequentar as tertúlias madrilenhas, onde eram debatidos temas impróprios em horas impróprias.

E lá por 1870 e tanto, uma prestigiosa organização inglesa, a Sociedade Howard para a Reforma das Prisões, nomeou-a representante na Espanha. O documento que a designou foi expedido em nome de *Sir Concepción Arenal.*

Quarenta anos depois, outra espanhola, Emilia Pardo Bazán, foi a primeira mulher catedrática numa universidade espanhola. Nenhum aluno se dignava a escutá-la. Dava aulas para ninguém.

## Vênus

Foi arrancada da África do Sul e vendida em Londres.

E foi debochadamente batizada de Vênus dos Hotentotes.

Por dois xelins era possível vê-la, trancada numa jaula, nua, com suas tetas tão compridas que davam de mamar pelas costas. E pagando o dobro dava para tocar sua bunda, que era a maior do mundo.

Um cartaz explicava que aquela selvagem era metade humana e metade animal, *a encarnação de tudo aquilo que os civilizados ingleses, felizmente, não são.*

De Londres passou a Paris. Os especialistas do Museu de História Natural queriam averiguar se aquela Vênus pertencia a uma espécie localizada entre o homem e o orangotango.

Tinha vinte e poucos anos quando morreu. Georges Cuvier, célebre naturalista, fez a dissecção. Informou que ela tinha crânio de macaco, cérebro escasso e cu de mandril.

Cuvier desprendeu os lábios da vagina, penduricalho enorme, e meteu-os num frasco.

Dois séculos depois, o frasco ainda estava sendo exibido, em Paris, no Museu do Homem, junto dos genitais de outra africana e de uma índia peruana.

Bem pertinho estavam, em outra série de frascos, os cérebros de alguns cientistas europeus.

## América profunda

A rainha Vitória recebeu-os no palácio de Buckingham, passearam pelas cortes europeias, em Washington foram convidados para a Casa Branca.

Bartola e Máximo eram de uma pequeneza jamais vista. John Henry Anderson, que os havia comprado, os exibia dançando nas palmas de suas mãos.

A publicidade dos circos os chamava de astecas, mas segundo Anderson vinham de uma cidade maia escondida na selva de Iucatã, onde os galos cacarejavam debaixo da terra e os nativos usavam turbantes e comiam carne humana.

Os cientistas europeus que estudaram seus crânios diagnosticaram que naqueles cerebrozinhos não cabiam princípios morais, e que Bartola e Máximo descendiam de ancestrais americanos incapazes de pensar e de falar. Por isso conseguiam apenas repetir algumas palavras, feito os papagaios, e não entendiam nada além das ordens do amo.

## Dieta de ar

Em meados do século XIX, Bernard Cavanagh atraiu multidões na Inglaterra. Anunciou que não comeria nada nem beberia uma gota durante sete dias e sete noites, e como se fosse pouco informou que fazia cinco anos e meio que vivia desse cardápio.

Cavanagh não cobrava entrada, mas aceitava doações que iam diretamente para as mãos do Espírito Santo e da Virgem Santíssima.

Depois de Londres, ofereceu o comovedor espetáculo em outras cidades, jejum após jejum, sempre trancado em jaulas ou em quartos hermeticamente fechados, sempre submetido a controles médicos e vigilâncias policiais e sempre rodeado de multidões ávidas.

Quando morreu, o cadáver desapareceu e nunca foi encontrado. Muitos acharam que Cavanagh tinha comido a si próprio. Ele era irlandês, e naqueles tempos isso não era tão extraordinário.

## Uma colônia superpovoada

Não saía fumaça das chaminés. Em 1850, após quatro anos de fomes e pragas, os campos da Irlanda tinham se despovoado, e pouco a pouco as casas sem ninguém desmoronavam. As pessoas tinham ido para os cemitérios ou para os portos do norte da América.

A terra não dava batatas nem dava nada. Só crescia a produção de loucos. O manicômio de Dublin, pago por Jonathan Swift, tinha noventa hóspedes quando foi inaugurado. Um século depois, tinha mais de três mil.

Em plena epidemia de fome, Londres mandou alguma ajuda de emergência, mas em poucos meses acabou-se a caridade. O império se negou a continuar socorrendo aquela colônia incômoda. Segundo explicou o primeiro-ministro, lorde Russell, o povo irlandês, ingrato, pagava a generosidade com rebeliões e difamações, e a opinião pública reagia mal.

E Charles Trevelyan, alto funcionário encarregado da crise irlandesa, atribuiu a fome à Providência Divina. A Irlanda tinha a mais alta densidade geográfica da Europa, e já que o excesso de população não podia ser evitado pelos homens, Deus estava resolvendo *com toda a sua sabedoria, de modo imprevisto, inesperado, mas com grande eficácia.*

## Fundação dos contos de fadas

Na primeira metade do século XVI, James I e Charles I, reis da Inglaterra, Escócia e Irlanda, anunciaram algumas medidas destinadas a proteger a nascente indústria britânica. Proibiram a exportação de lã sem elaborar, tornaram obrigatório o uso de têxteis nacionais até na roupa de luto e fecharam as portas para boa parte das manufaturas que vinham da França e da Holanda.

No começo do século XVIII, Daniel Defoe, o criador de Robinson Crusoé, escreveu alguns ensaios sobre temas de economia e comércio. Num de seus trabalhos mais difundidos, Defoe exaltou a função do protecionismo estatal no desenvolvimento da indústria têxtil britânica: se não fosse por esses reis que tanto ajudaram o florescimento fabril com suas barreiras alfandegárias e seus impostos, a Inglaterra teria continuado a ser uma provedora de lã virgem para a indústria estrangeira. A partir do crescimento industrial da Inglaterra, Defoe conseguia imaginar o mundo do futuro como uma imensa colônia submetida aos seus produtos.

Depois, conforme o sonho de Defoe ia se tornando realidade, a potência imperial foi proibindo, por asfixia ou canhonaços, que outros países seguissem o seu caminho.

– *Quando chegou lá no alto, chutou a escada* – disse o economista alemão Friedrich List.

Então, a Inglaterra inventou a liberdade de comércio: em nossos dias, os países ricos continuam contando esse conto aos países pobres, nas noites de insônia.

## Uma colônia teimosa

A Índia vendia para a Inglaterra seus finos tecidos de algodão e seda, e o governo inglês procurava uma forma de evitar essa invasão. A partir de 1685, os tecidos hindus foram castigados com tarifas pesadas. Depois as taxas continuaram aumentando, até chegar a níveis demasiado altos, e alternaram com períodos de portas fechadas.

Mas o tempo foi passando, e as barreiras e proibições não conseguiam acabar com a competência. Meio século depois das máquinas de vapor e da revolução industrial inglesa, os melhores tecedores da Índia ainda eram osso duro de roer. Apesar de seus meios técnicos primitivos, seus tecidos de alta qualidade e baixo custo continuavam encontrando clientes.

Esses competidores obstinados não foram aniquilados até que, finalmente, no começo do século XIX, o império britânico terminou a sangue e fogo sua conquista militar de todo o território hindu e obrigou os tecelões a pagar impostos astronômicos.

Depois, teve a gentileza de vestir os sobreviventes da hecatombe. Em meados do século XIX, quando os teares da Índia jaziam afogados no fundo do rio Tâmisa, os hindus eram os melhores clientes da indústria têxtil de Manchester.

Naquela época, Dacca, que o lendário Clive da India havia comparado com Londres e Manchester, estava vazia. De cada cinco habitantes, quatro tinham ido embora. Dacca era o centro industrial de Bengala, e Bengala já não produzia tecidos, e sim ópio. Clive, seu conquistador, tinha morrido de overdose, mas os cultivos de amapolas gozavam de boa saúde em meio à ruína geral.

Agora Dacca é a capital de Bangladesh, país pobre entre os pobres.

## Taj Mahal

Em meados do século XVII, as fábricas hindus e chinesas produziam, juntas, mais da metade de todos os manufaturados do mundo.

Naqueles tempos, tempos de esplendor, o imperador Sha Jahan ergueu o Taj Mahal, nas margens do rio Yamuna, para que sua mulher, a preferida entre todas as suas mulheres, tivesse moradia na morte.

O viúvo dizia que ela e sua casa se pareciam, porque o templo mudava, como ela mudava, de acordo com a hora do dia ou da noite.

Dizem que o Taj Mahal foi desenhado por Ustad Ahmad, persa, arquiteto, astrólogo, também chamado por muitos outros nomes.

Dizem que foi construído por vinte mil operários, ao longo de vinte anos.

Dizem que foi feito de mármore branco, areia vermelha, jade e turquesa que mil elefantes carregaram lá das lonjuras.

Dizem. Mas quem o vê, beleza leve, brancura flutuante, se pergunta se o Taj Mahal não terá sido feito de ar.

No final de 2000, o mago mais famoso da Índia o fez desaparecer, durante dois minutos, diante de uma multidão boquiaberta.

Ele disse que foi arte de sua magia:

– *O desvaneci* – disse.

Desvaneceu-o, ou ao ar o devolveu?

## Música para as horas da vida

Da mesma forma que o Taj Mahal, as *ragas* mudam. Não soam em qualquer momento. Depende de quando, e para quem.

Há mais de dois mil anos as *ragas* da Índia oferecem música no nascimento do dia e a cada passagem do dia para a noite, e soam de acordo com a estação do tempo ou da alma.

Sobre uma nota, que se repete, descansam as melodias que sobem e descem livremente, mudando sempre, como mudam as cores do mundo e as paisagens do ânimo.

Não existem duas *ragas* iguais.

Nascem e morrem e renascem cada vez que soam.

As *ragas* não gostam de ser escritas. Fracassaram os especialistas que tentaram defini-las, codificá-las, classificá-las.

Elas são misteriosas como o silêncio de onde vêm.

## Hokusai

Hokusai, o artista mais famoso de toda a história do Japão, dizia que seu país era terra flutuante. Com lacônica elegância, ele soube vê-la e oferecê-la.

Tinha nascido chamando-se Kawamura Tokitaro e morreu chamando-se Fujiwara Iitsu. No caminho, mudou de nome e sobrenome trinta vezes, pelos seus trinta renascimentos na arte ou na vida, e noventa e três vezes mudou de casa.

Jamais deixou de ser pobre, embora trabalhando do amanhecer até a noite tenha criado nada menos que trinta mil pinturas e gravuras.

Sobre sua obra, escreveu:

*De tudo o que desenhei antes dos meus setenta anos, não há nada que valha a pena. Na idade de setenta e dois, finalmente aprendi alguma coisa sobre a verdadeira qualidade dos pássaros, animais, insetos e peixes, e sobre a vital natureza das ervas e das árvores. Quando tiver cem anos, serei maravilhoso.*

Não passou dos noventa.

## Fundação do Japão moderno

Em meados do século XIX, ameaçado pelos barcos de guerra que apontavam contra sua costa, o Japão aceitou tratados inaceitáveis.

Contra essas humilhações, impostas pelas potências ocidentais, nasceu o Japão moderno.

Um novo imperador inaugurou a Era Meiji, e o estado japonês, encarnado em sua sagrada figura,

criou e protegeu fábricas, de propriedade pública, que desenvolveram sessenta setores da atividade industrial,

contratou técnicos europeus que treinaram os técnicos japoneses e os atualizaram,

fundou uma rede pública de trens e telégrafos,

nacionalizou a terra dos senhores feudais,

organizou um exército novo, que derrotou os samurais e os obrigou a mudar de ofício,

impôs o ensino público gratuito e obrigatório

e multiplicou os estaleiros e os bancos.

Fukuzama Yukichi, que fundou a universidade mais importante da Era Meiji, resumiu assim esse programa de governo:

*– Nenhum país deveria ter medo de defender a sua liberdade contra qualquer interferência, mesmo que o mundo inteiro seja hostil.*

E assim o Japão pôde anular os tratados maltratantes que lhe tinham sido impostos, e o país humilhado se transformou em potência humilhante. Souberam disso muito bem, mais cedo que tarde, a China, a Coreia e outros vizinhos.

## Liberdade de comércio? Não, obrigado

Quando a Era Meiji estava dando seus primeiros passos, Ulisses Grant, presidente dos Estados Unidos, visitou o imperador do Japão.

Grant aconselhou-o a não cair na armadilha dos bancos britânicos, porque não é por pura generosidade que certas nações gostam muito de emprestar dinheiro, e felicitou-o pela sua política protecionista.

Antes das eleições que o tornaram presidente, Grant havia sido o general triunfante na guerra que o Norte industrial ganhou contra o Sul das grandes plantações, e sabia muito bem que as tarifas alfandegárias tinham sido uma razão de guerra tão importante como a escravidão. O Sul levou quatro anos e seiscentos mil mortos até perceber que os Estados Unidos haviam rompido seus laços de servidão colonial com a Inglaterra.

Já presidente, Grant havia respondido assim às contínuas pressões britânicas:

*– Dentro de duzentos anos, quando tivermos obtido do protecionismo tudo o que ele pode nos oferecer, nós também adotaremos a liberdade de comércio.*

Portanto, no ano de 2075, a nação mais protecionista do mundo adotará a liberdade de comércio.

## Pedagogia do sangue

Enquanto os Estados Unidos e o Japão levavam adiante suas independências, outro país, o Paraguai, foi aniquilado por fazer exatamente a mesma coisa.

O Paraguai era o único país latino-americano que se negava a comprar salva-vidas de chumbo dos mercadores e banqueiros ingleses. Seus três vizinhos, Argentina, Brasil e Uruguai, tiveram que dar ao Paraguai, a sangue e fogo, um curso sobre *os usos e costumes das nações civilizadas*, conforme explicou o jornal inglês *Standard*, que era publicado em Buenos Aires.

Todos acabaram mal.

Os alunos, exterminados.

Os professores, falidos.

Tinham anunciado que em três meses o Paraguai levaria sua merecida lição, mas as aulas duraram cinco anos.

Os bancos britânicos financiaram essa missão pedagógica, e cobraram caro por ela. Os países vencedores acabaram devendo o dobro do que deviam cinco anos antes, e o país vencido, que não devia um centavo a ninguém, foi obrigado a inaugurar sua dívida externa: o Paraguai recebeu um crédito de um milhão de libras esterlinas. O empréstimo foi feito para pagar a indenização aos países vencedores. O país assassinado pagava aos países assassinos pelo muito que lhes havia custado assassiná-lo.

Do Paraguai desapareceram as tarifas alfandegárias que protegiam a indústria nacional;

desapareceram as empresas do Estado, as terras públicas, os fornos siderúrgicos, a ferrovia que tinha sido uma das primeiras da América do Sul;

desapareceu o arquivo nacional, queimado com todos os seus três séculos de história;

e desapareceram os homens.

O presidente argentino, Domingos Faustino Sarmiento, educado educador, comprovou em 1870:

– *Acabou-se a guerra. Não sobra mais nenhum paraguaio com mais de dez anos.*

E celebrou:

– *Era preciso purgar a terra de toda essa excrescência humana.*

## Trajes típicos

A América do Sul era o mercado que sempre dizia sim.

Aqui eram dadas as boas-vindas a tudo o que vinha da Inglaterra.

O Brasil comprava patins para gelo. A Bolívia, chapéu de copa e chapéus cogumelo que agora são trajes típicos de suas mulheres indígenas.

E o traje típico dos cavaleiros pastores da Argentina e do Uruguai, infalível nas Festas da Tradição, havia sido fabricado pela indústria têxtil britânica para o exército turco. Quando a guerra da Crimeia acabou, os mercadores britânicos desviaram para o rio da Prata seus milhares e milhares de bombachas sobrantes, que se transformaram na bombacha gaúcha.

Uma década depois, a Inglaterra vestiu com esses uniformes turcos as tropas brasileiras, argentinas e uruguaias que fizeram para ela a tarefa de exterminar o Paraguai.

## Aqui foi o Paraguai

O império do Brasil era habitado por um milhão e meio de escravos e um punhado de duques, marqueses, condes, viscondes e barões.

Para culminar a libertação do Paraguai, esse império escravagista pôs ao comando das tropas o conde d'Eu, neto do rei da França e marido da herdeira do trono.

Nos retratos, queixo em fuga, nariz alçado, peito semeado de medalhas, o chamado Marechal da Vitória não conseguia dissimular o asco que aquele desagradável assunto da guerra lhe provocava.

Ele soube se situar sempre à prudente distância dos campos de batalha, onde seus heroicos soldados enfrentavam os ferozes meninos paraguaios que usavam barba postiça e estavam armados de pedaços de pau. E de longe cumpriu sua façanha final: quando o povoado de Piribebuy se negou a se render, mandou fechar as janelas e as portas do hospital, cheio de feridos, e mandou tocar fogo com todo mundo lá dentro.

Ficou na guerra pouco mais de um ano, mas na volta confessou:

– *A Guerra do Paraguai criou em mim uma repugnância invencível por qualquer trabalho prolongado.*

## Fundação da linguagem

Do Paraguai exterminado sobreviveu o começo: entre tanta morte, sobreviveu o nascimento.

Sobreviveu a língua original, a língua guarani, e com ela a certeza de que a palavra é sagrada.

A mais antiga das tradições conta que nessa terra cantou a cigarra vermelha e cantou o louva-deus verde e cantou a perdiz e então cantou o cedro: da alma do cedro ressonou o canto que em língua guarani chamou os primeiros paraguaios.

Eles não existiam.

Nasceram da palavra que os chamou.

## Fundação da liberdade de pressão

O ópio estava proibido na China.

Os mercadores britânicos levavam de contrabando o ópio que traziam da Índia. Graças aos seus esforços, ia crescendo a quantidade de chineses enganchados nessa droga, mãe da heroína e da morfina, que lhes mentia felicidade e arrebentava suas vidas.

Os contrabandistas estavam fartos dos problemas causados pelas autoridades chinesas. O desenvolvimento do mercado exigia liberdade de comércio e a liberdade de comércio exigia guerra.

O bondoso William Jardine era o narcotraficante mais poderoso e dirigia a Sociedade Médica Missionária, que na China oferecia tratamento às vítimas do ópio que ele mesmo vendia.

Jardine encarregou-se de comprar, em Londres, alguns influentes escritores e jornalistas, para criar um ambiente propício para a guerra. O *best-seller* Samuel Warren e outros profissionais da comunicação elevaram aos céus os heróis da liberdade. A liberdade de expressão ao serviço da liberdade de comércio: uma chuva de folhetos e de artigos despencou sobre a opinião pública britânica, exaltando o sacrifício dos honestos cidadãos que estavam desafiando o despotismo chinês e se arriscavam a ir para o cárcere, para a tortura ou para a morte naquele reino da crueldade.

Criado esse clima, desatou-se a tormenta. A guerra do ópio prolongou-se, com alguns anos de interrupção, de 1839 até 1860.

## Senhora dos mares, rainha do narcotráfico

A venda de gente tinha sido o mais suculento negócio do Império Britânico; mas todo mundo sabe que a felicidade não dura. Após três séculos de prosperidade, a Coroa teve que se retirar do tráfico de escravos, e a venda de drogas passou a ser a mais lucrativa fonte da glória imperial.

A rainha Vitória não teve outro remédio a não ser derrubar as portas fechadas da China. Nos barcos da Royal Navy, os missionários de Cristo acompanhavam os guerreiros da liberdade de comércio. E atrás deles vinham os barcos que antes transportavam negros e agora levavam veneno.

Na primeira etapa da guerra do ópio, o império britânico apoderou-se da ilha de Hong Kong. O recém-estreado governador, sir John Bowring, declarou:

– *O comércio livre é Jesus Cristo, e Jesus Cristo é o comércio livre.*

## Aqui foi a China

Fora das fronteiras, os chineses comerciavam pouco e não tinham o costume da guerra.

Eles desprezavam os mercadores e os guerreiros, e chamavam de *bárbaros* os ingleses e os poucos europeus que conheciam.

Então, estava cantado. A China devia cair vencida diante da marinha de guerra mais mortífera do mundo e diante daqueles obuses, que de um só disparo podiam perfurar doze inimigos enfileirados.

Em 1860, depois de arrasar muitos portos e cidades, os britânicos entraram em Pequim, acompanhados pelos franceses, se lançaram a saquear o Palácio de Verão e ofereceram alguns restos do butim a seus soldados coloniais recrutados na Índia e no Senegal.

O palácio, centro de poder da dinastia Manchu, era na realidade muitos palácios, mais de duzentas residências e pagodes entre lagos e jardins muito parecidos com o paraíso. Os vencedores roubaram tudo, tudinho, móveis e cortinas, esculturas de jade, vestidos de seda, colares de pérolas, relógios de ouro, prendedores de diamantes... A única coisa que se salvou foi a biblioteca, e um telescópio e um fuzil que o rei inglês tinha dado de presente para a China sessenta anos antes.

Então, queimaram os edifícios saqueados. As chamas avermelharam a terra e o céu durante muitos dias e noites, e virou cinza tudo aquilo que tanto tinha sido.

## Butinzinho

Lorde Elgin, que ordenou a queima do palácio imperial, chegou a Pequim nos braços de oito carregadores, vestidos com librê escarlate e escoltado por quatrocentos ginetes. Esse lorde Elgin, filho do lorde Elgin que tinha vendido para o British Museum as esculturas do Partenon, doou ao British Museum a biblioteca inteira do palácio, que para isso havia sido salva do saqueio e do incêndio. E pouco depois outro palácio, o Buckingham Palace, ofereceu à rainha Vitória o cetro de ouro e jade do rei vencido e o primeiro cachorrinho pequinês que viajou para a Europa. O cachorrinho também era parte do butim. Havia sido batizado de *Lootie*, pequeno butim. Butinzinho.

A China foi obrigada a pagar uma imensa indenização aos seus verdugos, de tão custosa que tinha sido sua incorporação à comunidade das nações civilizadas, e pouco depois se transformou no principal mercado de ópio e no maior comprador de tecidos ingleses de Lancashire.

No começo do século XIX, as fábricas chinesas produziam um terço de toda a indústria mundial. No final do século XIX, produziam seis por cento.

Naquela época, a China foi invadida pelo Japão. Não foi difícil. Era uma nação dopada e humilhada e arruinada.

## Desastres naturais

Um deserto vazio de passos e de vozes, nada além de poeira batida pelo vento.

Muitos chineses se enforcam, antes de matar por causa da fome ou antes que a fome os mate.

Os mercadores britânicos triunfantes na Guerra do Ópio fundam em Londres o Fundo de Socorro para a Fome na China.

Essa instituição de caridade promete evangelizar o país pagão pela via digestiva: do céu choverão alimentos, enviados por Jesus.

Em 1879, após três invernos sem chuva, os chineses são quinze milhões a menos.

## Outros desastres naturais

Em 1879, após três invernos sem chuvas, os hindus são nove milhões a menos.

A culpa é da natureza:

– *São desastres naturais* – dizem os que sabem.

Mas na Índia, nesses anos atrozes, o mercado castiga mais que a seca.

Pela lei do mercado, a liberdade oprime. A liberdade do comércio, que obriga a vender, proíbe comer.

A Índia é uma plantação colonial, não uma casa de caridade. O mercado manda. Sábia é a sua mão invisível, que faz e desfaz; e ninguém tem por que se meter a corrigi-la.

O governo britânico se limita a ajudar a morrer uns quantos moribundos, em seus campos de trabalho chamados de Campos de Socorro, e a exigir os impostos que os camponeses não conseguem pagar. Os camponeses perdem suas terras, que são vendidas por nada; e por nada são vendidos os braços que trabalham, enquanto a escassez manda para as nuvens o preço dos grãos que os empresários arrebanham.

Os exportadores vendem mais do que nunca. Montanhas de trigo e de arroz são despejadas nos cais de Londres e de Liverpool. A Índia, colônia faminta, não come mas dá de comer. Os britânicos comem a fome dos hindus.

É bem cotizada no mercado essa mercadoria chamada de fome, que amplia as oportunidades de investimento, reduz os custos de produção e eleva o preço dos produtos.

## Glórias naturais

A rainha Vitória era a mais entusiasta admiradora, e a única leitora, dos versos de lorde Lytton, seu vice-rei na Índia.

Movido por gratidão literária ou pelo fervor pátrio, o poeta vice-rei ofereceu um gigantesco banquete em sua homenagem. Quando Vitória se proclamou imperatriz, lorde Lytton recebeu em seu palácio de Délhi setenta mil convidados, durante sete dias e sete noites.

Segundo alardeou o jornal *The Times*, aquela foi *a mais cara e colossal refeição de toda a história universal.*

Em plena seca, enquanto o sol fritava os campos e a noite os congelava, o vice-rei leu no banquete a alentadora mensagem da imperatriz Vitória, que desejava aos seus súditos hindus *felicidade, prosperidade e bem-estar.*

O jornalista inglês William Digby, que andava por lá, calculou que uns cem mil hindus tinham morrido de fome durante os sete dias e as sete noites da grande comilança.

## Andares de cima e andares de baixo

Em lenta e complicada cerimônia, vaivém de discursos, entrega de emblemas, intercâmbio de oferendas, os príncipes hindus se transformavam em cavalheiros ingleses e juravam obediência à rainha Vitória. Príncipes vassalos: a troca de presentes era, segundo o embaixador de Sua Majestade, *uma troca de subornos por tributos.*

Os numerosos príncipes moravam no topo. O poder colonial reproduzia, em sua versão aperfeiçoada, a pirâmide do sistema de castas.

O império não precisava dividir para reinar. As fronteiras sociais, raciais e culturais eram dadas de presente pela história e sacralizadas pela herança.

Desde 1872, os censos britânicos classificavam a população da Índia de acordo com as castas. A ordem estrangeira não apenas confirmou, assim, a legitimidade dessa tradição nacional, como a usou para organizar uma sociedade ainda mais estratificada e mais rígida. Nenhum policial podia imaginar nada melhor para controlar a função e o destino de cada pessoa. O império codificou essas hierarquias e essas servidões, e proibiu que alguém se mexesse do seu lugar.

## Mãos calosas

Os príncipes, a serviço da coroa britânica, viviam angustiados por causa da escassez de tigres na selva e das crises de ciúmes que perturbavam o harém.

Em pleno século XX, consolavam-se como podiam:

o marajá de Bharatpur comprou todos os Rolls-Royce disponíveis em Londres e destinou-os à coleta de lixo em seus domínios;

o de Junagadh tinha muitos cães com cômodos próprios, telefone e mordomo;

o de Alwar incendiou o hipódromo quando seu pônei perdeu uma corrida;

o de Kupurthala construiu uma cópia exata do palácio de Versalhes;

o de Mysore construiu uma cópia exata do palácio de Windsor;

o de Gwalior comprou um trenzinho de ouro e prata que percorria a sala de refeições do palácio levando sal e especiarias para seus convidados;

os canhões do marajá de Baroda eram de ouro maciço

e o de Hyderabad usava como peso de papel um diamante de 184 quilates.

## Florence

Florence Nightingale, a enfermeira mais famosa do mundo, dedicou à Índia a maior parte de seus noventa anos de vida, embora nunca tenha podido viajar a esse país que amou.

Florence era uma enfermeira enferma. Tinha contraído uma doença incurável na Guerra da Crimeia. Mas de seu dormitório de Londres escreveu uma infinidade de artigos e cartas que quiseram revelar a realidade hindu diante da opinião pública britânica:

* Sobre a indiferença imperial diante das epidemias de fome: *Cinco vezes mais mortos que na guerra franco-prussiana. Ninguém fica sabendo. Não dizemos nada da fome em Orissa, quando um terço de sua população foi deliberadamente autorizada a embranquecer os campos com seus ossos.*
* Sobre a propriedade rural: *O tambor paga para ser golpeado. O camponês pobre paga por tudo o que faz, e por tudo o que o latifundiário não faz e faz com que o camponês pobre faça em seu lugar.*
* Sobre a justiça inglesa na Índia: *Nos dizem que o camponês pobre tem a justiça inglesa para defendê-lo. Não é bem assim. Nenhum homem tem o que não consegue usar.*
* Sobre a paciência dos pobres: *As revoltas agrárias podem se transformar em algo normal em toda a Índia. Não temos nenhuma segurança de que todos esses milhões de hindus silenciosos e pacientes continuarão*

*para sempre vivendo no silêncio e na paciência. Os mudos falarão e os surdos escutarão.*

## A viagem de Darwin

O jovem Charles Darwin não sabia o que fazer da vida. O pai o estimulava:

– *Serás uma desgraça para ti e para a tua família.*

No final de 1831, foi-se embora.

Regressou a Londres depois de cinco anos de navegações pelo sul da América, pelas ilhas Galápagos e por outros rumos. Trouxe três tartarugas gigantes, uma das quais morreu no ano de 2007, num zoológico da Austrália.

Voltou transformado. Até o pai percebeu:

– *Teu crânio está diferente!*

Não trazia apenas tartarugas. Também trazia perguntas. Estava com a cabeça cheia de perguntas.

## As perguntas de Darwin

Por que o mamute era coberto por pelos tão espessos? Não terá sido o mamute um elefante que se abrigou quando começava a Era do Gelo?

Por que é tão longo o pescoço da girafa? Não será porque ao longo do tempo foi se esticando para alcançar os frutos mais altos nas copas das árvores?

Os coelhos que correm na neve foram sempre brancos ou foram embranquecendo para enganar as raposas?

Por que o pássaro tentilhão tem bicos diferentes, conforme o lugar onde vive? Não será que esses bicos foram se adaptando ao ambiente, ao longo do processo evolutivo, para descascar frutos, apanhar larvas ou sugar néctar?

O longuíssimo pistilo dessa orquídea não indica que andam voando, pelas vizinhanças, borboletas cuja longuíssima língua mede tanto quanto esse pistilo que as espera?

Talvez tenham sido mil e uma perguntas como essas as que foram se transformando, com o passar dos anos e das dúvidas e das contradições, nas páginas do explosivo livro sobre a origem das espécies e a evolução da vida no mundo.

Ideia blasfema, insuportável lição de humildade: Darwin revelou que Deus não inventou o mundo em uma semana, nem nos modelou à sua imagem e semelhança.

A péssima notícia não foi bem recebida. Quem aquele senhor achava que era, para corrigir a Bíblia?

O bispo de Oxford perguntava aos leitores de Darwin:

– *O senhor descende do macaco por parte de avô ou de avó?*

## Mostro o mundo para você

Darwin costumava citar as anotações de viagem de James Colman.

Ninguém descreveu melhor que ele a fauna do oceano Índico,

o céu do Vesúvio em chamas,
o fulgor das noites da Arábia,
a cor do calor de Zanzibar,
o ar do Ceilão, que é de canela,
as sombras do inverno de Edimburgo
e o cinzento dos cárceres russos.

Precedido por seu bastão branco, Colman deu a volta ao mundo, de ponta a ponta.

Aquele viajante, que tanto nos ajudou a ver, era cego.

– *Eu vejo com os pés* – dizia.

## Humaninhos

Darwin nos informou que somos primos dos macacos, e não dos anjos. Depois, ficamos sabendo que vínhamos da selva africana e que nenhuma cegonha nos tinha trazido de Paris. E não faz muito tempo ficamos sabendo que nossos genes são quase iguaizinhos aos genes dos ratos.

Já não sabemos se somos obras-primas de Deus ou piadas do Diabo. Nós, os humaninhos:

os exterminadores de tudo,

os caçadores do próximo,

os criadores da bomba atômica, da bomba de hidrogênio e da bomba de nêutrons, que é a mais saudável de todas porque liquida as pessoas, mas deixa as coisas intactas,

os únicos animais que inventam máquinas,

os únicos que vivem ao serviço das máquinas que inventam,

os únicos que devoram sua casa,

os únicos que envenenam a água que lhes dá de beber e a terra que lhes dá de comer,

os únicos capazes de se alugar ou se vender e de alugar ou vender seus semelhantes,

os únicos que matam por prazer,

os únicos que torturam,

os únicos que violam.

E também

os únicos que riem,

os únicos que sonham acordados,

os que fazem seda da baba dos vermes,

os que convertem o lixo em beleza,

os que descobrem cores que o arco-íris desconhece,

os que dão novas músicas às vozes do mundo

e criam palavras, para que não sejam mudas

nem a realidade nem sua memória.

## A loucura da liberdade

Aconteceu em Washington, em 1840.

Um censo oficial mediu a demência dos negros nos Estados Unidos.

Segundo o censo, havia nove vezes mais loucos entre os negros livres que entre os negros escravos.

O norte era um vasto manicômio; e quanto mais ao norte, pior. Do norte ao sul, em compensação, ia-se passando da maluquice à cordura. Entre os escravos que trabalhavam nas prósperas plantações de algodão, tabaco e arroz, a loucura era pouca ou nenhuma.

O censo confirmava a certeza dos amos. A escravidão, bom remédio, desenvolvia o equilíbrio moral e a sensatez. A liberdade, por sua vez, gerava malucos.

Em vinte e cinco cidades do Norte não tinha sido encontrado um único negro lúcido, e em trinta e nove cidades do estado de Ohio e vinte cidades de Nova York os negros loucos somavam mais que todos os negros.

O censo não parecia muito digno de fé, mas continuou sendo a verdade oficial durante um quarto de século, até que Abraham Lincoln emancipou os escravos, ganhou a guerra e perdeu a vida.

## O furacão do ouro

Aconteceu em Washington, em 1880.

Fazia anos que John Sutter perambulava, arrastando os pés, pelos arredores do Capitólio e da Casa Branca, com seu remendado uniforme de coronel e sua bolsa cheia de documentos. Quando por milagre encontrava alguém que o escutasse, desembainhava títulos de propriedade sobre a cidade de São Francisco e seus vastos subúrbios, e contava a história do milionário que foi despido pelo furacão do ouro.

Ele tinha fundado seu império no vale de Sacramento e havia comprado numerosos vassalos índios e um título de coronel e um piano Pleyel, quando o ouro brotou como trigo e suas terras e suas casas foram invadidas e suas vacas foram comidas e também suas ovelhas, e suas plantações foram arrasadas.

Perdeu tudo, e desde então passou a vida reivindicando. Quando um juiz lhe deu razão, a multidão incendiou o Palácio de Justiça.

Mudou-se para Washington.

Ali, viveu esperando, e esperando morreu.

Agora, uma rua da cidade de São Francisco se chama Sutter.

Chegou tarde, o consolo.

## Whitman

Aconteceu em Boston, em 1882.

A Sociedade da Nova Inglaterra pela Superação do Vício conseguiu evitar a distribuição da nova edição de *Folhas de relva.*

Alguns anos antes, Walt Whitman, o autor, tinha perdido seu emprego quando apareceu a primeira edição.

Sua exaltação aos gozos da noite era insuportável para a moral pública.

E isso apesar de Whitman ter dado um jeito de ocultar o mais proibido. Em algum trecho de *Folhas de relva* chegou a insinuar, mas nos demais poemas, e até em seus diários íntimos, se deu o trabalho de corrigir *his* por *her*, escrevendo *ela* onde havia escrito *ele.*

O grande poeta, o que cantou a nudez resplandecente, não teve outro remédio a não ser disfarçar para sobreviver. Inventou seis filhos que nunca teve, mentiu aventuras com mulheres que jamais existiram e se retratou a si mesmo como o barbudo supermacho que encarnava a virilidade da América abrindo moçoilas intactas e pradarias virgens.

## Emily

Aconteceu em Amherst, em 1886.

Quando Emily Dickinson morreu, a família descobriu mil e oitocentos poemas guardados em seu quarto.

Tinha vivido na ponta dos pés, e na ponta dos pés escreveu. Não publicou mais do que onze poemas em toda a sua vida, quase todos anônimos ou assinados com outro nome.

De seus antepassados puritanos herdou o enfado, marca de distinção de sua raça e de sua classe: proibido se tocar, proibido se dizer.

Os cavalheiros faziam política e negócios e as damas perpetuavam a espécie e viviam doentes.

Emily habitou a solidão e o silêncio. Trancada em seu quarto, inventava poemas que violavam as leis, as leis da gramática e as leis de seu próprio confinamento, e ali escrevia uma carta por dia à sua cunhada, Susan, e as mandava pelo correio, embora ela morasse na casa ao lado.

Esses poemas e essas cartas fundaram seu santuário secreto, onde quiseram ser livres suas dores escondidas e seus proibidos desejos.

## A tarântula universal

Aconteceu em Chicago, em 1886.

No dia 1º de maio, quando a greve operária paralisou Chicago e outras cidades, o jornal *Philadelphia Tribune* diagnosticou: *o ambiente trabalhista foi picado por uma espécie de tarântula universal, e ficou louco de pedra.*

Loucos de pedra estavam os operários que lutavam pela jornada de trabalho de oito horas e pelo direito de organizar sindicatos.

No ano seguinte, quatro dirigentes operários, acusados de assassinato, foram sentenciados sem provas num julgamento de circo. Georg Engel, Adolf Fischer, Albert Parsons e Auguste Spies foram para a forca. O quinto condenado, Louis Linng, tinha estourado a cabeça na cela.

A cada 1º de maio, o mundo inteiro os recorda.

Com o passar do tempo, as convenções internacionais, as constituições e as leis deram razão a eles.

No entanto, as empresas mais exitosas continuam sem acreditar. Proíbem sindicatos de trabalhadores e medem a jornada de trabalho com aqueles relógios derretidos que Salvador Dalí pintou.

## Doutor Corporação

Aconteceu em Washington, em 1886.

As empresas gigantes conquistaram os mesmos direitos legais que os cidadãos comuns e correntes.

A Suprema Corte de Justiça anulou mais de duzentas leis que regulamentavam e limitavam a atividade empresarial, e ao mesmo tempo estendeu os direitos humanos às corporações privadas. A lei reconheceu para as grandes empresas os mesmos direitos das pessoas, como se elas também respirassem: direito à vida, à livre expressão, à privacidade...

No começo do século XXI, isso continua valendo.

## Não pisem as minhas flores

Em 1871, uma revolução deixou Paris, pela segunda vez, nas mãos dos comuneiros.

Charles Baudelaire comparou a polícia com o deus Júpiter, e advertiu que o culto à beleza desaparece quando não existe aristocracia.

Théophile Gautier deu o seu depoimento:

– *Os animais malcheirosos, com seus uivos selvagens, nos invadem.*

O efêmero governo da Comuna queimou a guilhotina, ocupou os quartéis, separou a Igreja do Estado, entregou aos operários as fábricas fechadas pelos patrões, proibiu o trabalho noturno e estabeleceu a educação laica, gratuita e obrigatória.

– *A educação laica, gratuita e obrigatória não fará nada além de aumentar o número dos imbecis* – profetizou Gustave Flaubert.

Durou pouco, a Comuna. Dois meses e alguma coisa. As tropas que tinham fugido para Versalhes voltaram ao ataque e, depois de vários dias de combate, arrasaram as barricadas operárias e fuzilando celebraram a vitória. Durante uma semana fuzilaram noite e dia, rajadas de metralhadora que matavam de vinte em vinte. Então Flaubert aconselhou não ter compaixão *com os cães raivosos* e como primeiro remédio recomendou *acabar com o sufrágio universal, que é uma vergonha do espírito humano.*

Anatole France também celebrou a carnificina:

– *Os comuneiros são um comitê de assassinos, um bando de marginais. Finalmente o governo do crime e da demência está apodrecendo diante dos pelotões de fuzilamento.*

Émile Zola anunciou:

– *O povo de Paris acalmará suas febres e crescerá com sabedoria e esplendor.*

Os vencedores ergueram a basílica de Sacré-Coeur, nas colinas de Montmartre, para agradecer a Deus a vitória concedida.

Muitos turistas são atraídos por esse grande bolo de creme.

## Comuneiras

Todo poder para os bairros. Cada bairro era uma assembleia.

E por todos os lados, elas: operárias, costureiras, padeiras, cozinheiras, floristas, babás, faxineiras, passadeiras, garçonetes. O inimigo chamava de *pétroleuses*, incendiárias, aquelas fogosas que exigiam os direitos negados pela sociedade que tantos deveres lhes exigia.

O voto feminino era um desses direitos. Na revolução anterior, a de 1848, o governo da Comuna tinha rejeitado essa exigência por 899 votos a um. (Unanimidade menos um.)

Essa segunda Comuna continuava surda às demandas das mulheres, mas enquanto durou, no pouco que durou, elas opinaram em todos os debates e ergueram barricadas e curaram feridos e deram de comer aos soldados e empunharam as armas dos caídos e lutando caíram, com o lenço vermelho no pescoço, que era o uniforme de seus batalhões.

Depois, na derrota, quando chegou a hora da vingança do poder ofendido, mais de mil mulheres foram processadas pelos tribunais militares.

Uma das condenadas à deportação foi Louise Michel. Essa professora anarquista tinha entrado na luta com uma velha carabina e em combate havia merecido um fuzil Remington, novinho. Na confusão final, salvou-se de morrer, mas foi mandada para o exílio, na ilha de Nova Caledônia.

## Louise

– *Quero saber o que sabem* – explicou ela.

Seus companheiros de desterro a advertiram que aqueles selvagens não sabiam outra coisa além de comer carne humana.

– *Você não vai sair viva.*

Mas Louise Michel aprendeu a língua dos nativos da Nova Caledônia e se meteu na selva e saiu viva.

Eles contaram a ela suas tristezas e perguntaram por que tinha sido mandada para lá:

– *Você matou seu marido?*

E ela contou a eles tudo sobre a Comuna.

– *Ah* – disseram eles. – *Você é uma vencida. Como nós.*

## Victor Hugo

Ele foi a sua época. Ele foi a sua nação.

Foi monárquico e foi republicano.

Encarnou os ideais da Revolução Francesa e por arte de sua pluma soube se transformar no miserável que rouba para comer e no corcunda de Notre Dame, mas também acreditou na missão redentora das armas francesas no mundo.

Em 1871, condenou, sozinho, a repressão contra os comuneiros.

Antes havia aplaudido, muito acompanhado, as conquistas coloniais:

– *É a civilização que avança sobre a barbárie. É um povo iluminado que vai encontrar um povo na escuridão. Nós somos os gregos do mundo, é nosso dever iluminar o mundo.*

## Lição de cultura colonial

Em 1856, o governo francês contratou Robert Houdin, mago mestre de magos, para iluminar a Argélia.

Era preciso dar uma lição nos bruxos argelinos. Aqueles enganadores, que engoliam vidro e curavam feridas só de tocá-las, andavam semeando sementes de rebelião contra o poder colonial.

Houdin exibiu seus prodígios. Os xeques principais e os bruxos locais mais populares foram sacudidos por aqueles poderes sobrenaturais.

No auge da cerimônia, o enviado da Europa depositou um pequeno cofre no chão e pediu ao forçudo mais forçudo da Argélia que o levantasse. O musculoso não conseguiu. Tentou uma vez, e outra, e outra, e nada. E no último esforço caiu de bunda no chão, sacudido por violentos tremores, e fugiu apavorado.

Concluída a humilhação, Houdin ficou sozinho na tenda. Recolheu o cofre e pegou seu poderoso eletroímã, escondido debaixo de uma tábua do soalho, e a manivela que descarregava choques elétricos.

## Aqui foi a Índia

Pierre Loti, um escritor que vendia exotismos asiáticos ao público francês, visitou a Índia em 1899.

Viajou de trem.

Em cada estação, os coros da fome o esperavam.

Mais penetrante que o estrépito da locomotiva soava aquela ladainha das crianças, ou esqueletos de crianças, lábios violeta, olhos desorbitados, crivados pelas moscas, suplicando esmola. Dois ou três anos antes, uma menina ou um menino custavam uma rúpia, mas agora nem de graça.

O trem não carregava só passageiros. Atrás arrastava vários vagões repletos de arroz e de milho para exportação. Os guardas vigiavam, com o dedo no gatilho. Ali, ninguém chegava perto. Só as pombas, que bicavam os sacos e se afastavam voando.

## A China servida na mesa da Europa

A China produzia fomes, pestes e secas sem fim.

Os chamados *boxers*, que começaram sendo uma sociedade secreta, queriam restaurar a arrebentada dignidade nacional expulsando os estrangeiros e as igrejas cristãs.

– *Se não chove* – diziam –, *deve ser porque as igrejas engarrafaram o céu.*

No final do século, os *boxers* desencadearam, no norte, uma rebelião que incendiou os campos chineses e chegou até Pequim.

Então, oito nações, Grã-Bretanha, Alemanha, França, Itália, Áustria, Rússia, Japão e Estados Unidos, enviaram barcos carregados de soldados que restabeleceram a ordem decapitando tudo o que tivesse cabeça.

E em seguida recortaram a China como se fosse pizza e repartiram portos, terras e cidades que a fantasmagórica dinastia chinesa outorgou em concessões de noventa e nove anos.

## A África servida na mesa da Europa

Seguindo os passos da Inglaterra, um belo dia a Europa descobriu que a escravidão era uma ofensa aos olhos de Deus.

Então a Europa lançou, África afora, a conquista colonial. Antes, os homens das terras frias não haviam passado dos portos onde compravam negros, mas naqueles anos os exploradores abriram caminho nas terras quentes, e atrás deles chegaram os guerreiros, montados nos canhões, e depois deles os missionários, armados de cruzes, e atrás deles os mercadores. As cataratas mais prodigiosas e o lago mais imenso da África foram chamados de Vitória, em homenagem a uma rainha não muito africana, e os invasores batizaram rios e montanhas, acreditando que descobriam o que viam. E então deixaram de ser chamados de escravos os negros submetidos ao trabalho escravo.

Em 1885, em Berlim, depois de um ano de muito pugilato, os conquistadores conseguiram chegar a um acordo sobre a partilha.

Três décadas depois, a Alemanha perdeu a Primeira Guerra Mundial e também perdeu as colônias africanas com as quais tinha sido contemplada: britânicos e franceses dividiram o Togo e Camarões entre si, a atual Tanzânia passou para mãos britânicas e a Bélgica acabou ficando com Ruanda e Burundi.

Naquela época, fazia tempo que Friedrich Hegel havia explicado que a África não tinha história e que só podia interessar *para o estudo da barbárie e da selvageria*, e outro pensador, Herbert Spencer, sentenciara que a Civilização devia apagar as raças inferiores do mapa, *porque seja humano ou seja bruto, qualquer obstáculo deve ser eliminado.*

Chamaram-se *era de paz mundial* as três décadas que desembocaram na guerra de 1914. Nesses doces anos, a quarta parte do planeta foi parar no papo de meia dúzia de nações.

## O capitão das trevas

Na partilha da África, o rei Leopoldo da Bélgica recebeu o Congo como propriedade privada.

Fuzilando elefantes, o rei transformou sua colônia na mais pródiga fonte de marfim; e açoitando e mutilando negros, ofereceu látex abundante e barato para a borracha dos pneus dos automóveis que tinham começado a rodar pelos caminhos do mundo.

Ele nunca foi ao Congo, por causa dos mosquitos. Já o escritor Joseph Conrad foi. E em *Coração das trevas*, seu romance mais famoso, Kurtz foi o nome literário do capitão Léon Rom, oficial de elite da tropa colonial. Os nativos recebiam suas ordens de quatro, e ele os chamava de *animais estúpidos.* Na entrada de sua casa, entre as flores do jardim, erguiam-se vinte estacas que completavam a decoração. Cada uma ostentava a cabeça de um negro rebelde. E na entrada de seu escritório, entre as flores de seu outro jardim, erguia-se uma forca que a brisa balançava.

Nas horas livres, quando não caçava negros nem elefantes, o capitão pintava paisagens a óleo, escrevia poemas e colecionava borboletas.

## Duas rainhas

Pouco antes de morrer, a rainha Vitória teve a alegria de incorporar outra pérola à sua povoada coroa. O reino ashanti, vasta mina de ouro, passou a ser colônia britânica.

Aquela conquista havia custado várias guerras, durante um século inteiro.

A batalha final começou quando os ingleses exigiram que os ashantis entregassem o trono sagrado, onde morava a alma da nação.

Os ashantis eram muito belicosos, e era melhor perdê-los que encontrá-los, mas foi uma mulher quem encabeçou a batalha final. A rainha mãe, Yaa Asantewaa, desalojou os chefes guerreiros:

– *Onde está a valentia? Em vocês, não está.*

Foi dura a briga. Após três meses, os canhões britânicos impuseram suas razões.

Vitória, a rainha triunfante, morreu em Londres.

Yaa Asantewaa, a rainha vencida, morreu longe da sua terra.

Os vencedores nunca encontraram o trono sagrado.

Anos depois, o reino ashanti, chamado de Gana, foi a primeira colônia da África negra que conquistou a independência.

## Wilde

O lorde camarista do reino britânico era bem mais que um camareiro. Entre outras coisas, era encarregado da censura do teatro. Com a ajuda de seus especialistas, decidia quais obras deviam ser cortadas ou proibidas para proteger o público contra os riscos da imoralidade.

Em 1892, Sarah Bernhardt anunciou que uma nova obra de Oscar Wilde, *Salomé*, ia inaugurar sua temporada em Londres. Duas semanas antes da estreia, a obra foi proibida.

Ninguém protestou, exceto o autor. Wilde recordou que era um irlandês vivendo numa nação de tartufos, mas os ingleses festejaram a piada. Aquele gorducho engenhoso, que usava uma flor branca na lapela e uma navalha na língua, era o personagem mais venerado dos teatros e salões de Londres.

Wilde zombava de todos, e também de si próprio:

– *Consigo resistir a tudo, menos à tentação* – dizia.

E certa noite dividiu seu leito com o filho do marquês de Queensberry, fascinado pela sua beleza lânguida, misteriosamente juvenil e ao mesmo tempo crepuscular; e essa foi a primeira noite de outras noites. O marquês ficou sabendo, e lhe declarou guerra. E ganhou.

Após três processos humilhantes, que ofereceram banquetes cotidianos à imprensa e desataram a indignação dos cidadãos contra aquele corruptor de costumes, o júri o condenou, por ter cometido atos de grosseira indecência com os jovenzinhos que tiveram o prazer de denunciá-lo.

Ficou dois anos na cadeia, trabalhando com pá e picareta. Seus credores arremataram tudo o que ele tinha. Quando saiu, seus livros haviam desaparecido das livrarias e suas obras, dos palcos. Ninguém o aplaudia, ninguém o convidava.

Vivia sozinho e sozinho bebia, pronunciando, para ninguém, suas frases brilhantes.

A morte foi amável. Não demorou.

## A moral frigirrígida

O doutor Watson não dizia nada, mas Sherlock Holmes respondia. Respondia aos seus silêncios, enquanto ia adivinhando, um atrás de outro, todos os seus pensamentos.

Esse brilhante festival de deduções começou duas das aventuras do detetive inglês. Nas duas se repetiu, palavra por palavra; e não foi por descuido do autor.

O relato original, "A caixa de papelão", contava a história de um marinheiro que matava a esposa e seu amante. Na hora de reunir em livro os contos publicados em revistas, o autor, Arthur Conan Doyle, preferiu não ferir a sensibilidade de seus leitores nem incomodar a rainha.

A época, *good manners*, exigia cortesia e silêncio. Não havia por que mencionar o adultério, porque o adultério não existia. Conan Doyle suprimiu seu pecaminoso relato, aplicando a autocensura, mas salvou o monólogo do começo enfiando-o em outra história de seu famoso detetive.

No entanto, Sherlock Holmes se picava de cocaína, em seus dias aborrecidos, quando Londres não lhe oferecia nada mais que cadáveres medíocres e nenhum enigma digno de sua inteligência superior. E Conan Doyle jamais sentiu o menor reparo em incluir esse costume em várias aventuras do detetive mais famoso do mundo.

Com as drogas, não havia problema. A moral vitoriana não se metia nesse assunto. A rainha não cuspia no prato em que comia. A época que usava seu nome proibia paixões, mas vendia consolos.

## O pai dos escoteiros

Arthur Conan Doyle recebeu o título de *sir*, e não por causa dos méritos de Sherlock. O escritor ingressou na nobreza pelas obras de propaganda que havia escrito a serviço da causa imperial.

Um de seus heróis era o coronel Baden-Powell, fundador dos Boy Scouts, os escoteiros. Ele o havia conhecido combatendo contra os selvagens africanos:

– *Havia sempre alguma coisa de esportista em sua aguda apreciação da guerra* – dizia sir Arthur.

Habilidoso na arte de rastrear pegadas alheias e apagar as próprias, Baden-Powell havia praticado exitosamente o esporte da caçada de leões, javalis, veados, zulus, ashantis e ndebeles.

Contra os ndebeles tinha travado uma dura batalha na África do Sul.

Morreram duzentos e nove negros e um inglês.

O coronel levou de lembrança o corno que o inimigo soprava para soar o alarme. E esse corno em espiral, de antílope kudu, foi incorporado aos costumes dos escoteiros, e passou a ser o símbolo dos rapazes que amam a vida saudável.

## O pai da Cruz Vermelha

A Cruz Vermelha nasceu em Genebra. Foi fruto da iniciativa de alguns banqueiros suíços, que quiseram oferecer socorro aos feridos que as guerras abandonavam nos campos de batalha.

Gustave Moynier, o primeiro presidente, encabeçou durante mais de quarenta anos o Comitê Internacional. Ele explicava que a Cruz Vermelha, instituição inspirada na moral evangélica, era bem recebida nos países civilizados, mas encontrava ingratidão nos países colonizados.

– *A compaixão* – escreveu – *é desconhecida por essas tribos selvagens, que praticam o canibalismo. É tão estranha para eles a compaixão que suas línguas não têm nenhuma palavra que expresse essa ideia.*

## Churchill

Todo-poderosa era a influência dos herdeiros de lorde Malborough, chamado de Mambru; e o jovem Winston Churchill conseguiu entrar, graças à sua família, num dos batalhões de lanceiros que iam lutar no Sudão.

Ele foi soldado e cronista da Batalha de Omdurman, em 1898, nas vizinhanças de Cartum, às margens do rio Nilo.

A coroa britânica estava armando um corredor de colônias que atravessava a África do Cairo, no norte, até a Cidade do Cabo, no extremo sul. A conquista do Sudão era fundamental para que essa expansão imperial, que Londres explicava dizendo:

– *Estamos civilizando a África através do comércio,*

em vez de confessar:

– *Estamos comercializando a África através da Civilização.*

A sangue e fogo essa missão redentora abria passagem. Como os raquíticos cérebros africanos não conseguiam compreendê-la, ninguém se deu o trabalho de perguntar o que eles achavam daquilo.

Nos bombardeios da cidade de Omdurman, Churchill admitiu, *morreu um grande número de infortunados não combatentes*, vítimas daquilo que um século depois passou a ser chamado de *danos colaterais*. Mas, finalmente, as armas imperiais conseguiram, segundo suas palavras, *o mais eloquente triunfo jamais alcançado pelas armas da Ciência contra as armas da barbárie, a derrota do mais poderoso e melhor armado exército selvagem jamais alçado contra um moderno poder europeu.*

Segundo os dados oficiais dos vencedores, foi este o resultado da Batalha de Omdurman:

nas tropas civilizadas, dois por cento de baixas;
nas tropas selvagens, noventa por cento de baixas.

## O Colosso de Rhodes

Tinha um humilde projeto de vida:

– *Se pudesse, conquistaria outros planetas.*

Sua energia vinha do berço:

– *Somos a primeira raça do mundo. Quanto mais mundo habitarmos, melhor será para a raça humana.*

Cecil Rhodes, o homem mais rico da África, rei dos diamantes e dono da única estrada de ferro que tinha acesso às minas de ouro, falava claro:

– *Devemos nos apoderar de novos territórios* – explicava. – *Para lá enviaremos nosso excesso de população e lá encontraremos novos mercados para a produção de nossas fábricas e de nossas minas. O império, eu sempre disse, é uma questão de estômago.*

Aos domingos, Rhodes se divertia jogando moedas na piscina para que seus vassalos negros as pegassem com os dentes, mas nos dias da semana se dedicava a devorar terras. Esse faminto ampliou cinco vezes o mapa da Inglaterra, despojando os negros, por direito natural, e desalojando os outros brancos, os chamados *boers*, por competição colonial. Para levar sua tarefa adiante, foi preciso inventar os campos de concentração, numa versão rudimentar que os alemães aperfeiçoaram na Namíbia e depois desenvolveram na Europa.

Em homenagem às façanhas do conquistador inglês, dois países africanos se chamaram Rodésia.

Rudyard Kipling, a lira sempre a postos, escreveu seu epitáfio.

## Trono de ouro

Alguns anos antes de Cecil Rhodes, Midas, rei da Frígia, quis que o mundo fosse ouro graças à magia de sua mão.

Ele precisava transformar em ouro tudo o que tocasse, e pediu ao deus Dionísio que lhe concedesse esse poder. E Dionísio, que acreditava no vinho e não no ouro, concedeu.

Então Midas arrancou um galho de fresno e o galho se transformou numa vara de ouro. Tocou um tijolo e virou lingote. Lavou suas mãos e uma chuva de ouro brotou da fonte. E quando sentou-se para comer, o manjar arrebentou seus dentes e nenhuma bebida conseguiu passar pela sua garganta. E abraçou sua filha e era estátua de ouro.

Midas ia morrer de fome, sede e solidão.

Dionísio apiedou-se e mergulhou-o no rio Pactolo.

Desde então, o rio tem areias de ouro e Midas, que perdeu a magia e salvou a vida, tem orelhas de burro, mal dissimuladas debaixo de um boné vermelho.

## Fundação dos campos de concentração

Quando a Namíbia conquistou a independência, em 1990, a principal avenida da sua capital continuou chamando-se Göring. Não por Hermann, o célebre chefe nazista, mas em homenagem ao pai dele, Heinrich Göring, que foi um dos autores do primeiro genocídio do século XX.

Aquele Göring, representante do império alemão nesse país africano, havia tido a bondade de confirmar, em 1904, a ordem de extermínio dada pelo general Lothar von Trotta.

Os hererós, negros pastores, tinham-se alçado em rebelião. O poder colonial expulsou a todos e advertiu que mataria os hererós que encontrasse na Namíbia, homens, mulheres ou crianças, armados ou desarmados.

De cada quatro hererós, morreram três. Foram abatidos pelos canhões ou pelos sóis do deserto onde os jogaram.

Os sobreviventes da carnificina foram parar nos campos de concentração, que Göring programou. Então, o chanceler Von Bülow teve a honra de pronunciar pela primeira vez a palavra *Konzentrationslager.*

Os campos, inspirados no antecedente britânico da África do Sul, combinaram o isolamento, o trabalho forçado e a experiência científica. Os prisioneiros, que exauriam suas vidas nas minas de ouro e diamante, eram também cobaias humanas para a pesquisa de raças inferiores. Naqueles laboratórios trabalhavam Theodor Mollison e Eugen Fischer, que foram mestres de Josef Mengele.

Mengele pôde desenvolver suas lições a partir de 1933. Naquele ano, Göring filho fundou os primeiros campos de concentração na Alemanha, seguindo o modelo que seu pai havia ensaiado na África.

## Fundação do faroeste

Os cenários dos filmes do Oeste, onde cada revólver disparava mais balas que uma metralhadora, eram cidadezinhas de meia-tigela, onde a única coisa sonora eram os bocejos e os bocejos duravam muito mais que as festanças.

Os caubóis, esses cavaleiros taciturnos, ginetes erguidos que atravessavam o universo resgatando donzelas, eram peões mortos de fome, sem outra companhia feminina que as vacas que comboiavam, através do deserto, arriscando a vida a troco de um soldo miserável. E não se pareciam nem um pouco com Gary Cooper, nem com John Wayne ou Alan Ladd, porque eram negros ou mexicanos ou brancos desdentados que nunca tinham passado pelas mãos de uma maquiadora.

E os índios, condenados a trabalhar como figurantes no papel dos malvados malvadíssimos, não tinham nada a ver com aqueles débeis mentais, emplumados, pintados, que não sabiam falar e ululavam ao redor da diligência crivada de flechas.

A gesta do faroeste foi invenção de um punhado de empresários vindos da Europa oriental. Bom olho para os negócios tinham esses imigrantes, Laemmle, Fox, Warner, Mayer, Zukor, que nos estúdios de Hollywood fabricaram o mito universal de maior êxito no século XX.

## Búfalo Bill

No século XVIII, a colônia de Massachusetts pagava cem libras esterlinas por cada couro cabeludo arrancado de índio.

Quando os Estados Unidos conquistaram sua independência, os couros cabeludos, *scalps*, foram cotizados em dólares.

No século XIX, Búfalo Bill consagrou-se como o maior esfolador de índios e o grande exterminador dos búfalos que lhe deram fama e nome.

Quando os sessenta milhões de búfalos tinham sido reduzidos a menos que mil e os últimos índios rebeldes tinham se rendido de fome, Búfalo Bill passeou pelo mundo seu grande espetáculo, o Wild West Circus. Ao ritmo de uma cidade a cada dois dias, ele resgatava diligências acossadas pelos selvagens, cavalgava potros indomáveis e disparava tiros que partiam uma mosca pela metade.

O herói interrompeu seu show para passar em família o primeiro Natal do século XX.

Rodeado pelos seus, no calor do lar, ergueu a taça, brindou, bebeu e caiu duro no chão.

Na demanda de divórcio, acusou sua esposa Lulu de envenenamento.

Ela confessou que havia posto alguma coisa na bebida dele, mas disse que era um elixir de amor, da marca Sangue de Dragão, que um cigano tinha vendido.

## As idades de Touro Sentado

Aos trinta e dois anos, batismo de fogo. Touro Sentado defende sua gente diante de um ataque das tropas inimigas.

Aos trinta e seis, sua nação indígena o elege chefe.

Aos quarenta e um, Touro Sentado senta-se. Em plena batalha, nas margens do rio Yellowstone, caminha até os soldados que disparam e senta-se no chão. Acende seu cachimbo. Zunem as balas, feito vespas. Ele, imóvel, fuma.

Aos quarenta e três, fica sabendo que os brancos encontraram ouro nas Black Hills, em terras reservadas aos índios, e começaram a invasão.

Aos quarenta e quatro, durante uma longa dança ritual, tem uma visão: milhares de soldados caem do céu feito gafanhotos. Naquela noite, um sonho anuncia: *Tua gente derrotará o inimigo.*

Aos quarenta e cinco, sua gente derrota o inimigo. Os sioux e os cheyennes, unidos, dão uma tremenda coça no general George Custer com todos os seus soldados.

Aos cinquenta e dois, após alguns anos de exílio e cadeia, aceita ler um discurso de homenagem ao trem do Pacífico Norte, que terminara a construção de suas vias. No final do discurso, põe os papéis de lado e, encarando o público, diz:

– *Os brancos são todos ladrões e mentirosos.*

O intérprete traduz:

– *Nós agradecemos a Civilização.*

O público aplaude.

Aos cinquenta e quatro, trabalha no show de Búfalo Bill. Na arena do circo, Touro Sentado representa Touro Sentado. Hollywood ainda não é Hollywood, mas a tragédia já se repete como espetáculo.

Aos cinquenta e cinco, um sonho anuncia a ele: *Tua gente vai te matar.*

Aos cinquenta e nove, sua gente o mata. Índios que vestem uniforme de policial trazem uma ordem de prisão. No tiroteio, ele cai.

## Fundação dos desaparecimentos

Milhares de mortos sem sepultura vagam pelos pampas argentinos. São os desaparecidos da última ditadura militar.

A ditadura do general Videla aplicou em escala jamais vista a desaparição como arma de guerra. Aplicou, mas não inventou. Um século antes, o general Roca tinha utilizado contra os índios essa obra-prima da crueldade, que obriga cada morto a morrer várias vezes e que condena seus queridos a enlouquecer perseguindo sua sombra fugidia.

Na Argentina, como em toda a América, os índios foram os primeiros desaparecidos. Desapareceram antes de aparecer. O general Roca chamou de *conquista do deserto* sua invasão das terras indígenas. A Patagônia era *um espaço vazio*, um reino do nada, habitado por ninguém.

E os índios continuaram desaparecendo depois. Os que se submeteram e renunciaram à terra e a tudo foram chamados de *índios reduzidos*: reduzidos até desaparecer. E os que não se submeteram e foram vencidos a tiros e golpes de sabre desapareceram transformados em números, mortos sem nome, nos boletins militares. E seus filhos desapareceram também: repartidos como butim de guerra, chamados com outros nomes, esvaziados de memória, escravinhos dos assassinos de seus pais.

## A estátua mais alta

No final do século XIX culminou, a tiros de Remington, o esvaziamento da Patagônia argentina.

Os poucos índios que sobreviveram cantaram, ao ir embora:

> *Terra minha: não te afastes de mim,*
> *por mais longe que eu me afaste.*

Charles Darwin já havia advertido, em sua viagem pela região, que os índios não se extinguiam por *seleção natural*, mas porque seu extermínio correspondia a uma política de governo. Domingo Faustino Sarmiento acreditava que as tribos selvagens constituíam um *perigo para a sociedade*, e o autor do safári final, o general Julio Argentino Roca, chamava suas vítimas de *animais selvagens*.

O exército levou a caçada adiante em nome da segurança pública. Os índios eram uma ameaça e suas terras, uma tentação. Quando a Sociedade Rural felicitou-o pela missão cumprida, o general Roca anunciou:

– *Estão livres para sempre do domínio dos índios esses vastíssimos territórios que se apresentam agora cheios de deslumbradoras promessas ao imigrante e ao capital estrangeiro.*

Seis milhões de hectares passaram às mãos de sessenta e sete proprietários. Quando morreu, em 1914, Roca deixou aos seus herdeiros sessenta e cinco mil hectares de terras arrancadas dos índios.

Em vida, todos os argentinos tinham sabido valorizar a abnegação desse guerreiro da pátria, mas a morte melhorou-o muito: agora tem a estátua mais alta do país e outros trinta e cinco monumentos, sua efígie decora a nota mais valiosa e levam seu nome uma cidade e numerosas avenidas, parques e escolas.

## A avenida mais longa

Uma matança de índios inaugurou a independência do Uruguai.

Em julho de 1830, foi aprovada a Constituição nacional, e um ano depois o novo país foi batizado com sangue.

Uns quinhentos índios charruas, que tinham sobrevivido a séculos de conquista, moravam ao norte do rio Negro, perseguidos, acossados, exilados em sua própria terra.

As novas autoridades os convocaram para uma reunião. Prometeram a eles paz, trabalho, respeito. Os caciques compareceram, seguidos pelo seu povo.

Comeram, beberam e tornaram a beber até caírem dormindo. Então foram executados a ponta de baioneta e talhos de sabre.

Essa traição foi chamada de batalha. E foi chamado de Salsipuedes, *sai-se-puderes*, desde então, o arroio onde aconteceu.

Poucos – muito poucos – homens conseguiram sair.

Houve distribuição de mulheres e crianças. As mulheres viraram carne de quartel, e as crianças, escravinhos das famílias patrícias de Montevidéu.

Fructuoso Rivera, primeiro presidente do Uruguai, planejou e celebrou *esta obra civilizadora, para terminar com as correrias das hordas selvagens.*

Anunciado o crime, tinha escrito: *será grande, será lindíssimo.*

A avenida mais longa do país, que atravessa a cidade de Montevidéu, tem o seu nome.

## Martí

Passeavam pai e filho pelas ruas floridas de Havana, quando cruzaram com um senhor magrinho, calvo, que caminhava como se estivesse chegando tarde.

E o pai advertiu ao filho:

– *Cuidado com esse aí. É branco por fora, mas por dentro é negro.*

O filho, Fernando Ortiz, tinha catorze anos.

Tempos depois, Fernando seria o homem que soube resgatar, contra séculos de negação racista, as ocultas raízes negras da cubanidade.

E aquele perigoso senhor, o magrinho, o calvo, o que caminhava como se estivesse chegando tarde, se chamava José Martí. Era filho de espanhóis o mais cubano dos cubanos, o que denunciou:

– *Éramos uma máscara, com as calças da Inglaterra, o colete parisiense, o paletó da América do Norte e a carapuça da Espanha.*

E repudiou a falsa erudição chamada Civilização, e exigiu:

– *Basta de togas e de dragonas,*

e comprovou:

– *Toda a glória do mundo cabe num grão de milho.*

Pouco depois daquele encontro em Havana, Martí se lançou rumo à montanha. E estava lutando por Cuba quando, em plena batalha, uma bala espanhola derrubou-o do cavalo.

## Músculos

José Martí havia anunciado e denunciado: a jovem nação norte-americana se transformava em império glutão e era insaciável a sua fome de mundo. Já havia devorado o território indígena e tinha comido meio México e não conseguia parar.

– *Nenhum triunfo da paz é tão grandioso como o triunfo supremo da guerra* – proclamava Teddy Roosevelt, que recebeu o prêmio Nobel da Paz.

Dom Teddy foi presidente até 1909, quando deixou de invadir países e começou a combater os rinocerontes da África.

Seu sucessor, William Taft, invocava a ordem natural:

– *Todo o hemisfério será nosso nos fatos, como já é nosso moralmente em virtude da nossa superioridade racial.*

## Mark Twain

Quando o presidente George W. Bush invadiu o Iraque, declarou que a guerra de liberação das Filipinas era o seu modelo.

Ambas as guerras tinham sido inspiradas pelo Céu.

Bush revelou que Deus lhe havia ordenado fazer o que fez. E um século antes, o presidente William McKinley também tinha escutado a voz do Além:

– *Deus me disse que não podemos deixar os filipinos nas mãos deles mesmos, porque não estão capacitados para o autogoverno, e que nada podemos fazer a não ser nos encarregarmos deles e educá-los e civilizá-los e cristianizá-los.*

Assim, as Filipinas foram liberadas do perigo filipino e, ao mesmo tempo, os Estados Unidos salvaram Cuba, Porto Rico, Honduras, Colômbia, Panamá, República Dominicana, Havaí, Guam, Samoa...

Naquela época, o escritor Ambrose Bierce comprovou:

*– A guerra é o caminho escolhido por Deus para nos ensinar geografia.*

E seu colega Mark Twain, dirigente da Liga Anti-imperialista, desenhou uma nova bandeira nacional, que exibia caveirinhas no lugar das estrelas.

O general Frederick Funston opinou que aquele senhor merecia a forca por traição à pátria.

Tom Sawyer e Huckleberry Finn defenderam o pai.

## Kipling

Em compensação, as guerras de conquista entusiasmaram Rudyard Kipling. Esse escritor, nascido em Bombaim mas fabricado em Londres, publicou naquela época seu exitoso poema "A carga do homem branco".

Em seus versos, Kipling exortava as nações invasoras a permanecer nas terras invadidas até cumprir sua missão civilizadora:

*Assume a carga do Homem Branco.*
*Envia teus melhores filhos,*
*obriga-os ao exílio*
*ao serviço das necessidades de teus cativos,*
*aceitando o pesado jugo*
*que te impõem teus recém-capturados povos,*
*selvagens, rancorosos,*
*metade demônios, metade crianças.*

O poeta hindu advertia que os servos são tão ignorantes que ignoram até o que necessitam, e tão ingratos que jamais valorizam os sacrifícios que seus amos fazem por eles:

*Assume a carga do Homem Branco*
*a troco da antiga recompensa:*
*a maldição dos melhor tratados,*
*o ódio dos melhor cuidados,*
*a queixa dos melhor conduzidos*
*(ai, lentamente!) rumo à luz...*

## A espada do Império

Em Wounded Knee, o general Nelson Miles solucionou o problema índio, crivando de balas mulheres e crianças.

Em Chicago, o general Nelson Miles solucionou o problema operário, mandando para o cemitério os dirigentes da empresa Pullman.

Em San Juan de Porto Rico, o general Nelson Miles solucionou o problema colonial, arriando a bandeira da Espanha e alçando em seu lugar a bandeira das listas e estrelas. E por todos os lados cravou cartazes que advertiam *English spoken here*, para o caso de alguém não reparar. E se proclamou governador. E explicou aos invadidos que os invasores não tinham vindo para fazer a guerra, mas *pelo contrário, para oferecer-lhes proteção, não apenas a vocês, mas também às suas propriedades, e para promover a prosperidade, e para...*

## O arroz civilizado

A redenção das ilhas Filipinas contou, desde o princípio, com a imensurável contribuição das damas de caridade.

Essas boas almas, senhoras dos altos funcionários e dos chefes militares das forças invasoras, começaram visitando a cadeia de Manilha. E perceberam que os prisioneiros estavam bastante magros. Quando entraram na cozinha e viram o que aqueles desgraçados comiam, suas almas despencaram. Era o arroz selvagem, típico dos povos primitivos: grãos de todos os tamanhos, opacos, escuros, com casca e germe e tudo.

Elas imploraram ajuda aos maridos, que não se negaram à boa ação. E o primeiro navio trouxe, dos Estados Unidos, um carregamento de arroz civilizado, os grãos todos iguaizinhos e descascados e polidos e brilhantes e branqueados com talco.

A partir do final de 1901, os presos filipinos comeram isso. Nos dez primeiros meses, uma peste adoeceu 4.825 e matou 216.

Os médicos norte-americanos atribuíram o desastre a algum micróbio desses que são gerados pela falta de higiene nos países atrasados; mas, por via das dúvidas, mandaram que as prisões retomassem a dieta anterior.

Quando os presos tornaram a comer arroz selvagem, acabou-se a peste.

## Fundação da democracia

Em 1889, morreu a monarquia no Brasil.

Naquela manhã, os políticos monárquicos despertaram sendo republicanos.

Um par de anos depois, foi promulgada a Constituição que implantou o voto universal. Todos podiam votar, menos os analfabetos e as mulheres.

Como quase todos os brasileiros eram analfabetos ou mulheres, quase ninguém votou.

Naquela primeira eleição democrática, noventa e oito de cada cem brasileiros não acudiram aos chamados das urnas.

Um poderoso fazendeiro de café, Prudente de Moraes, foi eleito presidente da nação. Chegou de São Paulo até o Rio e ninguém ficou sabendo. Ninguém foi recebê-lo, ninguém o reconheceu.

Agora goza de certa fama, por ser rua do elegante bairro de Ipanema.

## Fundação da Universidade

Na época colonial, as famílias brasileiras que podiam se dar ao luxo mandavam os filhos estudar na Universidade de Coimbra, em Portugal.

Depois, existiram no Brasil algumas escolas para formar doutores em Direito ou em Medicina: poucos doutores, porque poucos eram seus possíveis clientes num país onde muitos não tinham direito algum, nem outro remédio que a morte.

Universidade, nenhuma.

Mas em 1922 o rei belga Leopoldo II anunciou sua visita, e tão augusta presença merecia o título de doutor *honoris causa*, que só a instituição universitária podia conceder.

Para isso nasceu a Universidade. Foi inventada às pressas, no casarão que era ocupado pelo Instituto Imperial de Cegos. Lamentavelmente, não houve outro jeito a não ser expulsar os cegos.

E assim o Brasil, que deve aos negros o melhor da sua música, do seu futebol, da sua comida e da sua alegria, pôde doutorar um rei cujo único mérito era ser o herdeiro de uma família especializada no extermínio de negros no Congo.

## Fundação da tristeza

Montevidéu não era cor de cinza. Foi escurecida.

Lá por 1890, um dos viajantes que visitaram a capital do Uruguai ainda pôde render homenagem à *cidade onde triunfam as cores vivas.* As casas ainda tinham caras vermelhas, amarelas, azuis...

Pouco depois, os entendidos explicaram que esse costume bárbaro não era digno de um povo europeu. Para ser europeu, não importa o que o mapa dissesse, era preciso ser civilizado. Para ser civilizado, era preciso ser sério. Para ser sério, era preciso ser triste.

E em 1911 e 1913, os decretos municipais ditaram que deviam ser cor de cinza as lajotas das calçadas e foram fixadas normas obrigatórias para as fachadas das casas, *nas quais só será permitida a pintura que imite materiais de construção, tais como o reboco de cimento, tijolo e pedras em geral.*

O pintor Pedro Figari debochava dessa estupidez colonial:

– *A moda exige que até as portas, janelas e gelosias sejam pintadas de cinza. Nossas cidades querem ser Paris... Montevidéu, cidade luminosa, é borrada, triturada, castrada...*

Assim Montevidéu sucumbiu à copiação.

No entanto, naqueles anos o Uruguai era o centro latino-americano da audácia e provava com fatos sua energia criadora. O país teve educação laica e gratuita antes da Inglaterra, voto feminino antes da França, jornada laboral de oito horas antes dos Estados Unidos e lei de divórcio setenta anos antes que fosse restabelecida na Espanha. O presidente José Batlle, dom Pepe, nacionalizou os serviços públicos, separou a Igreja do Estado e mudou os nomes do almanaque. Até hoje, no Uruguai, a Semana Santa se chama Semana do Turismo, como se Jesus tivesse tido a má sorte de ser torturado e assassinado numa data como essa.

## Fora de lugar

Uma típica cena de domingo é o quadro que dá fama a Édouard Manet: dois homens e duas mulheres num piquenique sobre a relva, nas vizinhanças de Paris.

Nada estranho, a não ser um detalhe. Eles estão vestidos, impecáveis cavalheiros, e elas estão completamente nuas. Eles conversam entre si, algum assunto sério, coisa de homens, e elas têm menos importância que as árvores da paisagem.

A mulher que aparece em primeiro plano está olhando para nós. Talvez nos pergunte, de seu distanciamento, *onde estou, o que faço aqui.*

Elas sobram. E não apenas no quadro.

## Desalmadas

Aristóteles sabia o que dizia:

– *A fêmea é como um macho deformado. Falta-lhe um elemento essencial: a alma.*

As artes plásticas eram um reino proibido aos seres sem alma.

No século XVI, havia em Bolonha 524 pintores e uma pintora.

No século XVII, na Academia de Paris, havia 435 pintores e quinze pintoras, todas esposas ou filhas dos pintores.

No século XIX, Suzanne Valadon foi verdureira, acrobata de circo e modelo de Toulouse-Lautrec. Usava espartilhos feitos de cenouras e dividia seu estúdio com uma cabra. Ninguém se surpreendeu que ela fosse a primeira artista a se atrever a pintar homens nus. Tinha que ser uma doida.

Erasmo de Rotterdam sabia o que dizia:

– *Uma mulher é sempre mulher, quer dizer: louca.*

## Ressurreição de Camille

A família declarou-a louca e meteu-a num manicômio.

Camille Claudel passou ali, prisioneira, os últimos trinta anos de sua vida.

Foi para o seu bem, disseram.

No manicômio, cárcere gelado, se negou a desenhar e a esculpir.

A mãe e a irmã jamais a visitaram.

Uma ou outra vez seu irmão Paul, o virtuoso, apareceu por lá.

Quando Camille, a pecadora, morreu, ninguém reclamou seu corpo.

Anos levou o mundo até descobrir que Camille não tinha sido apenas a humilhada amante de Auguste Rodin.

Quase meio século depois de sua morte, suas obras renasceram e viajaram e assombraram: bronze que baila, mármore que chora, pedra que ama. Em Tóquio, os cegos pediram licença para apalpar as esculturas. Puderam tocá-las. Disseram que as esculturas respiravam.

## Van Gogh

Quatro tios e um irmão se dedicavam ao comércio de obras de arte, mas ele só conseguiu vender um quadro, um único, em toda a sua vida. Por admiração ou lástima, a irmã de um amigo pagou quatrocentos francos por um óleo, *O vinhedo vermelho*, pintado em Arles.

Mais de um século depois, suas obras são notícia nas páginas financeiras de jornais que ele jamais leu,

são a pinturas mais cotadas nas galerias de arte onde nunca entrou,

as mais vistas em museus que ignoravam a sua existência

e as mais admiradas nas academias que lhe aconselharam a se dedicar a outra coisa.

Agora Van Gogh decora restaurantes que lhe negariam comida,

consultórios de médicos que o trancariam num manicômio

e escritórios de advogados que o meteriam na prisão.

## Esse grito

Edvard Munch escutou que o céu gritava.

Já havia passado o crepúsculo mas o sol persistia, em línguas de fogo que subiam do horizonte, quando o céu gritou.

Munch pintou esse grito.

Agora, quem vê seu quadro tapa os ouvidos.

O novo século nascia gritando.

## Profetas do século XX

Karl Marx e Friedrich Engels haviam escrito o *Manifesto comunista* em meados do século XIX. Não tinham escrito para interpretar o mundo, mas para ajudar a mudá-lo. Um século depois, um terço da humanidade vivia em sociedades inspiradas por aquele panfleto de apenas vinte e três páginas.

O *Manifesto* foi uma profecia certeira. O capitalismo é um bruxo incapaz de controlar as forças que desata, disseram os autores, e em nossos dias qualquer um que não seja cego pode comprovar isso num piscar de olhos.

Mas não passou pela cabeça dos autores que o bruxo pudesse ter mais vidas que um gato,

nem que as grandes fábricas pudessem dispersar a mão de obra para reduzir seus custos de produção e suas ameaças de sublevação,

nem que as revoluções sociais pudessem ocorrer nas nações que eram chamadas de *bárbaras*, mais frequentemente que nas chamadas de *civilizadas*, nem que a unidade dos proletários de todos os países pudesse acabar sendo menos frequente que a sua divisão,

nem que a ditadura do proletariado pudesse ser o nome artístico da ditadura da burocracia.

E assim, pelo sim e pelo não, o *Manifesto* confirmou a mais profunda certeza de seus autores: a realidade é mais poderosa e assombrosa que seus intérpretes. *Cinzenta é a teoria e verde a árvore da vida*, havia dito Goethe pela boca do Diabo. E Marx costumava advertir que ele não era marxista, antecipando-se aos que iam transformar o marxismo em ciência infalível ou religião indiscutível.

## Fundação da publicidade

O médico russo Ivan Pavlov descobriu os reflexos condicionados.

Ele chamou de *aprendizagem* a esse processo de estímulos e respostas:

a campainha toca, o cão recebe comida, o cão segrega saliva;

horas depois, a campainha toca, o cão recebe comida, o cão segrega saliva;

no dia seguinte, a campainha toca, o cão recebe comida, o cão segrega saliva;

e a operação se repete, hora após hora, dia após dia, até que a campainha toca, o cão não recebe comida, mas segrega saliva.

Horas depois, dias depois, o cão continua segregando saliva, quando a campainha toca, diante do prato vazio.

## Poções

Os cereais Postum nos conduziam pelo Caminho da Felicidade rumo à Cidade do Bem-Estar e à Luz do Sol. Seus flocos flutuantes tinham propriedades religiosas, e não à toa se chamavam *Maná de Elias* (o profeta), e suas nozes conjuravam a apendicite, a tuberculose, a malária e a queda dos dentes.

Em 1883, o professor Holloway gastou cinquenta mil libras esterlinas na publicidade de um produto, à base de sabão e de babosa, que era infalível contra cinquenta doenças, todas elas enumeradas no prospecto.

Os pós-estomacais do dr. Gregory nos deixavam de barriga nova graças à exótica combinação de ruibarbo turco, magnésia calcinada e gengibre da Jamaica, e o linimento do dr. Veron, *reconhecido pelos membros da Academia Real de Medicina,* derrotava os catarros, a asma e o sarampo.

O óleo de serpentes do dr. Stanley, que não tinha nada a ver com as serpentes, era uma mistura de querosene, alcanfor e terebintina que matava o reumatismo. Às vezes também matava os reumáticos, mas esse detalhe não aparecia nos anúncios.

A publicidade não mencionava a morfina contida no xarope da sra. Winslow, que acalmava os nervos, porque era elaborado por uma família de hábitos serenos. E a publicidade tampouco dizia a que Coca se referia o nome da Coca-Cola, *o tônico ideal para o cérebro* que o dr. Pemberton vendia.

## Marketing

No final dos anos 20, a publicidade difundiu esta maravilhosa novidade, ao rufar dos tambores: *Você pode voar*! A gasolina com chumbo corria mais, e quem corria mais triunfava na vida. Os anúncios mostravam um menino envergonhado, num carro que andava a passo de cágado: *Puxa, papai, todos estão passando a gente!*

A gasolina com chumbo adicionado foi inventada nos Estados Unidos, e dos Estados Unidos o bombardeio da publicidade a impôs no mundo. Em 1986, quando finalmente o governo daquele país decidiu proibi-la, eram incalculáveis as vítimas de envenenamento no planeta inteiro. Sabia-se, é verdade, que a gasolina com chumbo estava matando adultos nos Estados Unidos num ritmo de cinco mil por ano, e que durante sessenta anos tinha provocado danos ao sistema nervoso e ao nível mental de milhões de crianças.

Os principais autores do crime foram dois executivos da General Motors, Charles Kettering e Alfred Sloan. Eles passaram à história como benfeitores da humanidade, porque fundaram um grande hospital.

## Marie

Foi a primeira mulher que recebeu o prêmio Nobel, e o recebeu duas vezes.

Foi a primeira mulher catedrática da Sorbonne, e durante muitos anos a única.

E depois, quando já não podia celebrar o acontecimento, foi a primeira mulher aceita no Panteão, o portentoso mausoléu reservado *aos grandes homens de França,* embora não fosse homem e tivesse nascido e crescido na Polônia.

No final do século XIX, Marie Sklodowska e seu marido, Pierre Curie, descobriram uma substância que emitia quatrocentas vezes mais radiação que o urânio. Deram a ela o nome de *polônio,* em homenagem ao país de Marie. Pouco depois, começaram suas experiências com o rádio, três mil vezes mais poderoso que o urânio, inventaram a palavra *radioatividade* e receberam, juntos, o prêmio Nobel.

Pierre tinha suas dúvidas: seriam eles portadores de uma oferenda do céu ou do inferno? Em sua conferência de Estocolmo, advertiu que o caso do próprio Alfred Nobel, inventor da dinamite, havia sido exemplar:

– *Os poderosos explosivos permitiram à humanidade realizar trabalhos admiráveis. Mas também são um meio terrível de destruição nas mãos dos grandes criminosos que arrastam os povos à guerra.*

Pouco depois, muito pouco depois, Pierre morreu atropelado por uma carreta que carregava quatro toneladas de material militar.

Marie sobreviveu a ele, e seu corpo pagou o preço de seus êxitos. As radiações lhe provocaram queimaduras, chagas e dores fortes, até que morreu de anemia perniciosa.

A filha, Irene, que também foi prêmio Nobel pelas suas conquistas no novo reino da radioatividade, morreu de leucemia.

## O pai das lâmpadas

Vendia jornais nos trens. Aos oito anos, entrou na escola. Durou três meses. O professor devolveu-o para casa: *Este menino é oco,* explicou.

Quando Thomas Alva Edison cresceu, patenteou mil e cem invenções: a lâmpada incandescente, a locomotiva elétrica, o fonógrafo, o projetor de cinema...

Em 1880, fundou a empresa General Electric e criou a primeira estação central de energia elétrica.

Trinta anos depois, esse iluminador da vida moderna conversou com o jornalista Elbert Hubbard.

Disse:

– *Algum dia, alguém inventará uma forma de concentrar e armazenar a luz do sol, em vez deste velho, absurdo, prometeico esquema do fogo.*

E também disse:

– *A luz do sol é uma forma de energia, e os ventos e as marés são manifestações de energia. Por acaso as estamos usando? Oh, não! Queimamos madeira e carvão, como inquilinos que botam fogo na cerca da frente da casa.*

## Tesla

Nikola Tesla sempre disse que havia inventado o rádio, mas quem levou o Nobel foi Guglielmo Marconi. Em 1943, depois de uma luta de muitos anos, a Suprema Corte dos Estados Unidos reconheceu que a patente de Tesla era anterior, mas ele não ficou sabendo. Fazia cinco meses que dormia em sua tumba.

Tesla sempre disse que havia inventado o gerador de corrente alternada, que hoje ilumina as cidades do mundo, mas a invenção estreou torrando condenados na cadeira elétrica, o que não foi a melhor *première.*

Tesla sempre disse que era capaz de acender uma lâmpada sem fios e a quarenta quilômetros de distância, mas quando conseguiu mandou pelos ares a usina de Colorado Springs e os vizinhos o expulsaram a pauladas.

Tesla sempre disse que tinha inventado homenzinhos de aço guiados por controle remoto e raios que fotografavam o corpo por dentro, mas poucos levavam a sério aquele mago de circo que conversava com seu finado amigo Mark Twain e recebia mensagens de Marte.

Tesla morreu num hotel de Nova York, com os bolsos tão vazios como tinham estado sessenta anos antes, quando desceu do barco que o trouxe da Croácia. Agora, chama-se Tesla, em sua memória, a unidade de medida do fluxo magnético e a bobina que produz mais de um milhão de volts.

## Fundação dos bombardeios aéreos

Em 1911, os aviões italianos jogaram granadas contra alguns povoados do deserto da Líbia.

Esse ensaio demonstrou que do céu os ataques eram mais devastadores, mais rápidos e mais baratos que as ofensivas terrestres. O comando da força aérea informou:

*– O bombardeio teve um maravilhoso efeito para desmoralizar o inimigo.*

As experiências seguintes foram, também, matanças europeias contra civis árabes. Em 1912, aviões franceses atacaram o Marrocos e escolheram lugares com muita gente, para não errar o alvo. E no ano seguinte, a aviação espanhola estreou, também no Marrocos, a novidade recém-chegada da Alemanha: umas exitosas bombas de fragmentação que esparramavam mortíferos estilhaços de aço por todos os lados.

Depois...

## As idades de Santos Dumont

Aos trinta e dois anos, o argonauta brasileiro Alberto Santos Dumont, inexplicavelmente vivo depois de muitos desastres voadores, recebe o título de Cavalheiro da Legião de Honra da França. A imprensa o consagra como o homem mais elegante de Paris.

Aos trinta e três, é o pai do avião moderno. Inventa um pássaro a motor, que decola sem catapulta e se eleva e voa a seis metros do chão. Ao aterrissar, declara:

– *Tenho a maior confiança no futuro do aeroplano.*

Aos quarenta e nove, pouco depois da Primeira Guerra Mundial, adverte a Liga das Nações:

– *As proezas das máquinas aéreas nos permitem entrever, com horror, o grande poder de destruição que elas poderão alcançar, como semeadoras da morte, não apenas entre as forças combatentes, mas também, infelizmente, entre as pessoas indefesas.*

Aos cinquenta e três:

– *Não vejo razão para que não se proíba os aeroplanos de jogarem explosivos, quando se proíbe de jogar veneno na água.*

E aos cinquenta e nove, se pergunta:

– *Por que inventei isso, que em vez de ajudar o amor se converte numa maldita arma de guerra?*

E se enforca. Como é tão minúsculo, não pesa quase nada, não mede quase nada, uma gravata é suficiente.

## Fotos: um de muitos

Munique, Odeonoplatz, agosto de 1914.

A bandeira imperial ondula nas alturas. Ao seu amparo, uma multidão se junta no êxtase da germanidade.

A Alemanha declarou a guerra. *Guerra, guerra*, gritam todos, loucos de alegria, ansiosos por chegar o quanto antes aos campos de batalha.

Num ângulo inferior da foto, perdido na multidão, aparece um homem em estado de graça, os olhos no céu, a boca aberta. Quem o conhece poderia contar-nos que se chama Adolf, é austríaco, feioso, que fala com voz fininha e está sempre à beira de um ataque de nervos, que dorme numa água-furtada e que sobrevive vendendo nos bares, mesa por mesa, as aquarelas que pinta copiando paisagens de almanaques.

O fotógrafo, Heinrich Hoffmann, não o conhece. Não tem a menor ideia de que nesse mar de cabeças sua câmara registrou a presença do messias, o redentor da raça dos nibelungos e das valquírias, o Sigfried que vingará a derrota e a humilhação desta Grande Alemanha, que cantando marcha do manicômio ao matadouro.

## Kafka

Quando os tambores da primeira carnificina mundial andavam soando perto, Franz Kakfa escreveu *A metamorfose.* E pouco depois, com a guerra já começada, nasceu *O processo.*

São dois pesadelos coletivos:

um homem desperta transformado numa gigantesca barata, e não consegue entender por que, até que no final é varrido com uma vassoura;

e outro homem é preso, acusado, julgado e condenado, e não consegue entender por que, até que no final é apunhalado pelos verdugos.

De certa forma essas histórias, essas obras, continuavam todos os dias nas páginas dos jornais, que davam notícia do bom andamento da máquina da guerra.

O autor, fantasma de olhos febris, sombra sem corpo, escrevia na derradeira fronteira da angústia.

Pouca coisa publicou, quase ninguém leu.

Foi-se embora em silêncio, como tinha vivido. Em sua dolorosa agonia, só falou para pedir ao médico:

– *Se o senhor não for um assassino, me mate.*

## Nijinski

Na Suíça, em 1919, num salão do hotel Suvretta de Saint Moritz, Vaslav Nijinski dançou pela última vez.

Diante de um público de milionários, o bailarino mais famoso do mundo anunciou que ia dançar a guerra. E à luz dos candelabros, dançou-a.

Nijinski girava em furiosos torvelinhos e se desprendia do solo e no ar se partia e ao solo caía, e se revirava como se fosse de barro o chão de mármore e outra vez se lançava a girar e subindo se quebrava, uma vez e outra e outra, até que no fim aquele resto dele, aquele alarido mudo, espatifou-se contra a janela e se perdeu na neve.

Nijinski entrou no reino da loucura, sua terra de exílio. Nunca mais voltou.

## Fundação do *jazz*

Corria o ano de 1906. As pessoas iam e vinham, como num dia qualquer, ao longo da rua Perdido, num bairro pobre de Nova Orleans. Um menino de cinco anos contemplava, da janela, aquela chateação toda, com os olhos e os ouvidos muito abertos, como esperando alguma coisa que ia acontecer.

E aconteceu. A música explodiu na esquina e ocupou a rua inteira. Um homem soprava sua corneta, erguida para o céu, e ao seu redor a multidão batia palmas e cantava e dançava. E Louis Armstrong, o menino da janela, balançava tanto que por pouco não caiu lá de cima.

Alguns dias mais tarde, o homem da corneta foi parar no manicômio. Foi trancado no setor reservado aos negros.

Foi essa a única vez que seu nome, Buddy Bolden, apareceu nos jornais. Morreu um quarto de século depois, naquele mesmo manicômio, e os jornais não ficaram sabendo. Mas sua música, nunca escrita nem gravada, continuou soando dentro de quem a havia desfrutado em festas ou funerais.

Segundo dizem os que sabem, esse fantasma foi o fundador do *jazz*.

## Ressurreição de Django

Nasceu numa caravana de ciganos. Passou seus primeiros anos nos caminhos da Bélgica, acompanhando com o banjo as danças de um urso com uma cabra.

Tinha dezoito anos quando sua carreta se incendiou. Ficou mais morto que vivo. Perdeu uma perna. Perdeu uma mão. Adeus ao caminho, adeus à música, disseram os médicos. Mas recuperou a perna, quando ia ser amputada, e da mão perdida conseguiu salvar dois dedos. E isso lhe bastou para se transformar num dos melhores guitarristas da história do *jazz*.

Havia um pacto secreto entre Django Reinhardt e sua guitarra. Para que ele a tocasse, ela lhe dava os dedos que lhe faltavam.

## Fundação do tango

Havia nascido no Rio da Prata, nos puteiros dos subúrbios. Os homens dançavam entre si, para distrair a espera, enquanto as mulheres atendiam os outros clientes na cama. Seus sons, lentos, gagos, se perdiam nas ruelas onde reinavam o punhal e a tristeza.

O tango trazia na fronte a marca de sua origem, os bairros baixos, a vida ruim, e por isso era proibido de sair.

Mas o inapresentável abriu seu próprio caminho. Em 1917, pela mão de Carlos Gardel, o tango avançou pelo centro de Buenos Aires e subiu ao palco do teatro Esmeralda e se apresentou com seu nome. Gardel cantou "Mi noche triste" e foi ovacionado. E acabou-se o exílio do tango. Banhada em lágrimas, a pacata classe média deu a ele clamorosas boas-vindas e outorgou-lhe certificado de bom comportamento.

Esse foi o primeiro tango que Gardel gravou em disco. Continua soando, e a cada dia soa melhor. Gardel é chamado de Mago. Não exageram nem um pouquinho.

## Fundação do samba

Da mesma forma que o tango, o samba não era decente: *música barata, coisa de negro.*

Em 1917, no mesmo ano em que Gardel abriu a porta grande para que o tango entrasse, ocorreu a primeira explosão do samba no carnaval do Rio de Janeiro. Naquela noite, que durou anos, cantaram os mudos e dançaram os postes das esquinas.

Pouco depois, o samba viajou para Paris. E Paris enlouqueceu. Era irresistível aquela música onde se encontravam todas as músicas de uma nação prodigiosamente musical.

Mas para o governo brasileiro, que naquela época não aceitava negros na seleção nacional de futebol, aquela bênção europeia não caiu nada bem. Eram músicos negros os mais famosos, e corria-se o perigo de que a Europa pensasse que o Brasil ficava na África.

O mais músico daqueles músicos, Pixinguinha, mestre da flauta e do sax, havia criado um estilo inconfundível. Os franceses nunca tinham escutado nada igual. Mais do que tocar, brincava. E brincando convidava a brincar.

## Fundação de Hollywood

Os mascarados cavalgam, túnicas brancas, cruzes brancas, tochas ao alto: os negros, famintos de brancas donzelas, tremem diante desses ginetes vingadores da virtude das damas e da honra dos cavalheiros.

Em pleno auge dos linchamentos, o filme de D. W. Griffith, "O nascimento de uma nação", eleva seu hino de louvor ao Ku Klux Klan.

Essa é a primeira superprodução de Hollywood, e o maior êxito de bilheteria de todos os anos do cinema mudo. É, também, o primeiro filme que estreou na Casa Branca. O presidente, Woodrow Wilson, aplaude de pé. Aplaude o filme, se aplaude: esse porta-estandarte da liberdade é o autor dos principais textos que acompanham as imagens épicas.

As palavras do presidente explicam que a emancipação dos escravos foi *uma verdadeira derrocada da Civilização no Sul, o Sul branco debaixo das botas do Sul negro.*

Desde aquela época, reina o caos, porque os negros *são homens que ignoram os usos da autoridade, exceto suas insolências.*

Mas o presidente acende a luz da esperança: *finalmente nasceu para a vida um grande Ku Klux Klan.*

E até Jesus em pessoa desce dos céus, no fim do filme, para dar a sua bênção.

## Fundação da arte moderna

Desde sempre, os escultores africanos trabalham cantando. E não param de cantar até concluírem suas obras, para que a música entre nelas e nelas continue soando.

Em 1910, Leo Frobenius ficou vesgo diante das antigas esculturas que encontrou na Costa dos Escravos.

Tão alta era sua beleza que o explorador alemão achou que eram obras gregas, trazidas de Atenas, ou criações da Atlântida perdida. E seus colegas concordaram: a África, filha do desprezo, mãe de escravos, não podia ser a autora daquelas maravilhas.

Mas era. Aquelas efígies cheias de música tinham sido criadas, fazia uns quantos séculos, no umbigo do mundo, em Ifé, o sagrado lugar onde os deuses iorubas tinham dado nascimento às mulheres e aos homens.

E na África continuava nascendo um manancial incessante de arte digna de ser celebrada. E digna de ser roubada.

Parece que Paul Gauguin, homem bastante distraído, pôs sua assinatura num par de esculturas do Congo. O erro foi contagioso. A partir de então, Picasso, Modigliani, Klee, Giacometti, Ernst, Moore e muitos outros artistas europeus também cometeram o mesmo engano, e com frequência.

Saqueada pelo direito colonial, a África nem ficou sabendo do muito que lhe deviam as mais deslumbrantes conquistas da pintura e da escultura na Europa do século XX.

## Fundação do romance moderno

Há mil anos atrás, duas mulheres japonesas escreveram como se fosse agora.

De acordo com Jorge Luis Borges e Marguerite Yourcenar, ninguém nunca escreveu um romance melhor do que *A história de Genji*, de Murasaki Shikibu, magistral recriação de aventuras masculinas e humilhações femininas.

Outra japonesa, Sei Shônagon, compartilhou com Murasaki a rara honra de ser elogiada um milênio mais tarde. Seu *Livro do travesseiro* deu nascimento ao gênero *zuihitsu*, que significa literalmente *ao correr do pincel*. Era um mosaico multicor, feito de breves relatos, anotações, reflexões, notícias, poemas: esses fragmentos, que parecem dispersos mas são diversos, nos convidam a penetrar naquele lugar e naquele tempo.

## O Soldado Desconhecido

A França perdeu um milhão e meio de homens na Primeira Guerra Mundial.

Quatrocentos mil, quase um terço, eram mortos sem nome.

Em homenagem a esses mortos anônimos, o governo resolveu abrir uma tumba ao Soldado Desconhecido.

Foi escolhido, ao acaso, um dos caídos na Batalha de Verdun.

Ao ver o cadáver, alguém notou que era um soldado negro, de um batalhão da colônia francesa do Senegal.

O erro foi corrigido a tempo.

Outro morto anônimo, mas de pele branca, foi enterrado debaixo do Arco do Triunfo, no dia 11 de novembro de 1920. Envolto na bandeira pátria, recebeu discursos e honras militares.

## Proibido ser pobre

*O criminoso nasce, não se faz*, dizia o médico italiano Cesare Lombroso, que se vangloriava de reconhecer o delinquente, pelos seus traços físicos, à primeira vista.

Para confirmar que o *homo criminalis* nascia predestinado ao Mal, o médico brasileiro Sebastião Leão mediu e estudou os presos da cadeia de Porto Alegre. Mas suas investigações revelaram que a fonte da delinquência era a pobreza, e não a biologia;

que os presos negros, membros de uma raça que era considerada inferior, eram tão ou mais inteligentes que os outros;

que os presos mulatos, membros de uma raça que era considerada débil e degradada, haviam chegado em plena forma à velhice;

que bastava ler os versos escritos nas paredes para comprovar que nem todos os delinquentes eram idiotas;

que os estigmas físicos que Lombroso atribuía aos amigos do punhal: queixo proeminente, orelhas de abano, dentes salientes, eram menos frequentes na cadeia que na rua;

que a falta de barba não podia ser uma característica dos inimigos da ordem pública, como Lombroso afirmava, porque entre os muitos presos de Porto Alegre não havia mais do que dez lampinhos;

e que o clima ardente não favorecia o delito, porque os índices de criminalidade não aumentavam no verão.

## Os invisíveis

Em 1869, o Canal de Suez tornou possível a navegação entre dois mares.

Sabemos que Ferdinand de Lesseps foi o autor do projeto, que o paxá Said e seus herdeiros venderam o canal aos franceses e aos ingleses a troco de pouco ou nada,

que Giuseppe Verdi compôs a ópera *Aída* para que fosse cantada na inauguração

e que noventa anos depois, após uma longa e dolorosa luta, o presidente Gamal Abdel Nasser conseguiu que o canal fosse egípcio.

Quem se lembra dos cento e vinte mil presidiários e camponeses, condenados a trabalhos forçados que, construindo o canal, caíram assassinados pela fome, pela fadiga ou pelo cólera?

Em 1914, o Canal do Panamá abriu um talho entre dois oceanos.

Sabemos que Ferdinand de Lesseps foi o autor do projeto,

que a empresa construtora quebrou, num dos mais sonoros escândalos da história da França,

que o presidente dos Estados Unidos, Teddy Roosevelt, apoderou-se do Canal e do Panamá e de tudo o que encontrou no caminho

e que sessenta anos depois, após uma longa e dolorosa luta, o presidente Omar Torrijos conseguiu que o canal fosse panamenho.

Quem se lembra dos trabalhadores antilhanos, hindus e chineses que caíram construindo o canal? Para cada quilômetro morreram setecentos, assassinados pela fome, pela fadiga, pela febre amarela e pela malária.

## As invisíveis

Mandava a tradição que os umbigos das recém-nascidas fossem enterrados debaixo da cinza do fogão, para que cedo aprendessem qual é o lugar da mulher, e que dali não se sai.

Quando explodiu a revolução mexicana, muitas saíram, mas carregando os fogões nas costas. Por bem ou por mal, por sequestro ou por vontade própria, seguiram os homens de batalha em batalha. Carregavam o bebê preso na teta e nas costas as panelas e caçarolas. E as munições: elas se encarregavam de que não faltassem *tortillas* nas bocas nem balas nos fuzis. E quando o homem caía, empunhavam a arma.

Nos trens, os homens e os cavalos ocupavam os vagões. Elas viajavam nos tetos, rogando a Deus que não chovesse.

Sem elas, soldadeiras, *cucarachas, adelitas,* vivandeiras, *galletas*, joanas, *pelonas*, *guachas*, aquela revolução não teria existido.

Nenhuma recebeu pensão.

## Proibido ser camponês

Enquanto Pancho Villa, eufórico ladrão de cavalos, incendiava o Norte do México, Emiliano Zapata, melancólico arrieiro, encabeçava a revolução do Sul.

Em todo o país, os camponeses se erguiam em armas.

– *A justiça foi para o céu. Não está mais aqui* – diziam.

Para fazê-la baixar, lutavam.

Que remédio?

Ao sul, o açúcar reinava, atrás das muralhas de seus castelos, e o milho mal sobrevivia nos pedregais. O mercado mundial humilhava o mercadinho local, e os usurpadores da terra e da água aconselhavam aos seus despojados:

– *Plantem nos vasos.*

Os rebelados eram gente da terra, não da guerra, que suspendiam a revolução por causa do plantio ou da colheita.

Sentado entre os vizinhos que conversavam de galos e cavalos à sombra dos louros, Zapata escutava muito e dizia pouco. Mas aquele calado conseguiu que a boa nova da sua reforma agrária alvoroçasse as comarcas mais distantes.

Nunca a nação mexicana mudou tanto.

Nunca a nação mexicana foi tão castigada por mudar.

Um milhão de mortos. Todos, ou quase todos, camponeses, embora alguns vestissem uniforme militar.

## Fotos: o trono

Cidade do México, Palácio Nacional, dezembro de 1914.

O campo, alçado em revolução, invade o planeta urbano. O Norte e o Sul, Pancho Villa e Emiliano Zapata, conquistam a cidade do México.

Enquanto seus soldados, perdidos feito cego em tiroteio, perambulam pelas ruas pedindo comida e se desviando de máquinas que nunca tinham visto, Villa e Zapata entram no palácio do governo.

E Villa oferece a Zapata a dourada poltrona presidencial.

Zapata não aceita.

– *Deveríamos queimá-la* – diz. – *Está enfeitiçada. Quando um homem bom senta-se aqui, torna-se mau.*

Villa dá risada, como se fosse piada, esparrama sua rechonchuda humanidade sobre a poltrona e posa diante da câmara de Agustín Víctor Casasola.

Ao seu lado, Zapata parece alheio, ausente, mas olha a câmara como se ela disparasse balas, e não flashes, e com os olhos diz:

– *Lindo lugar para ir embora.*

Um instante depois, o chefe do Sul volta para o povoado de Anenecuilco, seu berço, seu santuário, para continuar resgatando, de lá, as terras roubadas.

Villa não demora a imitá-lo:

– *Este rancho está grande demais para nós.*

Os que se sentam depois na cobiçada poltrona, a dos dourados oropéis, presidem as carnificinas que restabelecem a ordem.

Zapata e Villa caem, assassinados à traição.

## Ressurreição de Zapata

Nasceu, dizem, com uma mãozinha tatuada no peito.

Morreu crivado de sete balas.

O assassino recebeu cinquenta mil pesos e a patente de general de brigada.

De seus avós índios tinha herdado o silêncio.

O assassinado recebeu uma multidão de camponeses, que de chapéu na mão visitaram a sua morte.

Não diziam nada, ou diziam:

– *Pobrezinho.*

E nada mais.

Pouco depois, porém, e pouco a pouco, nas praças dos povoados as línguas foram se soltando:

– *Não era ele.*

– *Era outro.*

– *Achei muito gordo.*

– *Falta a pinta debaixo do olho.*

– *Ele foi embora de barco, saiu de Acapulco.*

– *Saiu voando de noite, num cavalo branco.*

– *Foi para a Arábia.*

– *Está por lá, na Arábia.*

– *A Arábia fica muito longe, mais longe que Oaxaca.*

– *Agorinha mesmo ele volta.*

## Lenin

Nunca escreveu, e sabe-se lá se disse, a sua frase mais célebre:

– *Os fins justificam os meios.*

Também são atribuídas a ele outras maldades.

Em todo caso, não há dúvida de que fez o que fez porque sabia o que queria fazer e para fazê-lo viveu. Passava os dias e as noites organizando, polemizando, estudando, escrevendo, conspirando. Se permitia respirar e comer. Dormir, nunca.

Fazia dez anos que estava no exílio, na Suíça, seu segundo exílio: era austero, vestia roupas velhas e botas inapresentáveis, vivia no quarto de cima de um sapateiro remendão e sentia náuseas por causa do cheiro de salsichas que subia do açougue vizinho. Passava o dia na biblioteca pública, e tinha mais contato com Hegel e com Marx que com os operários e camponeses da sua pátria e do seu tempo.

Em 1917, quando subiu ao trem que o devolveu a São Petersburgo, a cidade que depois levou seu nome, poucos russos sabiam quem ele era. O partido que ele fundou, e que ia conquistar o poder absoluto, ainda tinha poucas raízes na terra, e estava mais perto da esquerda da lua.

Mas Lenin soube, melhor que ninguém, do que era que o povo russo mais necessitava, *paz e terra*, e assim que desceu do trem e lançou seu primeiro discurso na primeira estação, um povaréu farto de guerras e humilhações soube reconhecer nele seu intérprete e seu instrumento.

## Alexandra

Para que o amor seja natural e limpo, como a água que bebemos, haverá de ser livre e compartilhado, mas o macho exige obediência e nega prazer. Sem uma nova moral, sem uma mudança radical na vida cotidiana, não haverá emancipação plena. Se a revolução social não mentir, deve abolir, na lei e nos costumes, o direito de propriedade do homem sobre a mulher e as rígidas normas inimigas da diversidade da vida.

Palavra a mais, palavra a menos, era isso o que exigia Alexandra Kollontai, a única mulher com cargo de ministro no governo de Lenin.

Graças a ela, a homossexualidade e o aborto deixaram de ser crimes, o matrimônio não foi uma condenação à pena perpétua, as mulheres tiveram direito ao voto e à igualdade de salários, e houve creches infantis, refeitórios comunais e lavanderias coletivas.

Anos depois, quando Stalin decapitou a revolução, Alexandra conseguiu conservar a cabeça. Mas deixou de ser Alexandra.

## Stalin

Aprendeu a escrever na língua da Geórgia, sua terra, mas os monges o obrigaram a falar russo no seminário.

Anos depois, em Moscou, ainda delatava seu sotaque do sul do Cáucaso.

Então decidiu ser o mais russo dos russos. Napoleão, que era corso, não tinha sido o mais francês dos franceses? E a rainha Catarina da Rússia, que era alemã, não havia sido a mais russa dos russos?

O georgiano Iósif Dzhugashvili escolheu um nome russo. Chamou-se Stalin, que significa *aço*.

E de aço haveria de ser o herdeiro do homem de aço: Yakov, o filho de Stalin, foi temperado desde a infância no fogo e no gelo, e a golpes de martelo foi modelado.

Não adiantou. Tinha puxado à mãe. E aos dezenove anos, Yakov não quis, não conseguiu, mais.

Apertou o gatilho.

O tiro não o matou.

Despertou no hospital.

Ao pé da cama, seu pai comentou:

– *Nem isso você sabe fazer.*

## Álibis

Falou-se, fala-se: as revoluções sociais, atacadas pelos poderosos de dentro e pelos imperialistas de fora, não podem se dar ao luxo da liberdade.

No entanto, foi nos primeiros tempos da Revolução Russa, em pleno acosso inimigo, anos de guerra civil e de invasão estrangeira, que mais livremente floresceu sua energia criadora.

Depois, em tempos melhores, quando os comunistas já controlavam o país, a ditadura burocrática impôs sua verdade única e condenou a diversidade como heresia imperdoável.

Marc Chagall e Wassily Kandinsky, pintores, foram embora e nunca mais voltaram.

Vladimir Maiakovsky, poeta, disparou um tiro no coração.

Sergei Esenin, também poeta, se enforcou.

Isaac Babel, escritor, foi fuzilado.

Vsevolod Meyerhold, que tinha feito a revolução teatral com seus cenários nus para teatro, também foi fuzilado.

E fuzilados foram Nikolai Bukharin, Grigori Zinoviev e Lev Kamenev, chefes revolucionários de primeira hora, enquanto Leon Trotski, fundador do Exército Vermelho, caía assassinado no exílio.

Dos revolucionários de primeira hora, não sobrou ninguém. Foram todos purgados: enterrados, trancados ou desterrados. E foram apagados das fotos heroicas e suprimidos dos livros históricos.

A revolução levou ao trono o mais medíocre dos seus chefes.

Stalin sacrificou os que lhe faziam sombra, os que diziam não, os que não diziam sim, os perigosos de hoje e os perigosos de amanhã, pelo que você fez ou pelo que você fará, por castigo ou pelas dúvidas.

## Fotos: os inimigos do povo

Moscou, praça do Teatro Bolshoi, maio de 1920.

Lenin discursa para os soldados soviéticos, que partem para lutar contra o exército polaco na frente de batalha da Ucrânia.

Ao lado de Lenin, no palco erguido sobre a multidão, vê-se Leon Trotski, o outro orador dessa jornada, e Lev Kamenev.

A foto, de G.P. Goldshtein, transforma-se num símbolo universal da revolução comunista.

Em poucos anos mais, no entanto, Trotski e Kamenev desaparecem da foto e da vida.

Da foto são apagados pelos retocadores, que os substituem por cinco degraus de madeira, e da vida são apagados pelos verdugos.

## A Inquisição em tempos de Stalin

Isaac Babel era um autor proibido. Ele explicava:

– *É que eu inventei um gênero novo: o silêncio.*

Em 1939, foi preso.

No ano seguinte, foi julgado.

O julgamento durou vinte minutos.

Confessou que havia escrito livros nos quais sua visão pequeno-burguesa distorcia a realidade revolucionária.

Confessou que havia cometido crimes contra o Estado soviético.

Confessou que havia falado com espiões estrangeiros.

Confessou que em suas viagens ao exterior tinha mantido contatos com trotskistas.

Confessou que estava informado de um complô para assassinar o camarada Stalin, e que não o havia denunciado.

Confessou que tinha se sentido atraído pelos inimigos da pátria.

Confessou que era falso tudo o que havia confessado.

Foi fuzilado na noite daquele mesmo dia.

Sua mulher ficou sabendo quinze anos depois.

## Rosa

Nasceu na Polônia, viveu na Alemanha. Consagrou sua vida à revolução social, até cair assassinada. No começo de 1919, os anjos da guarda do capitalismo alemão partiram seu crânio a golpes de cabo de fuzil.

Pouco antes, Rosa de Luxemburgo havia escrito um artigo sobre os primeiros passos da Revolução Russa. O artigo, nascido no cárcere alemão onde ela estava presa, se opunha ao divórcio entre socialismo e democracia.

* Sobre a nova democracia: *a democracia socialista não é algo que começa na terra prometida somente quando tiverem sido expulsos os fundamentos da economia capitalista. Não chega a ser um presente de Natal para quem a merece por ter suportado, nesse meio-tempo, um punhado de ditadores socialistas. A democracia socialista começa simultaneamente com o começo da destruição da classe dominante e da construção do socialismo.*
* Sobre a energia do povo: *o remédio que Trotski e Lenin encontraram, a eliminação da democracia como tal, é pior que a doença que eles se propõem a curar, porque fecha a única fonte de correção de todas as limitações das instituições sociais. Essa fonte é a ativa, irrestrita, energizante vida política das mais amplas massas do povo.*
* Sobre o controle público: *o controle público é indispensavelmente necessário. Quando não existe, o intercâmbio de experiências se reduz ao fechado círculo dos dirigentes do novo regime. a corrupção torna-se inevitável.*
* Sobre a liberdade: *liberdade só para os partidários do governo, só para os membros de um partido, por mais numeroso que ele seja, não é liberdade. A liberdade é sempre e exclusivamente liberdade para quem opina de maneira diferente.*

* Sobre a ditadura burocrática: *sem eleições gerais, sem irrestrita liberdade de imprensa e liberdade de reunião, sem um livre debate de opiniões, a vida morre nas instituições públicas, se transforma em uma caricatura de vida na qual apenas a burocracia é um elemento ativo. A vida pública decai gradualmente adormecida, e uns poucos líderes do partido, dotados de incansável energia e de ilimitada experiência, governam e mandam. Entre eles, não mais que uma dúzia de cabeças dirige realmente, e uma minoria seleta da classe trabalhadora é convidada, de tempos em tempos, para reuniões onde aplaude os discursos dos líderes e aprova as resoluções por unanimidade.*

## Fundação de dois países

Dizem que Churchill disse:

– *A Jordânia foi uma ideia que me veio à cabeça na primavera, lá pelas quatro e meia da tarde.*

O fato é que no mês de março de 1921, em apenas três dias, o ministro das Colônias Winston Churchill e seus quarenta assessores inventaram um novo mapa do Oriente Médio, criaram dois países, os batizaram, designaram seus monarcas e desenharam suas fronteiras com um dedo na areia. E foi chamada de Iraque a terra abraçada pelos rios Tigre e Eufrates, o barro dos primeiros livros, e chamou-se Jordânia o novo país amputado da Palestina.

Era urgente que as colônias mudassem de nome e fossem, ou parecessem, reinos árabes. E era urgente, também, dividir aquelas colônias, quebrá-las: a memória imperial tinha ensinado isso.

Enquanto a França inventava o Líbano, Churchill outorgou a Faissal, o príncipe errante, a coroa do Iraque; e um plebiscito ratificou-o, entusiasmo suspeito, com noventa e seis por cento de aprovação. Seu irmão, o príncipe Abdullah, tornou-se rei da Jordânia. Ambos os monarcas pertenciam a uma família incorporada ao orçamento britânico, por recomendação de Lawrence da Arábia.

Os fabricantes de países assinaram as certidões de nascimento do Iraque e da Jordânia no hotel Semíramis, no Cairo, e foram dar um passeio pelas pirâmides.

Churchill caiu do camelo e machucou a mão.

Por sorte, o ferimento foi leve: o artista que Churchill mais admirava pôde continuar pintando paisagens.

## O rei ingrato

Em 1932, Ibn Saud culminou sua longa guerra de conquista de Meca e Medina e se proclamou rei e sultão dessas cidades santas e de todo o vasto deserto ao seu redor.

Num ato de humildade, Ibn Saud batizou seu reino com o nome da sua família, Arábia Saudita; e num ato de amnésia entregou o petróleo à Standard Oil, esquecendo que entre 1917 e 1924 ele e sua família tinham comido da mão do império britânico, segundo consta na contabilidade oficial.

A Arábia Saudita se transformou em modelo de democracia no Oriente Médio. Seus cinco mil príncipes levaram setenta e três anos para organizar as primeiras eleições. E nessas eleições, municipais, não participaram partidos políticos, porque estavam proibidos. As mulheres tampouco, porque também estavam proibidas.

## As idades de Josephine

Aos nove anos, trabalha limpando casas em Saint Louis, às margens do Mississippi.

Aos dez, começa a dançar, a troco de moedas, pelas ruas.

Aos treze, se casa.

Aos quinze, outra vez. Do primeiro marido não fica sequer uma lembrança ruim. Do segundo, fica o sobrenome, porque gosta do seu som.

Aos dezessete, Josephine Baker dança charleston na Broadway.

Aos dezoito, atravessa o Atlântico e conquista Paris. A *Vênus negra* aparece nua no palco, sem outra roupa além de um cinturão de bananas.

Aos vinte e um, sua estranha mistura de palhaça e mulher fatal a transforma na *vedette* mais admirada e mais bem-paga de toda a Europa.

Aos vinte e quatro, é a mulher mais fotografada do planeta. Pablo Picasso, ajoelhado, a pinta. Para se parecer com ela, as pálidas damas de Paris se esfregam com creme de noz, que escurece a pele.

Aos trinta, tem problemas em alguns hotéis, porque viaja acompanhada por um chimpanzé, uma serpente, uma cabra, dois papagaios, vários peixes, três gatos, sete cães, uma leoparda chamada Chiquita, que ostenta um colar de diamantes, e um porquinho, Albert, que ela banha com o perfume *Je reviens*, de Worth.

Aos quarenta, recebe a Legião de Honra pelos serviços prestados à resistência francesa durante a ocupação nazista.

Aos quarenta e um, quando já anda pelo quarto marido, adota doze crianças de diversas cores e diversos lugares, que ela chama de *minha tribo do arco-íris.*

Aos quarenta e cinco, regressa aos Estados Unidos. Exige que seus espetáculos sejam assistidos por negros e brancos, todos misturados. Ou é assim, ou não se apresenta.

Aos cinquenta e sete, divide o palco com Martin Luther King e fala contra a discriminação racial diante da imensa Marcha sobre Washington.

Aos sessenta e oito, se recupera de uma estrepitosa bancarrota e celebra, no teatro Bobino de Paris, seu meio século de atuação neste mundo.

E vai-se embora.

## Sarah

– *Atuo sempre* – dizia. – *No teatro e fora do teatro, atuo. Eu sou meu duplo.*

Não se sabia se Sarah Bernhardt era a melhor atriz da história ou a maior mentirosa do mundo, ou as duas coisas ao mesmo tempo.

No começo dos anos 20, após mais de meio século de monarquia absoluta, ela continuava reinando nos teatros de

Paris e programando turnês que não acabavam nunca. Já beirava os oitenta anos, estava tão magra que nem sombra fazia e os cirurgiões tinham cortado uma de suas pernas: Paris inteira sabia disso. Mas Paris inteira achava que aquela moça irresistível, que arrancava suspiros ao passar, estava representando estupendamente uma pobre anciã mutilada.

## Rendição de Paris

Quando era um moleque descalço, que chutava bolas de meia em ruas sem nome, esfregava os joelhos e os tornozelos com gordura de lagartixa. Isso é o que ele dizia, e daí vinha a magia de suas pernas.

José Leandro Andrade era de falar pouco. Não festejava seus gols nem seus amores. Com o mesmo andar altivo, e ar ausente, levava a bola presa no pé, driblando rivais, e a mulher presa no corpo, dançando tango.

Nas Olimpíadas de 1924, deslumbrou Paris. O público delirou, a imprensa chamou-o de *A Maravilha Negra*. As damas brotavam da sua fama. Choviam cartas que ele não conseguia ler, escritas em papel perfumado por senhoras que mostravam os joelhos e de suas longas piteiras douradas sopravam fumaça em espirais.

Quando regressou ao Uruguai, trouxe quimono de seda, luvas amarelo-canário e um relógio que adornava seu pulso.

Durou pouco, tudo isso.

Naqueles tempos, o futebol era jogado a troco de vinho e comida e alegria.

Vendeu jornais nas ruas.

Vendeu suas medalhas.

Tinha sido a primeira estrela negra do futebol mundial.

## Noites de harém

A escritora Fátima Mernissi viu, nos museus de Paris, as odaliscas turcas pintadas por Henri Matisse.

Eram carne de harém: voluptuosas, indolentes, obedientes.

Fátima olhou as datas dos quadros, comparou, comprovou: enquanto Matisse as pintava assim, nos anos 20 e 30, as mulheres turcas se tornavam cidadãs, entravam na Universidade e no Parlamento, conquistavam o divórcio e arrancavam os véus.

O harém, prisão de mulheres, havia sido proibido na Turquia, mas não na imaginação europeia. Os virtuosos cavalheiros, monógamos na vigília e polígamos no sonho, tinham entrada livre naquele exótico paraíso, onde as fêmeas, bobas, mudas, ficavam felizes ao dar prazer ao macho carcereiro. Qualquer burocrata medíocre fechava os olhos e se transformava, no ato, em um poderoso califa, acariciado por uma multidão de virgens nuas que, dançando a dança do ventre, suplicavam a graça de uma noite ao lado de seu dono e senhor.

Fátima tinha nascido e crescido num harém.

## As pessoas de Pessoa

Era um, era muitos, era todos, era nenhum.

Fernando Pessoa, burocrata triste, prisioneiro do relógio, solitário autor de cartas de amor que não mandava jamais, tinha um manicômio dentro de si.

De seus habitantes conhecemos os nomes, as datas e até as horas de nascimento, os horóscopos, os pesos e as estaturas.

E as obras, porque todos eram poetas.

Alberto Caeiro, pagão, zombador da metafísica e demais acrobacias dos intelectuais que reduzem a vida aos conceitos, escrevia erupções;

Ricardo Reis, monárquico, helenista, filho da cultura clássica, que nasceu várias vezes e teve vários horóscopos, escrevia construções;

Álvaro de Campos, engenheiro de Glasgow, vanguardista, estudioso da energia e temeroso do cansaço de viver, escrevia sensações;

Bernardo Soares, mestre do paradoxo, poeta em prosa, erudito que dizia ser esforçado ajudante de algum bibliotecário, escrevia contradições;

e António Mora, psiquiatra e demente, internado em Cascais, escrevia elucubrações e loucubrações.

Pessoa também escrevia. Quando eles dormiam.

## War Street

Desde o princípio do século XX, a sineta mecânica saúda o começo e o fim de cada jornada na Bolsa de Nova York. Esses sons prestam homenagem ao abnegado trabalho dos especuladores que trapaceiam o planeta, decidem o valor das coisas e das nações, fabricam milionários e mendigos e são capazes de matar mais gente que qualquer guerra, peste ou seca.

No dia 24 de outubro de 1929, a sineta soou alvoroçada como sempre, mas aquele foi o pior dia de toda a história da catedral das finanças. Sua queda fechou bancos e fábricas, lançou o desemprego nas nuvens e atirou os salários no porão, e o mundo inteiro pagou a conta.

O Secretário de Tesouro dos Estados Unidos, Andrew Mellon, consolou as vítimas. Disse que a crise tinha seu lado positivo, porque *desta maneira as pessoas vão trabalhar mais duro e vão viver uma vida mais moral.*

## Proibido ganhar eleições

Para que as pessoas trabalhassem mais duro e vivessem uma vida mais moral, a crise de Wall Street derrubou o preço do café e derrubou o governo civil de El Salvador.

O general Maximiliano Hernández Martínez, que usava um pêndulo mágico para descobrir o veneno na sopa e o inimigo no mapa, tomou as rédeas do país.

O general convocou eleições democráticas, mas o povo fez mau uso da oportunidade oferecida. A maioria votou no Partido Comunista. O general não teve outro remédio a não ser anular a votação, e explodiu uma sublevação popular e explodiu ao mesmo tempo o vulcão Izalco, que fazia anos estava adormecido.

As metralhadoras restabeleceram a paz. Morreram milhares. Quantos, não se sabe. Eram peões, eram pobres, eram índios: a economia os chamava de *mão de obra* e a morte os chamava de *Não Identificados.*

O chefe indígena José Feliciano Ama já tinha sido morto várias vezes quando foi dependurado num galho de oliveira. E lá ficou, balançando ao vento, para que fosse visto pelas crianças das escolas, vindas de todos os cantos do país para assistir àquela aula de educação cívica.

## Proibido ser fértil

Para que as pessoas trabalhassem mais duro e vivessem uma vida mais moral, a crise de Wall Street também derrubou o preço do açúcar.

Esse desastre castigou com força as ilhas do mar do Caribe e disparou o tiro de misericórdia no Nordeste do Brasil.

O Nordeste já não era o centro açucareiro do mundo, nem coisa parecida, mas era o mais trágico herdeiro do monocultivo da cana.

Tempos antes que o sacrificassem nos altares do mercado mundial, esse deserto tinha sido verde. O açúcar havia assassinado os bosques e as terras férteis. O Nordeste produzia cada vez menos açúcar e cada vez mais espinhos e criminosos. Naquelas solidões viviam o dragão da seca e o bandido Lampião.

Antes de cada jornada de trabalho, Lampião beijava o punhal:

– *O senhor tem coragem?*

– *Coragem, não sei. Tenho o costume.*

No fim, perdeu o costume e a cabeça. Foi decapitado pelo tenente João Bezerra, a troco de doze automóveis como recompensa. Então o governo esqueceu que tinha outorgado a Lampião a patente de capitão do exército, para que caçasse comunistas, e triunfalmente exibiu seus bens confiscados: um chapéu napoleônico salpicado de moedinhas, cinco anéis de diamantes falsos, uma garrafa de uísque *White Horse*, um frasquinho de perfume *Fleurs d'Amour*, uma capa de chuva e outros adornos.

## Proibido ser pátria

Debaixo de seu chapéu de abas imensas, ele some.

Desde 1926, uma pulga chamada Augusto César Sandino está enlouquecendo o gigante invasor.

Milhares de *marines* estão há anos na Nicarágua, mas a pesada máquina militar dos Estados Unidos não consegue esmagar o saltitante exército dos camponeses patriotas.

– *Deus e as montanhas são nossos aliados* – diz Sandino.

E diz que a Nicarágua e ele têm, além do mais, a boa sorte de sofrer de latino-americanite aguda.

Sandino conta com dois secretários, dois braços direitos: um é salvadorenho, Agustín Farabundo Martí, e o outro é hondurenho, José Esteban Pavletich. O general Manuel María Girón Ruano, guatemalteco, é o único que entende o canhãozinho chamado La Chula, que em suas mãos é capaz de derrubar aviões. Na batalha ganharam posições de mando José León Díaz, salvadorenho, Manuel González, hondurenho, o venezuelano Carlos Aponte, o mexicano José de Paredes, o dominicano Gregório Urbano Gilbert e os colombianos Alfonso Alexander e Rubén Ardila Gómez.

Os invasores chamam Sandino de *bandido*.

Ele agradece a piada:

– *Quer dizer que George Washington, que lutava pela mesma coisa que eu, era bandido?*

E agradece as doações: os rifles Browning, as metralhadoras Thompson e todas as armas e munições que os invasores abandonam em suas fugas valentes.

## Ressurreição de Sandino

Em 1933, os *marines*, humilhados, foram embora da Nicarágua.

Foram embora, mas ficaram. Em seu lugar deixaram Anastásio Somoza e seus soldados, treinados pelos invasores para exercer a suplência.

E Sandino, vitorioso na guerra, na traição foi derrotado.

Em 1934, caiu numa emboscada. Pelas costas, tinha de ser.

– *Não se deve levar a morte muito a sério* – gostava de dizer. – *Ela não passa de um momentinho de desgosto.*

E passou o tempo, e embora seu nome tenha sido proibido, e proibida foi a sua memória, quarenta e cinco anos depois os sandinistas derrubaram a ditadura de seu assassino e dos filhos de seu assassino.

E então a Nicarágua, país pequenino, país descalço, pôde cometer a insolência de resistir durante dez anos à pressão da maior potência militar do mundo. Isso aconteceu a partir de 1979, graças a esses músculos secretos que não aparecem em nenhum tratado de anatomia.

## Breve história do plantio da Democracia na América

Em 1915, os Estados Unidos invadiram o Haiti. Em nome do governo, Robert Lansing explicou que a raça negra era incapaz de governar a si própria, *pela sua tendência inerente à vida selvagem e sua incapacidade física de Civilização.* Os invasores ficaram dezenove anos. O chefe patriota Charlemagne Péralte foi cravado em cruz numa porta.

Vinte e um anos durou a ocupação da Nicarágua, que desembocou na ditadura de Somoza, e nove anos a ocupação da República Dominicana, que desembocou na ditadura de Trujillo.

Em 1954, os Estados Unidos inauguraram a democracia na Guatemala, através de bombardeios que acabaram com as eleições livres e outras perversões. Em 1964, os generais que acabaram com as eleições livres e outras perversões no Brasil receberam dinheiro, armas, petróleo e felicitações da Casa Branca. E algo parecido aconteceu na Bolívia, onde um estudioso chegou à conclusão de que os Estados Unidos eram o único país onde não havia golpes de Estado, porque lá não havia embaixada dos Estados Unidos.

Essa conclusão foi confirmada quando o general Pinochet obedeceu à voz de alarme de Henry Kissinger e evitou que o Chile se tornasse comunista *graças à irresponsabilidade de seu próprio povo.*

Pouco antes ou pouco depois, os Estados Unidos bombardearam três mil panamenhos pobres para capturar um funcionário infiel, desembarcaram tropas em São Domingos para evitar o regresso de um presidente eleito pelo povo, e não tiveram outro remédio a não ser atacar a Nicarágua para evitar que a Nicarágua invadisse os Estados Unidos via Texas.

Naquela altura, Cuba já tinha recebido a carinhosa visita de aviões, navios, bombas, mercenários e milionários enviados por Washington em missão pedagógica. Não conseguiram dar um passo além da Baía dos Porcos.

## Proibido ser operário

Carlitos levanta um pano vermelho caído na rua. Pergunta-se o que será aquilo, e de quem será, quando de repente se vê encabeçando, sem saber como, uma manifestação operária que entra em choque com a polícia.

*Tempos modernos* é o último filme desse personagem. E Chaplin, seu pai, não apenas está dizendo adeus à sua querida criatura. Também se despede, para sempre, do cinema mudo.

O filme não merece uma única indicação ao Oscar. Hollywood não gosta nem um pouco da desagradável atualidade do tema. É a epopeia de um homenzinho apanhado pelas engrenagens da era industrial, nos anos seguintes à crise de 1929.

Uma tragédia que faz rir, implacável e arrebatador retrato dos tempos que correm: as máquinas comem gente e roubam empregos, a mão humana não se distingue das outras ferramentas, e os operários, que imitam as máquinas, não adoecem: enferrujam.

No começo do século XIX, lorde Byron já havia comprovado:

– *Agora é mais fácil fabricar pessoas que fabricar máquinas.*

## Proibido ser anormal

Os anormais físicos, mentais ou morais, assassinos, depravados, deformados, imbecis, loucos, masturbadores, bêbados, vagabundos, mendigos e prostitutas estavam à espreita, prontos para plantar sua semente ruim na virtuosa terra dos Estados Unidos.

Em 1907, o estado de Indiana foi o primeiro lugar do mundo onde a lei autorizou a esterilização compulsiva.

Em 1942, já tinham sido obrigados a se esterilizar quarenta mil pacientes de hospitais públicos em vinte e sete estados. Todos pobres ou muito pobres; muitos negros e também alguns porto-riquenhos e um bom número de índios.

Suplicavam auxílio as cartas que transbordavam as caixas de correio da Human Betterment Foundation, organização consagrada à salvação da espécie. Uma estudante contava que ia se casar com um jovem de aparência normal, mas cujas orelhas eram demasiado pequenas e pareciam colocadas ao contrário:

– *O médico me advertiu que podemos ter filhos degenerados.*

Um casal de altos altíssimos pedia ajuda:

– *Não queremos trazer ao mundo crianças anormalmente altas.*

Numa carta de junho de 1941, uma estudante delatou uma colega de classe que era débil mental e a denunciou porque havia o perigo de que parisse maluquinhos.

Harry Laughlin, o ideólogo da fundação, recebeu em 1936 o doutorado *honoris causa* da Universidade de Heidelberg por sua contribuição à causa do Reich na higiene racial.

Laughlin tinha obsessão contra os epiléticos. Assegurava que eram equivalentes aos débeis mentais, porém mais perigosos, e que não havia lugar algum para eles numa sociedade normal. A lei de Hitler *para a Prevenção da Progenia Defeituosa* obrigava a esterilização dos débeis mentais, dos esquizofrênicos, dos maníaco-depressivos, dos deformados físicos, dos surdos, dos cegos... e dos epiléticos.

Laughlin era epilético. Ninguém sabia.

## Proibido ser judeu

Em 1935, a Lei para a Proteção do Sangue e da Honra da Alemanha e outras leis simultâneas fundaram a base biológica da identidade nacional.

Quem tivesse sangue judeu, mesmo que fossem umas gotinhas, não podia ser cidadão alemão nem podia se casar com cidadãos alemães.

Segundo as autoridades, os judeus não eram judeus por causa da sua religião nem por causa do seu idioma, mas por sua raça. Defini-los não era nada fácil. Os especialistas nazistas encontraram inspiração na frondosa história do racismo universal e contaram com a imensurável ajuda da empresa IBM.

Os engenheiros da IBM desenharam os formulários e os cartões perfurados que definiam as características físicas e a história genética de cada pessoa. E puseram em marcha um sistema automatizado, de alta velocidade e enorme alcance, que permitiu identificar os judeus totais, os semijudeus e os que tinham mais que uma décima sexta parte de sangue judeu circulando em suas veias.

## Higiene social, pureza racial

Uns duzentos e cinquenta mil alemães foram esterilizados entre 1935 e 1939.

Depois, veio o extermínio.

Os deformados, os retardados mentais e os loucos estrearam as câmaras de gás nos campos de Hitler.

Setenta mil enfermos psiquiátricos foram assassinados entre 1940 e 1941.

Ato contínuo, *a solução final* foi aplicada contra os judeus, os comunistas, os ciganos, os homossexuais...

## Perigo no caminho

Arredores de Sevilha, inverno de 1936: aproximam-se as eleições espanholas.

Um senhor anda percorrendo suas terras, quando um camponês andrajoso atravessa seu caminho.

Sem descer do cavalo, o senhor o chama e põe em sua mão uma moeda e uma lista de candidatos.

O homem deixa as duas caírem e, virando as costas, diz:

– *Na minha fome, mando eu.*

## Victoria

Madri, inverno de 1936: Victoria Kent é eleita deputada.

Sua popularidade vem da reforma dos cárceres.

Quando iniciou essa reforma, seus inimigos, numerosos, a acusavam de entregar a Espanha, inerme, nas mãos dos delinquentes. Mas Victoria, que tinha trabalhado nas prisões e não conhecia a dor humana só de ouvir falar, levou seu programa adiante:

fechou as prisões inabitáveis, que eram a maioria;

inaugurou as licenças de saída;

liberou todos os presos maiores de setenta anos;

criou campos esportivos e oficinas de trabalho voluntário;

suprimiu as celas de castigo;

fundiu todas as correntes, grilhões e grades

e converteu todo esse ferro numa grande escultura de Concepción Arenal.

## O Diabo é vermelho

Melilla, verão de 1936: desata-se o golpe de estado contra a república espanhola.

O pano de fundo ideológico será explicado, depois, pelo ministro de Informação, Gabriel Arias Salgado:

– *O Diabo mora num poço de petróleo, em Baku, e de lá manda instruções aos comunistas.*

O incenso contra o enxofre, o Bem contra o Mal, os cruzados da Cristandade contra os netos de Caim. É preciso acabar com os comunistas, antes que os comunistas acabem com a Espanha: os presos têm um vidão, os professores expulsam os padres das escolas, as mulheres votam como se fossem varões, o divórcio profana o matrimônio sagrado, a reforma agrária ameaça o poder da Igreja sobre as terras...

O golpe nasce matando, e desde o começo é muito expressivo.

Generalíssimo Francisco Franco:

– *Salvarei a Espanha do marxismo ao preço que for.*

– *E se isso significa fuzilar meia Espanha?*

– *Custe o que custar.*

General José Millán-Astray:

– *Viva a morte!*

General Emilio Mola:

– *Qualquer um que seja, aberta ou secretamente, defensor da Frente Popular deve ser fuzilado.*

General Gonzalo Queipo de Llano:

– *Preparai as sepulturas!*

Guerra Civil é o nome do banho de sangue que o golpe de Estado desata. A linguagem põe, assim, o signo da igualdade entre a democracia que se defende e o golpe militar que a ataca, entre os milicianos e os militares, entre o governo eleito pelo voto popular e o caudilho eleito pela mercê de Deus.

## Último desejo

La Coruña, verão de 1936: Bebel García morre fuzilado.

Bebel usa a esquerda para jogar e para pensar.

No estádio, veste a camiseta do Depor. Na saída do estádio, veste a camiseta da Juventude Socialista.

Onze dias depois do golpe de Franco, quando acaba de fazer vinte e dois anos, enfrenta o pelotão de fuzilamento:

– *Um momento* – ordena.

E os soldados, galegos como ele, boleiros como ele, obedecem.

Então Bebel desabotoa a braguilha, lentamente, botão por botão, e cara a cara com o pelotão lança uma longa mijada.

Depois, abotoa a bragueta:

– *Agora, sim.*

## Rosário

Vilarejo de Salvanés, verão de 1936: Rosário Sánchez Mora marcha para a frente de batalha.

Ela está na aula de corte e costura quando uns milicianos chegam para buscar voluntárias. Joga no chão as costuras e de um salto sobe no caminhão, com seus dezessete anos recém-feitos, sua saia rodada recém-estreada e um mosquetão de sete quilos que ela carrega, como se fosse um bebê, nos braços.

Na frente de batalha, vira dinamiteira. E numa batalha, quando acende a mecha de uma bomba caseira, uma lata de leite condensado recheada de pregos, a bomba explode antes de ser jogada. Ela perde a mão, mas não a vida, graças a um companheiro que faz um torniquete com os cordões de suas alpargatas.

Depois, Rosário quer continuar nas trincheiras, mas não deixam. As milícias republicanas precisam se transformar em exército, e no exército as mulheres não têm lugar. Depois de muito discutir consegue que pelo menos a deixem distribuir cartas, com a patente de sargento, nas trincheiras.

No final da guerra, seus vizinhos da aldeia fazem o favor de denunciá-la às autoridades, que a condenam à morte.

Antes de cada amanhecer, espera o fuzilamento.

Passa o tempo.

Não é fuzilada.

Anos depois, quando sai da prisão, vende cigarros de contrabando em Madri, nos arredores da praça da deusa Cibeles.

## Guernica

Paris, primavera de 1937: Pablo Picasso acorda e lê.

Lê o jornal enquanto toma o café da manhã, em seu ateliê.

O café esfria na xícara.

A aviação alemã arrasou a cidade de Guernica. Durante três horas, os aviões nazistas perseguiram e metralharam a multidão que fugia da cidade em chamas.

O general Franco garante que Guernica foi incendiada pelos dinamitadores asturianos e por piromaníacos bascos alistados nas fileiras comunistas.

Dois anos depois, em Madri, Wolfram von Richthofen, comandante das tropas alemãs na Espanha, acompanha Franco no palco da vitória: matando espanhóis, Hitler ensaiou sua próxima guerra mundial.

Muitos anos depois, em Nova York, Colin Powell pronuncia um discurso, nas Nações Unidas, anunciando a iminente aniquilação do Iraque.

Enquanto ele fala, o fundo da sala não aparece, Guernica não aparece: a reprodução do quadro de Picasso, que decora a parede, foi completamente coberta por um enorme pano azul.

As autoridades das Nações Unidas decidiram que aquela não era a companhia mais adequada para a proclamação de uma nova carnificina.

## O comandante que veio de longe

Brunete, verão de 1937: em plena batalha, uma bala parte o peito de Oliver Law.

Oliver era negro e comunista e operário. Tinha vindo de Chicago para lutar pela república espanhola, nas filas da Brigada Lincoln.

Na brigada, os negros não integram um regimento isolado. E, pela primeira vez na história dos Estados Unidos, soldados brancos obedeceram às ordens de um comandante negro.

Um comandante estranho: quando Oliver Law dava ordem de ataque, não contemplava seus homens com binóculos, mas se lançava à luta antes deles.

Mas estranhos são, afinal, todos esses voluntários das brigadas internacionais, que não combatem para ganhar medalhas, nem para conquistar territórios, nem para capturar poços de petróleo.

Às vezes, Oliver se perguntava:

– *Se esta é uma guerra entre brancos, e os brancos nos escravizaram durante séculos, o que estou fazendo aqui? O que eu, um negro, estou fazendo aqui?*

E se respondia:

– *É preciso varrer os fascistas do mapa.*

E, rindo, acrescentava, como se fosse piada:

– *Alguns, entre nós, vão ter de morrer fazendo esse trabalho...*

## Ramón

Mar Mediterrâneo, outono de 1938: Ramón Franco explode no ar.

Em 1926, havia atravessado o oceano de Huelva até Buenos Aires, num avião chamado Plus Ultra. E enquanto o mundo inteiro aplaudia a sua façanha, ele celebrava em noites de farra, bebendo a glória e cantando a Marselhesa e amaldiçoando os reis e os papas.

E não muito depois, numa bebedeira, lançou seu avião sobre o Palácio Real de Madri, e não jogou as bombas porque havia crianças brincando nos jardins.

E foi em frente: ergueu a bandeira republicana, participou de uma rebelião anarquista, foi eleito deputado pelo nacionalismo catalão e uma mulher denunciou-o por bigamia, embora na verdade fosse trígamo.

Mas quando seu irmão Francisco deu o golpe de Estado, Ramón Franco sofreu um súbito ataque de familiarismo e incorporou-se às filas da cruz e da espada.

Após dois anos de guerra, os restos do avião, seu avião, se perdem nas águas do Mediterrâneo. Ramón, carregado de bombas, se dirigia a Barcelona. Ia matar os que tinham sido seus companheiros e o maluco beleza que ele havia sido.

## Machado

A fronteira, inverno de 1939: a república espanhola está desmoronando.

De Barcelona, das bombas, Antonio Machado consegue chegar à França.

Está mais velho que a sua idade.

Tosse, caminha com bengala.

Chega perto do mar.

Num papelzinho, escreve:

*Este sol da infância.*

É a última coisa que escreve.

## Matilde

Cárcere de Palma de Maiorca, outono de 1942: a ovelha vermelha.

Está tudo pronto. Em formação militar, as presas aguardam. Chegam o bispo e o governador. Hoje Matilde Landa, comunista e chefe de comunistas, ateia convicta e confessa, será convertida à fé católica e receberá o santo sacramento do batismo. A arrependida se incorporará ao rebanho do Senhor e Satanás perderá uma ovelha vermelha.

Se faz tarde.

Matilde não aparece

Está no telhado, ninguém a vê.

Joga-se lá de cima.

O corpo explode, como uma bomba, contra o pátio da prisão.

Ninguém se move.

Cumpre-se a cerimônia prevista.

O bispo faz o sinal da cruz, lê uma página dos evangelhos, exorta Matilde a renunciar ao Mal, recita o Creio em Deus Pai e toca sua testa com água benta.

## Os cárceres mais baratos do mundo

Franco assinava as sentenças de morte, todos os dias, enquanto tomava o café da manhã.

Os que não foram fuzilados, foram enclausurados. Os fuzilados cavavam suas próprias tumbas e os presos construíam seus próprios cárceres.

Custo de mão de obra, não houve. Os presos republicanos, que ergueram a célebre prisão de Carabanchel, em Madri, e muitas mais por toda a Espanha, trabalhavam, nunca menos de doze horas por dia, a troco de um punhado de moedas, quase todas invisíveis. Além disso, recebiam outras retribuições: a satisfação de contribuir para a própria regeneração política e a redução da pena de viver, porque a tuberculose os levava mais cedo.

Durante anos e anos, milhares e milhares de delinquentes, culpados de resistir ao golpe militar, não apenas construíram cárceres. Também foram obrigados a reconstruir povoados arruinados e a fazer represas, canais de irrigação, portos, aeroportos, estádios, parques, pontes, estradas, e a construir as novas ferrovias; e deixaram os pulmões nas minas de carvão, mercúrio, amianto e estanho.

E empurrados a golpes de baioneta ergueram o monumental Vale dos Caídos, em homenagem aos seus carrascos.

## Ressurreição do carnaval

O sol saía de noite,
os mortos fugiam de suas sepulturas,
qualquer bufão era rei,
o manicômio ditava as leis,
os mendigos eram senhores
e as damas jorravam chamas.

E no final, quando chegava a Quarta-Feira de Cinzas, as pessoas arrancavam as máscaras, que não mentiam, e tornavam a exibir suas caras, até o ano seguinte.

No século XVI, o imperador Carlos determinou em Madri o castigo do carnaval e seus desenfreios: *se for pessoa baixa, cem açoites públicos; se nobre, que o desterrem por seis meses...*

Quatro séculos depois, o generalíssimo Francisco Franco proibiu o carnaval num de seus primeiros decretos de governo.

Invencível festa pagã: quanto mais a proibiam, com mais força voltava.

## Proibido ser negro

O Haiti e a República Dominicana são dois países separados por um rio que se chama Massacre.

Já se chamava assim em 1937, mas o nome se revelou uma profecia: às margens desse rio caíram, assassinados a golpes de facão, milhares de haitianos que estavam trabalhando, do lado dominicano, no corte de cana. O generalíssimo Rafael Leónidas Trujillo, cara de rato, chapéu de Napoleão, deu a ordem de extermínio daqueles negros, para branquear a raça e exorcizar seu próprio sangue impuro.

Os jornais dominicanos não ficaram sabendo da novidade. Os jornais haitianos, tampouco. Depois de três semanas de silêncio, alguma coisa apareceu, em poucas linhas, e Trujillo advertiu que não se devia exagerar, que os mortos não passavam de dezoito mil.

Depois de muito discutir, acabou pagando vinte e nove dólares por morto.

## Insolência

Nas Olimpíadas de 1936, o país natal de Hitler foi derrotado pela seleção peruana de futebol.

O juiz, que anulou três gols peruanos, fez o que pôde, e um pouco mais, para evitar aquele desgosto ao Führer, mas a Áustria perdeu por 4 a 2.

No dia seguinte, as autoridades olímpicas e futeboleiras puseram as coisas em seu devido lugar.

O jogo foi anulado. Não porque a derrota ariana fosse inadmissível diante de uma linha de ataque que não por acaso era chamada de Rolo Negro, mas porque, segundo as autoridades, o público tinha invadido o campo antes do fim da partida.

O Peru abandonou as Olimpíadas e o país de Hitler conquistou o segundo lugar no torneio.

A Itália, Itália de Mussolini, ficou em primeiro.

## Negro alado

Nessas Olimpíadas, que Hitler organizou para consagrar a superioridade da sua raça, a estrela mais brilhante foi um negro, neto de escravos, nascido no Alabama.

Hitler não teve outro remédio a não ser engolir quatro sapos: as quatro medalhas de ouro que Jesse Owens conquistou em velocidade e salto em distância.

O mundo inteiro celebrou essas vitórias da democracia contra o racismo.

Quando o campeão regressou ao seu país, não recebeu nenhuma felicitação do presidente, nem foi convidado a ir até a Casa Branca. Voltou à vida de sempre:

entrou nos ônibus pela porta de trás,
comeu em restaurantes para negros,
usou banheiros para negros,
hospedou-se em hotéis para negros.

Durante anos, ganhou a vida correndo por dinheiro. Antes do começo dos jogos de beisebol, o campeão olímpico distraía o público disputando corridas contra cavalos, cães, automóveis ou motocicletas.

Depois, quando as pernas já não eram o que haviam sido, Owens se transformou em conferencista. Teve bastante êxito exaltando as virtudes da Pátria, da Religião e da Família.

## Estrela negra

O beisebol era coisa de brancos.

Na primavera de 1947, Jackie Robinson, também neto de escravos, violou essa lei não escrita, jogou nas Grandes Ligas e foi o melhor dos melhores.

Pagou caro por isso. Seus erros custavam o dobro, seus acertos valiam a metade. Seus companheiros não falavam com ele, o público o convidava a voltar para a selva e sua mulher e seus filhos recebiam ameaças de morte.

Ele engolia veneno.

E depois de dois anos, o Ku Klux Klan proibiu o jogo que os Dodgers do Brooklyn, o time de Jackie, ia disputar em Atlanta. Mas a proibição não funcionou. Negros e brancos ovacionaram Jackie Robinson, ao entrar no campo, e na saída uma multidão o perseguiu.

Para abraçá-lo, e não para linchá-lo.

## Sangue negro

Era de cordeiro o sangue das primeiras transfusões, e corria o rumor de que aquele sangue fazia crescer lã no corpo. Em 1670, a Europa proibiu a experiência.

Muito tempo depois, por volta de 1940, as pesquisas de Charles Drew contribuíram com técnicas novas para o processamento e armazenamento de plasma. O mérito de suas descobertas, que salvaram milhões de vidas durante a Segunda Guerra Mundial, fez com que Drew fosse o primeiro diretor do Banco de Sangue da Cruz Vermelha dos Estados Unidos.

Durou oito meses no cargo.

Em 1942, uma ordem militar proibiu que o sangue negro se misturasse com o sangue branco nas transfusões.

Sangue negro? Sangue branco? *Isso é pura estupidez*, disse Drew, e se negou a discriminar o sangue.

Ele entendia do assunto: era cientista, e era negro.

E então renunciou, ou foi renunciado.

## Voz negra

A companhia Columbia se negou a gravar essa canção, e o autor precisou assinar com outro nome.

Mas quando Billie Holiday cantou *Strange fruit*, caíram as barreiras da censura e do medo. Ela cantou com os olhos fechados e a canção foi um hino religioso por obra e graça dessa voz nascida para cantá-la, e desde então cada negro linchado passou a ser muito mais que um estranho fruto pendurado numa árvore, apodrecendo ao sol.

Billie,

a que aos catorze anos conseguia o milagre do silêncio nos ruidosos puteiros do Harlem onde trocava música por comida,

a que escondia uma navalha na meia,

a que não soube se defender das surras de seus amantes e de seus maridos,

a que viveu prisioneira das drogas e do cárcere,

a que tinha o corpo transformado num mapa de picadas e cicatrizes,

a que sempre cantava como nunca.

## A impunidade é filha do esquecimento

O império otomano caía aos pedaços e os armênios pagaram o pato. Enquanto acontecia a Primeira Guerra Mundial, uma carnificina programada pelo governo acabou com a metade dos armênios na Turquia:

casas saqueadas e queimadas,

caravanas de nus jogados no caminho sem água nem nada,

mulheres violadas à luz do dia na praça da aldeia,

corpos mutilados flutuando nos rios.

Quem não morreu de fome ou de frio morreu de punhal ou de tiro. Ou de forca. Ou de fumaça: no deserto da Síria, os armênios expulsos da Turquia foram trancados em grutas e asfixiados com fumaça, no que foi algo parecido a uma profecia das câmaras de gás da Alemanha nazista.

Vinte anos depois, Hitler estava programando, com seus assessores, a invasão da Polônia. Medindo os prós e os contras da operação, Hitler advertiu que haveria protestos, algum escândalo internacional, alguma gritaria, mas garantiu que aquele ruído não duraria muito. E perguntando comprovou:

– *Quem se lembra dos armênios?*

## A engrenagem

Os batalhões alemães varreram a Polônia, aldeia por aldeia, exterminando judeus à luz do sol ou à luz dos faróis dos caminhões.

Os soldados, quase todos civis, funcionários públicos, operários, estudantes, eram atores de uma tragédia escrita de antemão. Iam se transformar em verdugos, e podiam padecer vômitos ou diarreias. Mas quando se abriam as cortinas e eles entravam em cena, atuavam.

No povoado de Josefów, em julho de 1942, o Batalhão Policial de Reserva 101 teve seu batismo de fogo contra mil e quinhentos velhos, mulheres e crianças que não ofereceram a menor resistência.

O comandante reuniu os soldados, novatos nessas lides, e disse a eles que, se alguém ali não se sentisse em condições de realizar aquela tarefa, podia não participar dela. Bastava dar um passo à frente. O comandante disse isso e esperou. Muito poucos deram o passo.

As vítimas esperaram a morte nus, deitados de bruços.

Os soldados cravaram suas baionetas entre suas omoplatas e dispararam todos ao mesmo tempo.

## Proibido ser ineficiente

A casa estava grudada na fábrica. Da janela do dormitório, viam-se as chaminés.

O diretor regressava para casa todo meio-dia, sentava-se ao lado da mulher e de seus cinco filhos, rezava o pai-nosso, almoçava e depois percorria o jardim, as árvores, as flores, as galinhas e os pássaros cantores, mas nem por um instante perdia de vista o bom andamento da produção industrial.

Era o primeiro a chegar na fábrica e o último a ir embora. Respeitado e temido, aparecia a qualquer hora, sem avisar, em qualquer lugar.

Não suportava o desperdício de recursos. Os altos custos e a produtividade baixa amargavam a sua vida. Sentia náuseas com a falta de higiene e com a desordem. Podia perdoar qualquer pecado. A ineficiência, não.

Foi ele quem substituiu o ácido sulfúrico e o monóxido de carbono pelo fulminante gás Zyklon B, foi ele quem criou os fornos crematórios dez vezes mais produtivos que os fornos de Treblinka, foi ele quem conseguiu produzir a maior quantidade de morte no menor tempo e foi ele quem criou o melhor centro de extermínio de toda a história da humanidade.

Em 1947, Rudolf Höss foi enforcado em Auschwitz, o campo de concentração que ele tinha construído e dirigido, entre as árvores em flor às quais havia dedicado alguns poemas.

## Mengele

Por razões de higiene, na entrada da câmara de gás havia capachos de ferro. Ali os funcionários limpavam o barro de suas botas.

Os condenados, por sua vez, entravam descalços. Entravam pela porta e saíam pelas chaminés, depois de serem despojados de seus dentes de ouro, da gordura, dos cabelos e de tudo que pudesse ter valor.

Ali, em Auschwitz, o doutor Josef Mengele fazia suas experiências.

Como outros sábios nazistas, ele sonhava com criadouros capazes de gerar a super-raça do futuro. Para estudar e evitar as taras hereditárias, trabalhava com moscas de quatro asas, camundongos sem patas, anões e judeus. Mas nada excitava tanto sua paixão científica como as crianças gêmeas.

Mengele distribuía chocolates e afetuosas palmadas entre suas cobaias infantis, embora na maioria dos casos não fossem úteis ao progresso da Ciência.

Tentou transformar alguns gêmeos em irmãos siameses, e abriu suas costas para conectar suas veias: morreram descolados e uivando de dor.

Em outros, tentou mudar o sexo: morreram mutilados.

Outros foram operados das cordas vocais, para mudar sua voz: morreram mudos.

Para embelezar a espécie, injetou tinta azul em gêmeos de olhos escuros: morreram cegos.

## Deus

No campo de concentração de Flossenbürg, está preso Dietrich Bonhoeffer.

Os guardas obrigam todos os presos a assistirem à execução de três condenados.

Ao lado de Dietrich, alguém sussurra:

– *E Deus, onde está?*

E ele, que é teólogo, aponta para os enforcados que balançam à luz do amanhecer:

– *Ali.*

Dias depois, chegou a vez dele.

## Me ame muito

Os amigos de Hitler têm memória fraca, mas a aventura nazista não teria sido possível sem a ajuda que recebeu deles.

Da mesma forma que seus colegas Mussolini e Franco, Hitler contou de saída com o beneplácito da Igreja Católica.

Hugo Boss vestiu seu exército.

Bertelsmann publicou as obras que instruíram seus oficiais.

Seus aviões voavam graças ao combustível da Standard Oil e seus soldados viajavam em caminhões e jipes da Ford.

Henry Ford, autor desses veículos e do livro *O judeu internacional*, foi sua musa inspiradora. Hitler agradeceu condecorando-o.

Também condecorou o presidente da IBM, a empresa que tornou possível a identificação dos judeus.

A Rockefeller Foundation financiou pesquisas raciais e racistas da medicina nazista.

Joe Kennedy, pai do presidente, era embaixador dos Estados Unidos em Londres, mas parecia embaixador da Alemanha. E Prescott Bush, pai e avô de presidentes, foi colaborador de Fritz Thyssen, que pôs sua fortuna a serviço de Hitler.

O Deutsche Bank financiou a construção do campo de concentração de Auschwitz.

O consórcio IGFarben, gigante da indústria química alemã, que depois passou a se chamar Bayer, Basf ou Hoechst, usava como porquinhos-da-índia os prisioneiros dos campos, e além disso os usava como mão de obra. Esses operários escravos produziam de tudo, inclusive o gás que ia matá-los.

Os prisioneiros também trabalhavam para outras empresas, como a Krupp, a Thyssen, a Siemens, a Varta, a Bosch, a Daimler-Benz, a Volkswagen e a BMW, que eram a base econômica dos delírios nazistas.

Os bancos suíços ganharam um dinheirão comprando de Hitler o ouro de suas vítimas: as joias e os dentes. O ouro entrava na Suíça com assombrosa facilidade, enquanto a fronteira estava fechada a sete chaves para os fugitivos de carne e osso.

A Coca-Cola inventou a Fanta para o mercado alemão em plena guerra. Naquele período, também a Unilever, a Westinghouse e a General Electric multiplicaram seus investimentos e seus lucros na Alemanha. Quando a guerra acabou, a empresa ITT recebeu uma indenização milionária porque os bombardeios aliados tinham atingido suas fábricas em território alemão.

## Fotos: a bandeira da vitória

Ilha de Iwo Jima, vulcão Suribachi, fevereiro de 1945.

Seis *marines* plantam a bandeira dos Estados Unidos no topo do vulcão, que acabam de tomar após um duro combate contra os japoneses.

Essa foto de Joe Rosenthal se transformará no símbolo da pátria vitoriosa nessa guerra e nas guerras seguintes, e será multiplicada milhões de vezes em cartazes e selos de correio e até em bônus do Tesouro.

Na verdade, essa é a segunda bandeira do dia. A primeira, bem menor e pouco adequada para as imagens épicas, tinha sido plantada horas antes, sem nenhuma espetacularidade. E quando a foto registra o triunfo, a batalha não acabou, mas acaba de começar. Três desses seis soldados não voltarão vivos, e outros sete mil *marines* morreram nessa minúscula ilha do Pacífico.

## Fotos: mapa-múndi

Costa da Crimeia, Yalta, fevereiro de 1945.

Reúnem-se os vencedores da Segunda Guerra Mundial.

Churchill, Roosevelt e Stalin assinam acordos secretos. As grandes potências decidem o destino de vários países, que levarão anos para ficar sabendo. Uns continuarão sendo capitalistas e outros serão comunistas, como se um salto histórico tão tremendo pudesse reduzir-se a uma mudança de nomes que se decide de fora e do alto.

Três pessoas desenham o novo mapa do mundo, fundam as Nações Unidas e se atribuem o direito de veto, que lhes garante o poder absoluto.

As câmaras de Richard Sarno e Robert Hopkins registram o impassível sorriso de Churchill, o rosto de Roosevelt, já visitado pela morte, e os olhos astutos de Stalin.

Stalin ainda é o Tio Joe, mas daqui a pouco será o vilão do filme chamado Guerra Fria, que estreará em breve.

## Fotos: outra bandeira da vitória

Berlim, Reichstag, maio de 1945.

Dois soldados plantam a bandeira da União Soviética na cúpula do poder alemão.

Essa foto, de Evgeni Jaldei, retrata o triunfo da nação que mais filhos perdeu na guerra.

A agência Tass difunde a foto. Mas antes a corrige. O soldado russo que tinha dois relógios passa a ter só um. Os guerreiros do proletariado não andam saqueando cadáveres.

## O pai e a mãe da penicilina

Ele debochava da própria fama. Alexander Fleming dizia que a penicilina havia sido inventada por um micróbio, que tinha se infiltrado num cultivo alheio aproveitando o caos que reinava em seu laboratório. E dizia que o mérito dos antibióticos não era dele, e sim dos investigadores que haviam transformado aquela curiosidade científica numa droga prática.

Com a ajuda do micróbio intrometido, Fleming tinha descoberto a penicilina em 1928. Ninguém deu confiança. A penicilina foi desenvolvida anos depois. Foi filha da Segunda Guerra Mundial. As infecções matavam mais que as bombas, e os alemães levavam muita vantagem desde que Gerhard Domagk havia inventado as sulfamidas. Para os aliados, a produção de penicilina passou a ser assunto urgente. A indústria química, transformada em indústria militar, foi obrigada a salvar vidas, além de exterminá-las.

## Ressurreição de Vivaldi

Antonio Vivaldi e Ezra Pound, homens de cabeleira flamejante e chamejante, deixaram a profunda marca de seus passos. O mundo seria bastante menos vivível se não tivesse a música de Vivaldi e a poesia de Pound.

A música de Vivaldi ficou calada durante dois séculos.

Pound a recuperou. Esses sons que o mundo havia esquecido abriam e fechavam o programa de rádio do poeta, que da Itália transmitia propaganda fascista em inglês.

O programa ganhou poucos simpatizantes para Mussolini, se é que ganhou algum, mas conquistou muitos fervorosos para o músico de Veneza.

Quando o poder fascista desmoronou, Pound caiu preso. Os militares dos Estados Unidos, seu país, o trancaram numa jaula de arame farpado, à intempérie, para que as pessoas jogassem moedas e disparassem cusparadas, e depois o mandaram para um manicômio.

## Fotos: um cogumelo grande como o céu

Céu de Hiroshima, agosto de 1945.

O avião B-29 se chama Enola Gay, como a mãe do piloto.

Enola Gay traz um bebê na barriga. A criatura, chamada de Little Boy, mede três metros e pesa mais de quatro toneladas.

Às oito e quinze da manhã, cai. Demora um minuto a chegar. A explosão equivale a quarenta milhões de bananas de dinamite.

Ali, onde era Hiroshima, ergue-se a nuvem atômica. Da cauda do avião, George Caron, fotógrafo militar, dispara sua câmara.

Esse imenso, belo cogumelo branco se transforma no logotipo de cinquenta e cinco empresas de Nova York e do concurso de Miss Bomba Atômica, em Las Vegas.

Em 1970, um quarto de século mais tarde, publicam-se pela primeira vez algumas fotos das vítimas das radiações, que eram segredo militar.

Em 1995, a Smithsonian Institution anuncia em Washington uma grande exposição sobre as explosões de Hiroshima e Nagasaki.

O governo proíbe.

## O outro cogumelo

Três dias depois de Hiroshima, outro avião B-29 voa sobre o Japão.

O presente que traz, mais gordo, se chama Fat Man.

Os especialistas querem tentar o plutônio, depois do urânio ensaiado em Hiroshima. Um teto de nuvens tampa Kokura, a cidade escolhida. Depois de dar três voltas em vão, o avião muda de rumo. O mau tempo e a falta de combustível decidem o extermínio de Nagasaki.

Como em Hiroshima, os milhares e milhares de mortos em Nagasaki são todos civis. Como em Hiroshima, muitos outros milhares morrerão depois. A era nuclear está amanhecendo e uma nova doença nasce, o último grito da Civilização: o envenenamento por radiações que, depois de cada explosão, continuam matando gente por séculos e séculos.

## O pai da bomba

A primeira bomba atômica foi ensaiada no deserto do Novo México. O céu se incendiou, e Robert Oppenheimer, que tinha dirigido as experiências, sentiu orgulho de seu trabalho bem-feito.

Mas três meses depois das explosões de Hiroshima e Nagasaki, Oppenheimer disse ao presidente Truman:

– *Sinto que minhas mãos estão manchadas de sangue.*

E o presidente Truman disse ao seu secretário de Estado, Dean Acheson:

– *Nunca mais quero ver esse filho da puta no meu gabinete.*

## Fotos: os olhos mais tristes do mundo

Nova Jersey, Princeton, maio de 1947.

O fotógrafo, Philippe Halsman, lhe pergunta:

– *O senhor acredita que haverá paz?*

E enquanto a câmara faz um clic, Albert Einstein diz, ou murmura:

– *Não.*

Todo mundo pensa que Einstein recebeu o prêmio Nobel pela sua teoria da relatividade, foi o autor da famosa frase: *Tudo é relativo*, e foi o inventor da bomba atômica.

A verdade é que não lhe deram o Nobel pela sua teoria da relatividade e ele nunca disse essa frase. E tampouco inventou a bomba, embora Hiroshima e Nagasaki não teriam sido possíveis se ele não tivesse descoberto o que descobriu.

Ele sabia muito bem que suas descobertas, nascidas da celebração da vida, haviam servido para aniquilá-la.

## Não eram heróis de Hollywood

A União Soviética pôs os mortos.

Nisso coincidem todas as estatísticas da Segunda Guerra Mundial.

Nessa guerra, a mais sangrenta da história, o povo que tinha humilhado Napoleão fez Hitler morder o pó da derrota. Foi alto o preço: os soviéticos somaram mais da metade de todos os mortos dos países aliados e mais que o dobro de todos os mortos do eixo inimigo.

Alguns exemplos, em números redondos:

o cerco a Leningrado matou um milhão de fome;

a batalha de Stalingrado deixou uma fileira de oitocentos mil soviéticos mortos ou feridos;

na defesa de Moscou, caíram setecentos mil, e seiscentos mil em Kursk;

na tomada de Berlim, trezentos mil;

a travessia do rio Dnieper custou cem vezes mais vítimas que o desembarque da Normandia, mas foi cem vezes menos famosa.

## Czares

Ivan, o Terrível, primeiro czar de todas as Rússias, começou sua carreira na infância, quando mandou matar o príncipe que lhe fazia sombra, e terminou-a, quarenta anos mais tarde, partindo com uma bengalada o crânio do próprio filho.

Entre essas duas pontas do caminho, ganhou fama com

seus guerreiros da guarda negra, negros cavalos, longas capas negras, que davam pânico até nas pedras,

seus enormes canhões,

suas invencíveis fortalezas,

seu costume de chamar de *traidores* quem não se inclinasse à sua passagem,

sua tendência a cortar o pescoço de seus mais talentosos cortesãos,

sua catedral de São Basílio, símbolo de Moscou, erguida por ele para oferecer a Deus suas conquistas imperiais, sua vontade de ser o bastião do cristianismo no Oriente e suas longas crises místicas, quando arrependido chorava sangue, batia no peito, arranhava as paredes e uivando suplicava perdão pelos seus pecados.

Quatro séculos mais tarde, nas horas mais trágicas da Segunda Guerra Mundial, em plena invasão alemã, Stalin encomendou a Sergei Eisenstein um filme sobre Ivan, o Terrível.

Eisenstein fez uma obra de arte.

Stalin não gostou nem um pouco.

Ele havia encomendado uma obra de propaganda, e Eisenstein não tinha entendido: Stalin, o Terrível, último czar de todas as Rússias, implacável açoite de seus inimigos, queria transformar em façanha pessoal a resistência patriótica contra a avalanche nazista. Esse sacrifício de todos não era uma epopeia da dignidade coletiva, mas a inspiração genial de um eleito, a obra-prima do sumo sacerdote de uma religião chamada Partido e de um deus chamado Estado.

## Morria uma guerra, outras guerras nasciam

No dia 28 de abril de 1945, enquanto Mussolini balançava, dependurado de cabeça para baixo, numa praça de Milão, Hitler estava encurralado em seu *bunker* de Berlim. A cidade ardia em chamas e as bombas explodiam pertinho, mas ele batia na escrivaninha com a mão e gritava ordens para ninguém, com um dedo no mapa mandava acionar tropas que não existiam e por um telefone que não funcionava convocava seus generais mortos ou foragidos.

No dia 30 de abril, Hitler se matou, quando a bandeira soviética já ondulava nas alturas do Reichstag; e na noite do dia 7 de maio, a Alemanha se rendeu.

No dia 8, desde cedo, as multidões inundavam as ruas das cidades do mundo. Era o fim do pesadelo universal, depois de seis anos e de cinquenta e cinco milhões de mortos.

A Argélia também virou uma festa. Muitos soldados argelinos tinham dado a vida pela liberdade, a liberdade da França, nas duas guerras mundiais.

Na cidade de Sétif, em plena celebração, foi alçada, entre as bandeiras triunfantes, a bandeira proibida pelo poder colonial. A bandeira verde e branca, símbolo nacional da Argélia, foi aclamada pela manifestação, e um rapaz argelino chamado Saal Bouzid caiu, envolto nela, crivado de balas. A rajada matou-o pelas costas.

E a fúria explodiu.

Na Argélia, no Vietnã e em todos os lados.

O fim da guerra mundial estava iluminando o levante das colônias. Os súditos, que tinham servido de bucha de canhão nas trincheiras europeias, alçavam-se contra seus amos.

## Ho

Não faltou ninguém.

O Vietnã inteiro era uma praça.

Um camponês mirrado, ossudo, barbicha de bode, falou para a multidão reunida em Hanói.

Ele havia tido muitos nomes. Agora era chamado de Ho Chi Minh.

Era homem de palavra pausada e suave, como seus passos. Sem pressa tinha andado muito mundo e havia sobrevivido a muitas desventuras. Parecia estar conversando com os vizinhos da aldeia quando disse à imensa multidão:

– *Debaixo da bandeira da liberdade, da igualdade e da fraternidade, a França construiu em nosso país mais prisões que escolas.*

Ele tinha escapado da guilhotina e havia estado preso várias vezes, e com grilhões nos pés. Seu país continuava preso, mas já não, já nunca mais: naquela manhã de setembro de 1945, Ho Chi Minh declarou a independência. Serenamente, simplesmente, disse:

– *Somos livres.*

E anunciou:

– *Nunca mais seremos humilhados. Nunca!*

A praça veio abaixo.

A poderosa fragilidade de Ho Chi Minh continha a energia de sua terra, armada, como ele, de dor e de paciência.

De sua cabana de madeira, Ho dirigiu duas longas guerras de libertação.

A tuberculose matou-o antes da vitória final.

Ele queria que suas cinzas fossem arrojadas livremente ao vento, mas seus camaradas o transformaram numa múmia e o trancaram num sarcófago de cristal.

## Não foi um presente

Ao longo de trinta anos de guerra, o Vietnã deu tremendas surras em duas potências imperiais: derrotou a França e derrotou os Estados Unidos.

Grandeza e horror da independência nacional:

o Vietnã sofreu mais bombas que todas as que caíram na Segunda Guerra Mundial;

sobre suas selvas e seus campos foram derramados oitenta milhões de litros de exterminadores químicos;

dois milhões de vietnamitas morreram;

e foram incontáveis os mutilados, as aldeias aniquiladas, os bosques arrasados, as terras esterilizadas e os envenenamentos herdados pelas gerações seguintes.

Os invasores atuaram com a impunidade que a história outorga e o poder garante.

Tardia revelação: em 2006, depois de quase quarenta anos de segredo, soube-se que existia um relatório de nove mil páginas de minuciosas investigações feitas pelo Pentágono. O relatório comprovava que tinham cometido crimes de guerra contra a população civil *todas* as divisões militares dos Estados Unidos no Vietnã.

## A informação objetiva

Nos países democráticos, o dever da objetividade guia os meios massivos de comunicação.

A objetividade consiste em difundir os pontos de vista de cada uma das partes envolvidas em situações de conflito.

Nos anos da Guerra do Vietnã, os meios massivos de comunicação dos Estados Unidos deram a conhecer à opinião pública a posição de seu governo e também a posição do inimigo.

George Bayley, curioso desses assuntos, mediu o tempo dedicado a uma e a outra parte nas cadeias de televisão ABC, CBS e NBC entre 1965 e 1970: o ponto de vista da nação invasora ocupou noventa e sete por cento do espaço e o ponto de vista da nação invadida ocupou três por cento.

Noventa e sete a três.

Para os invadidos, o dever de sofrer a guerra; para os invasores, o direito de contá-la.

A informação faz a realidade, e não o contrário.

## O sal daquela terra

Em 1947, a Índia se transformou em país independente.

Então mudaram de opinião os grandes jornais hindus, escritos em inglês, que tinham zombado de Mahatma Gandhi, *figurinha ridícula*, quando lançou, em 1930, a marcha do sal.

O império britânico tinha erguido uma muralha de troncos de quatro mil e setecentos quilômetros de comprimento, entre o Himalaia e a costa de Orissa, para impedir a passagem do sal daquela terra. O livre-comércio proibia a liberdade: a Índia não era livre para consumir seu próprio sal, embora fosse melhor e mais barato que o sal importado de Liverpool.

Com o tempo, a muralha envelheceu e morreu. Mas a proibição continuou, e contra ela lançou sua marcha um homem pequeno, ossudo, míope, que andava meio nu e caminhava apoiado numa bengala de bambu.

À cabeça de uns poucos peregrinos, Mahatma Gandhi começou uma caminhada rumo ao mar. Passado um mês, e depois de muito andar, uma multidão o acompanhava. Quando chegaram à praia, cada um recolheu um punhado de sal. E assim, cada um violou a lei. Era a desobediência civil contra o império britânico.

Vários desobedientes caíram metralhados e mais de cem mil foram presos.

Presa estava, também, sua nação.

Dezessete anos depois, a desobediência a libertou.

## A educação nos tempos de Franco

Andrés Sopeña Monsalve fez uma revisão em seus livros escolares:

* Sobre os espanhóis, os árabes e os judeus: *proclamemos também em voz alta que a Espanha não foi nunca um país atrasado, pois desde os primeiros tempos realizou invenções tão úteis como a ferradura, que ensinou aos povos mais adiantados da terra.*
  *Embora os árabes, ao vir para a Espanha, fossem simples e ferozes guerreiros do deserto, o contato com os espanhóis despertou neles ilusões de arte e saber.*
  *Em várias ocasiões, os judeus haviam martirizado crianças cristãs com horrendos suplícios. Por tudo isso, o povo os odiava.*
* Sobre a América: *um dia apresentou-se a dona Isabel, a Católica, um marinheiro, que se chamava Cristóvão Colombo, dizendo-lhe que queria percorrer mares e buscar as terras que neles houvesse e ensinar a todas as pessoas a serem boas e a rezar.*
  *A Espanha teve muita pena daquelas pobres pessoas da América.*
* Sobre o mundo: *o inglês e o francês são línguas tão gastas que vão no caminho da dissolução completa.*
  *Os chineses não têm descanso semanal e são fisiológica e espiritualmente inferiores aos outros homens.*
* Sobre os ricos e os pobres: *como tudo está coberto de neve e de gelo, os passarinhos não conseguem encontrar nada e agora são pobres. Por isso lhes dou de comer, da mesma forma que os ricos sustentam e alimentam os pobres.*

*O socialismo organiza os pobres para que destruam os ricos.*

* Sobre a missão do generalíssimo Franco: *a Rússia tinha sonhado cravar a foice ensanguentada de seu emblema nesse belo pedaço da Europa, e todas as massas comunistas e socialistas da terra, unidas com maçons e judeus, ansiavam por triunfar na Espanha... E então surgiu o homem, o salvador, o Caudilho.*

  *Encomendar ao povo, que não estudou nem aprendeu a difícil arte de governar, a responsabilidade de dirigir um Estado é uma insensatez ou uma maldade.*

* Sobre a boa saúde: *os excitantes como o café, o tabaco, o álcool, os jornais, a política, o cinema e o luxo minam e gastam sem cessar o nosso organismo.*

## A justiça nos tempos de Franco

Acima, no alto do estrado, envergando sua toga negra, o presidente do tribunal.

À direita, o advogado.

À esquerda, o promotor.

Degraus abaixo, o banco dos réus, ainda vazio.

Um novo julgamento vai começar.

Dirigindo-se ao meirinho, o juiz, Alfonso Hernández Pardo, ordena:

– *Faça o condenado entrar.*

## Doria

No Cairo, em 1951, mil e quinhentas mulheres invadiram o Parlamento.

Durante horas ficaram lá, e não havia modo de tirá-las. Gritavam que o Parlamento era mentira, porque a metade da população não podia votar nem ser votada.

Os líderes religiosos, representantes do céu, ao céu lançaram brados: *O voto degrada a mulher e contradiz a natureza!*

Os líderes nacionalistas, representantes da pátria, denunciaram como traição à pátria as militantes do sufrágio feminino.

O direito ao voto custou, mas acabou saindo. Foi uma das conquistas da União das Filhas do Nilo. Então o governo proibiu que se transformassem em partido político e condenou à prisão domiciliar Doria Shafik, que era o símbolo vivo do movimento.

Isso não tinha nada de estranho. Quase todas as mulheres egípcias estavam condenadas à prisão domiciliar. Não podiam se mexer sem licença do pai ou do marido, e muitas eram as que só saíam de casa em três ocasiões: para ir a Meca, para ir ao seu próprio casamento e para ir ao próprio enterro.

## Retrato de família na Jordânia

Num dia do ano de 1998, Yasmin Abdullah entrou em casa chorando. Só atinava dizer e repetir:

– *Não sou mais uma menina.*

Tinha ido visitar a irmã mais velha.

Foi violada pelo cunhado.

Yasmin foi parar no cárcere de Jweidah, até que o pai tirou-a de lá comprometendo-se a cuidar dela e pagando a fiança correspondente.

Naquela altura, o pai, a mãe, os tios e setecentos vizinhos tinham decidido, em assembleia, que a honra da família devia ser lavada com sangue.

Yasmin tinha dezesseis anos.

Seu irmão, Sarhan, meteu-lhe quatro balas na cabeça.

Sarhan passou seis meses na prisão. Foi tratado como herói. Também foram tratados como heróis outros vinte e sete homens presos por casos semelhantes.

De cada quatro crimes cometidos na Jordânia, um é *crime de honra.*

## Phoolan

Phoolan Devi teve a má ideia de nascer pobre e mulher, e numa das castas mais baixas da Índia.

Em 1947, aos onze anos de idade, seus pais a casaram com um senhor de casta não tão baixa, e deram a ele uma vaca como dote.

Como Phoolan ignorava os deveres conjugais, seu marido a instruía torturando-a e violando-a. E quando fugiu, ele a denunciou, e os policiais a torturaram e violaram. E quando voltou à sua aldeia, o boi, seu boi, foi o único que não a acusou de ser impura.

E ela foi embora. E conheceu um ladrão de frondoso prontuário, e esse foi o único homem que perguntou se ela tinha frio e se sentia bem.

Seu amante ladrão caiu crivado de balas na aldeia de Behmai, e ela foi arrastada pelas ruas e torturada e violada por vários donos de terras. E algum tempo depois, Phoolan voltou a Behmai, em plena noite, e à frente de um bando de foragidos procurou aqueles homens, de casa em casa, e encontrou vinte e dois, e os acordou, um por um, e os matou.

Naquela época, Phoolan Devi tinha dezoito anos. Toda a região banhada pelo rio Yamuna sabia que ela era filha da deusa Durga, bela e violenta como a mãe.

## Mapa da Guerra Fria

Macho que é macho, homem de cabelo nas ventas, é o senador Joseph MacCarthy. Em meados do século XX, espanca a mesa com a mão e ruge denunciando que a pátria corre o grave risco de cair nas garras do totalitarismo vermelho, como aqueles reinos de terror atrás da Cortina de Ferro onde

se asfixia a liberdade,  
se proíbem livros,  
se proíbem ideias,  
os cidadãos denunciam antes de serem denunciados,  
quem pensa comete atentado contra a segurança nacional

e quem diverge é um espião a serviço do inimigo imperialista.

O senador MacCarthy semeia o medo nos Estados Unidos. E por ordens do medo, que manda assustando,

se asfixia a liberdade,

se proíbem livros,

se proíbem ideias,

os cidadãos denunciam antes de serem denunciados,

quem pensa comete atentado contra a segurança nacional

e quem diverge é um espião a serviço do inimigo comunista.

## O pai dos computadores

Por não ser macho que é macho, por não ter cabelo nas ventas, Alan Turing foi condenado.

Ele gemia, grasnava, gaguejava. Usava uma velha gravata como cinturão. Dormia pouco e passava dias sem fazer a barba e correndo atravessava a cidade de ponta a ponta, enquanto mentalmente ia elaborando complicadas fórmulas matemáticas.

Trabalhando para a inteligência britânica, alguns anos antes, tinha ajudado a abreviar a Segunda Guerra Mundial quando inventou a máquina capaz de decifrar os indecifráveis códigos do alto comando militar da Alemanha.

Naquela altura, já tinha imaginado um protótipo de computador eletrônico e havia assentado as bases teóricas da informática moderna. Depois, dirigiu a construção do primeiro computador que operou com programas integrados. Jogava intermináveis partidas de xadrez com a máquina e formulava perguntas que a enlouqueciam e exigia que ela escrevesse cartas de amor. A máquina obedecia emitindo mensagens que na verdade eram incoerentes.

Mas foram policiais de carne e osso que em 1952 o prenderam, em Manchester, por indecência grave.

Submetido a julgamento, Turing declarou-se culpado de homossexualidade.

Para que o libertassem, aceitou se submeter a um tratamento de cura.

O bombardeio de drogas deixou-o impotente. Cresceram tetas nele. Trancou-se. Já nem ia à universidade. Ouvia murmúrios, sentia olhares que o fuzilavam pelas costas.

Antes de dormir, como de hábito, comia uma maçã.

Certa noite, injetou cianureto na maçã que ia comer.

## A mãe e o pai dos direitos civis

Num ônibus que circulava pelas ruas de Montgomery, Alabama, uma passageira negra, Rosa Parks, negou-se a ceder seu assento a um passageiro branco.

O motorista chamou a polícia.

Chegaram os guardas, disseram: *lei é lei*, e prenderam Rosa por perturbar a ordem pública.

Então um pastor desconhecido, Martin Luther King, propôs, em sua igreja, um boicote contra os ônibus. E propôs assim:

*A Covardia pergunta:*
*– É seguro?*
*A Conveniência pergunta:*
*– É oportuno?*
*E a Vaidade pergunta:*
*– É popular?*
*Mas a Consciência pergunta:*
*– É justo?*

Ele também foi preso. O boicote durou mais de um ano e desencadeou uma maré irrefreável, de costa a costa, contra a discriminação racial.

Em 1968, na cidade sulina de Memphis, um tiro arrebentou o rosto do pastor King, quando ele estava denunciando que a máquina militar comia negros no Vietnã.

De acordo com o FBI, ele era um sujeito perigoso.

Como Rosa. E como muitos outros pulmões do vento.

## Os direitos civis no futebol

A grama crescia nos estádios vazios.

Pé de obra em pé de luta: os jogadores uruguaios, escravos de seus clubes, simplesmente exigiam que os dirigentes reconhecessem que seu sindicato existia e tinha o direito de existir. A causa era tão escandalosamente justa que o público apoiou os grevistas, embora o tempo passasse e cada domingo sem futebol fosse um insuportável bocejar.

Os dirigentes não davam o braço a torcer, e sentados esperavam a rendição pela fome. Mas os jogadores não afrouxaram. O exemplo de um homem de fronte alta e poucas palavras, que crescia no castigo e levantava os caídos e empurrava os cansados ajudou muito: Obdulio Varela, negro, quase analfabeto, jogador de futebol e pedreiro.

E assim, depois de sete meses, os jogadores uruguaios ganharam a greve de pernas cruzadas.

Um ano depois, ganharam também o campeonato mundial de futebol.

O Brasil, dono da casa, era o favorito indiscutível. Vinha de golear a Espanha por 6 a 1 e a Suécia por 7 a 1. Pelo veredicto do destino, o Uruguai seria a vítima sacrificada em seus altares na cerimônia final. E assim estava acontecendo, e o Uruguai ia perdendo, e duzentas mil pessoas rugiam nas arquibancadas, quando Obdulio, que estava jogando com o tornozelo inflamado, apertou os dentes. E o que tinha sido capitão da greve foi então capitão de uma vitória impossível.

## Maracanã

Os moribundos atrasaram suas mortes e os bebês apressaram seus nascimentos.

Rio de Janeiro, 16 de julho de 1950, estádio do Maracanã.

Na noite anterior, ninguém conseguia dormir.

Na manhã seguinte, ninguém queria despertar.

## Pelé

Dois clubes britânicos disputavam a última partida do campeonato. Não faltava muito para o apito final, e continuavam empatados, quando um jogador chocou-se com outro e caiu esparramado no chão.

A maca retirou-o do campo e num piscar de olhos a equipe médica inteira pôs mãos à obra, mas o desmaiado não reagia.

Passavam-se os minutos, os séculos, e o técnico estava engolindo o relógio com ponteiros e tudo. Já tinha feito as mudanças regulamentares. Seus rapazes, dez contra onze, se defendiam do jeito que dava, mas não era muito o que conseguiam.

A derrota estava na cara, quando de repente o médico correu até o técnico e anunciou, eufórico:

– *Conseguimos! Está voltando a si!*

E em voz baixa, acrescentou:

– *Mas ele não sabe quem é.*

O técnico se aproximou do jogador, que balbuciava incoerências enquanto tentava se levantar, e informou-lhe ao pé de ouvido:

– *Você é Pelé.*

Ganharam por cinco a zero.

Há anos escutei, em Londres, essa mentira que dizia a verdade.

## Maradona

Nenhum jogador consagrado tinha denunciado sem papas na língua os amos do negócio do futebol. Foi o esportista mais famoso e mais popular de todos os tempos quem rompeu barreiras na defesa dos jogadores que não eram famosos nem populares.

Esse ídolo generoso e solidário tinha sido capaz de cometer, em apenas cinco minutos, os dois gols mais contraditórios de toda a história do futebol. Seus devotos o veneravam pelos dois: não apenas era digno de admiração o gol do artista, bordado pelas diabruras de suas pernas, como também, e talvez mais, o gol do ladrão, que sua mão roubou. Diego Armando Maradona foi adorado não apenas por causa de seus prodigiosos malabarismos, mas também porque era um deus sujo, pecador, o mais humano dos deuses. Qualquer um podia reconhecer nele uma síntese ambulante das fraquezas humanas, ou ao menos masculinas: mulherengo, beberrão, comilão, malandro, mentiroso, fanfarrão, irresponsável.

Mas os deuses não se aposentam, por mais humanos que sejam.

Ele jamais conseguiu voltar para a anônima multidão de onde vinha.

A fama, que o havia salvo da miséria, tornou-o prisioneiro.

Maradona foi condenado a se achar Maradona e obrigado a ser a estrela de cada festa, o bebê de cada batismo, o morto de cada velório.

Mais devastadora que a cocaína foi a sucessoína. As análises, de urina ou de sangue, não detectam essa droga.

## Fotos: o escorpião

Londres, estádio de Wembley, outono de 1995.

A seleção colombiana de futebol desafia o venerável futebol inglês em seu templo maior, e René Higuita faz uma defesa jamais vista.

Um atacante inglês dispara um tiro fulminante. Com o corpo horizontal no ar, o goleiro deixa a bola passar e a devolve com os calcanhares, dobrando as pernas como um escorpião torce a cauda.

Vale a pena parar e olhar as fotos desse documento de identidade colombiana. Sua força de revelação não está na proeza esportiva, e sim no sorriso que atravessa a cara de Higuita, de orelha a orelha, enquanto comete seu sacrilégio imperdoável.

## Brecht

Bertolt Brecht adorava debochar das máscaras que a realidade costuma usar.

Em 1953, explodiram os protestos operários na Alemanha comunista.

Os trabalhadores se lançaram às ruas e os tanques soviéticos se encarregaram de calar suas bocas. O diário oficial publicou, então, uma carta de Brecht apoiando o partido de governo. A carta, mutilada, não dizia o que ele havia dito. Mas Brecht deu um jeito de enganar a censura difundindo, por vias subterrâneas, um poema que propunha:

*Após o alçamento do dia 17 de junho*
*o Secretário do Sindicato de Escritores*
*fez com que fossem distribuídos na Avenida Stalin uns folhetos*
*em que se podia ler que o povo*
*havia perdido a confiança do governo*
*e que só com muito esforço*
*poderia recobrá-la.*
*Não seria mais fácil*
*o governo dissolver o povo*
*e eleger outro?*

## Cem flores e um único jardineiro

Na China, nos últimos anos de Mao, cometia traição à pátria quem se atrevesse a comprovar que a realidade era como era, e não como o Partido mandava que fosse.

Em outros tempos, porém, Mao não era o que acabou sendo. Quando tinha vinte e cinco anos, ele propunha a síntese de Lao-Tse com Karl Marx, e se atrevia a formulá-la assim: *a imaginação é pensamento, o presente é passado e futuro, o pequeno é grande, o masculino é feminino, muitos são um e a mudança é permanência.*

Naquele tempo, havia sessenta comunistas em toda a China.

Quarenta anos depois, a revolução tinha conquistado o poder, com Mao à frente. Já não havia mulheres caminhando a duras penas com seus pés atrofiados por determinação de uma tradição feroz, nem parques onde os cartazes avisavam:

*Proibida a entrada de chineses e de cães.*

A revolução estava mudando a vida da quarta parte da humanidade e Mao não ocultava suas divergências com os costumes herdados de Stalin, para quem as contradições não eram provas de vida nem ventos de história, mas doenças que só existiam para ser eliminadas.

Mao dizia:

– *A disciplina que asfixia a criatividade e a iniciativa deve ser abolida.*

E dizia:

– *O medo não é solução. Quanto mais assustado você estiver, mais fantasmas virão de visita.*

E lançou o chamado:

– *Que cem flores floresçam, que se enfrentem cem escolas de pensamento.*

Mas a floração durou pouco.

Em 1957, o Grande Timoneiro pôs em prática seu Grande Salto para Frente e anunciou que dali a pouco a economia chinesa iria humilhar as economias mais ricas do mundo. A partir de então, a divergência e a dúvida foram proibidas. Era obrigatório acreditar nos números que os burocratas mentiam para não perder o emprego ou a vida.

Mao só escutava os ecos de sua voz, que lhe diziam o que ele queria escutar. O Grande Salto para Frente saltou no vazio.

## O imperador vermelho

Três anos depois do fracasso do Grande Salto para Frente, estive na China. Ninguém falava do assunto. Era segredo de Estado.

Vi Mao rendendo homenagem a Mao. Parado nas alturas do pórtico da Paz Celestial, Mao presidia o imenso desfile que a imensa estátua de Mao encabeçava. Mao, o de gesso, erguia a mão, e Mao, o de carne e osso, respondia ao cumprimento. A multidão ovacionava os dois, de um oceano de flores e de balões coloridos.

Mao era a China, e a China era seu santuário. Mao exortava a seguir o exemplo de Lei Feng e Lei Feng exortava a seguir o exemplo de Mao. Lei Feng, o jovem apóstolo do comunismo, de existência duvidosa, passava os dias dando consolo aos enfermos, trabalhando para as viúvas e oferecendo sua comida para os órfãos, e nas noites lia as obras completas de Mao. Quando dormia, sonhava com Mao, que nos dias guiava seus passos. Lei Feng não tinha namorada nem namorado, porque não perdia tempo com frivolidades, e nem lhe passava pela cabeça a ideia de que a vida pudesse ser contraditória e a realidade, diversa.

## O imperador amarelo

Pu Yi tinha três anos de idade quando, em 1908, sentou-se no trono reservado aos Filhos do Céu. O minúsculo imperador era o único chinês que podia usar a cor amarela. A grande coroa de pérolas escondia seus olhos, mas não havia muito o que olhar: afundado em túnicas de seda e de ouro, se aborrecia na imensidão da Cidade Proibida, seu palácio, sua prisão, sempre rodeado por uma multidão de eunucos.

Quando a monarquia caiu, Pu Yi passou a se chamar Henry, a serviço dos ingleses. Depois, os japoneses o sentaram no trono da Manchúria e teve trezentos cortesãos que comiam as sobras de seus noventa pratos.

As tartarugas e as gralhas simbolizam, na China, a vida eterna. Mas Pu Yi, que não era tartaruga nem gralha, tinha conseguido conservar a cabeça em cima dos ombros, que era uma coisa bastante rara em sua perigosa profissão.

Em 1949, quando Mao tomou o poder, Pu Yi culminou sua carreira convertendo-se ao marxismo-leninismo.

No final de 1963, quando o entrevistei em Pequim, vestia-se como todos os outros, uniforme azul abotoado até o colarinho, e pelas mangas apareciam os punhos puídos da camisa. Ganhava a vida podando plantas no Jardim Botânico de Pequim.

Estava surpreso de que alguém pudesse ter interesse em falar com ele. Entoou para mim seu mea-culpa, sou um traidor, sou um traidor, e com voz monocórdia recitou-me lemas e slogans durante um par de horas.

De vez em quando, conseguia interrompê-lo. De sua tia, a imperatriz, a Ave Fênix, só se lembrava que tinha cara de morta. Quando a viu, se assustou e chorou. Ela lhe deu um caramelo de presente e ele jogou-o no chão. De suas mulheres, me disse que sempre as havia conhecido através de retratos que os mandarins ou os ingleses ou os japoneses davam para que ele escolhesse. Até que finalmente, graças ao presidente Mao, tinha podido se casar com um amor de verdade.

– *Com quem, se não for indiscrição?*

– *Uma trabalhadora, uma enfermeira do hospital. Nos casamos num dia 1º de maio.*

Perguntei se ele era membro do Partido Comunista. Não, não era.

Perguntei se queria ser.

O intérprete se chamava Wang, e não Freud. Mas dava para ver que estava cansado, porque traduziu:

– *Para mim seria um grande horror.*

## Proibido ser independente

Em meados de 1960, foi celebrada a cerimônia de independência do Congo, que tinha sido, até então, colônia belga.

Discurso após discurso, o público se derretia de calor e de aborrecimento. O Congo, aluno agradecido, prometia se portar bem. A Bélgica, professora severa, advertia contra os perigos da liberdade.

Então explodiu o discurso de Patrice Lumumba. Falou contra *o império do silêncio*, e pela sua boca falaram os calados.

Aquele estraga-prazeres prestou homenagem aos autores da independência, os assassinados, os presos, os torturados e os exilados que ao longo de tantos anos tinham se batido *contra a humilhante escravidão do poder colonial.*

Suas palavras, recebidas pelo silêncio de gelo do palco europeu, foram interrompidas oito vezes pelas ovações do público africano.

Aquele discurso selou o seu destino.

Lumumba, recém-saído da cadeia, tinha vencido as primeiras eleições livres da história do Congo e encabeçava seu primeiro governo, mas a imprensa belga chamou-o de *delirante* e de *ladrão analfabeto.* Nas comunicações dos serviços belgas de inteligência, Lumumba foi apelidado de Satã. O diretor da CIA, Allen Dulles, mandou instruções aos seus funcionários;

– *A destituição de Lumumba deve ser nosso objetivo urgente.*

Dwight Eisenhower, presidente dos Estados Unidos, disse ao chanceler britânico lorde Home:

– *Desejo que Lumumba caia num rio cheio de crocodilos.*

Lorde Home levou uma semana para responder:

– *Chegou o momento de nos desfazermos dele.*

E o ministro de Assuntos Africanos do governo belga deu sua contribuição para a rodada de opiniões:

– *Lumumba deve ser eliminado de uma vez por todas.*

Oficiais belgas, ao comando de oito soldados e nove policiais, o fuzilaram, no começo de 1961, junto aos seus dois colaboradores mais próximos.

Temendo um levante popular, o governo belga e seus instrumentos congoleses, Mobutu e Tshombé, ocultaram o crime.

Quinze dias depois, o novo presidente dos Estados Unidos, John Kennedy, anunciou:

– *Não aceitaremos que Lumumba volte ao governo.*

E Lumumba, que naquela altura já tinha sido fuzilado e dissolvido num barril de ácido sulfúrico, não voltou ao governo.

## Ressurreição de Lumumba

O assassinato de Lumumba foi um ato de reconquista colonial.

As riquezas minerais, cobre, cobalto, diamantes, ouro, urânio, petróleo, ditavam ordens do fundo da terra.

A sentença foi executada com a cumplicidade das Nações Unidas. Lumumba tinha boas razões para desconfiar dos oficiais das tropas que diziam ser internacionais, e denunciava *o racismo e o paternalismo dessa gente que reduz a África à caçada de leões, aos mercados de escravos e à conquista colonial. Naturalmente, se entenderão com os belgas. Têm a mesma história e a mesma cobiça pelas nossas riquezas.*

Mobutu, herói do mundo livre, que prendeu Lumumba e mandou triturá-lo, desfrutou o poder durante mais de trinta anos. Os organismos internacionais de crédito reconheceram seus méritos e foram generosos com ele. Quando morreu, sua fortuna pessoal equivalia a pouco menos que o total da dívida externa do país ao qual havia consagrado suas melhores energias.

Lumumba tinha anunciado:

– *Algum dia a história terá palavras. Não a história ensinada pelas Nações Unidas, por Washington, Paris ou Bruxelas. A África escreverá a sua própria história.*

A árvore onde Lumumba foi amarrado e fuzilado continua no bosque de Mwadingusha. Crivada de balas, como ele, continua lá.

## Mau Mau

Nos anos 50 o terror era negro, se chamava Mau Mau e estava à espreita no negror da selva do Quênia.

A opinião pública mundial acreditava que os Mau Mau dançavam degolando ingleses, faziam picadinho deles e em satânicas cerimônias bebiam seu sangue.

Em 1964, o chefe desses selvagens, Jomo Kenyatta, recém-saído da prisão, foi o primeiro presidente de seu país livre.

Depois se soube: nos anos da guerra da independência, menos de duzentos britânicos tinham caído, entre militares e civis. Os nativos enforcados, fuzilados ou mortos nos campos de concentração eram quinhentas vezes mais.

## A herança europeia

No Congo, a Bélgica deixou um total de três negros em postos de responsabilidade na administração pública.

Na Tanzânia, a Grã-Bretanha deixou dois engenheiros e doze médicos.

No Saara Ocidental, a Espanha deixou um médico, um advogado e um perito mercantil.

Em Moçambique, Portugal deixou noventa e nove por cento de analfabetos, nenhum bacharel e nenhuma universidade.

## Sankara

Thomas Sankara mudou o nome de Alto Volta. A antiga colônia francesa passou a se chamar Burkina Faso, *terra de homens honestos.*

Após o longo domínio colonial, os homens honestos herdaram o deserto: campos exaustos, rios secos, florestas devastadas. Um de cada dois nascidos não chegava vivo aos três meses.

Sankara encabeçou a mudança. A energia comunitária foi posta a serviço da multiplicação de alimentos, da alfabetização, do renascimento das matas nativas e da defesa da água, escassa e sagrada.

A voz de Sankara multiplicou seus ecos da África para o mundo:

– *Propomos que se destine à salvação da vida neste planeta pelo menos um por cento das fabulosas somas que são gastas estudando a vida em outros planetas.*

– *O Banco Mundial e o Fundo Monetário Internacional nos negam fundos para buscar água a cem metros, mas nos oferecem cavar poços de três mil metros para procurar petróleo.*

*– Queremos criar um mundo novo. Nos negamos a escolher entre o inferno e o purgatório.*

*– Denunciamos os homens cujo egoísmo causa o infortúnio do próximo. Continua impune no mundo a destruição da biosfera, com esses ataques assassinos contra a terra e contra o ar.*

Em 1987, a chamada *comunidade internacional* resolveu se desfazer desse novo Lumumba.

A tarefa foi encomendada ao seu melhor amigo, Blaise Campaoré.

O crime outorgou a ele poder perpétuo.

## Fundação de Cuba

Revolução, revelação: os negros entravam nas praias, antes proibidas a quem tingia a água, e todas as Cubas que Cuba escondia resplandeciam em plena luz.

Serra adentro, Cuba adentro, crianças que nunca tinham visto cinema se faziam amigas de Carlitos, e os alfabetizadores levavam letras a lugares perdidos, onde essas coisas estranhas não chegavam nem de visita.

Em pleno ataque de loucura tropical, a Orquestra Sinfônica Nacional viajava completa, com Beethoven e tudo, para povoados sumidos no mapa, e os eufóricos moradores rabiscavam cartazes convidando:

*– Vamos dançar e nos divertir com a Sinfônica Nacional!*

Eu andava pelo Oriente, lá onde os caracoizinhos coloridos caem das árvores feito chuva e as montanhas azuis do Haiti aparecem no horizonte.

Em alguma estrada de terra encontrei um casal.

Ela vinha no lombo de um burro, debaixo de uma sombrinha que a defendia do sol.

Ele, a pé.

Os dois vestidos de festa, rainha e rei daquelas lonjuras, invulneráveis ao tempo e ao barro: nenhuma ruga, nenhuma manchinha perturbava a brancura daquelas roupas que tinham esperado anos ou séculos, desde o dia do casamento, no fundo de algum armário.

Perguntei aonde iam. Ele respondeu:

– *Para Havana. Para o cabaré Tropicana. Temos reserva para sábado.*

E apalpou o bolso, confirmando.

## Eu posso sim

Em 1961, um milhão de cubanos aprenderam a ler e escrever, e milhares de voluntários apagaram os sorrisos zombeteiros e os olhares compassivos que tinham recebido quando anunciaram que fariam isso em um ano.

Tempos depois, Catherine Murphy recolheu lembranças:

* Griselda Aguilera: *Meus pais alfabetizavam aqui em Havana. Eu pedia, mas eles não me deixavam ir. Cada manhã, logo cedo, os dois iam, e eu ficava em casa, até de noite. Um dia, depois de tanto pedir e pedir, me deixaram ir. Acompanhei-os. Carlos Pérez Isla era o nome do meu primeiro aluno. Tinha cinquenta e oito anos. Eu, sete.*

* Sixto Jiménez: *Eu também não podia ir. Tinha doze anos, já sabia ler e escrever e todo dia pedia e discutia, em vão. É muito perigoso, dizia minha mãe. E bem naqueles dias veio a invasão da Baía dos Porcos, aqueles criminosos vinham se vingar, vinham com sangue nos olhos, eles, os donos de Cuba. Nós os conhecíamos muito bem, nos velhos tempos já tinham incendiado nossa casa duas vezes, lá na serra. E então minha mãe preparou a minha mochila. Adeus, me disse.*

* Sila Osório: *Minha mãe alfabetizou nas montanhas, de Manzanillo para lá. Trabalhou com uma família de sete filhos. Nenhum sabia ler nem escrever. Minha mãe morou naquela casa seis meses. Durante o dia, colhia café, buscava água... De noite, ensinava. Quando todos já sabiam, ela foi embora. Tinha chegado sozinha, mas não foi embora sozinha. Veja só:*

*se não fosse a campanha da alfabetização, eu não existiria.*

* Jorge Oviedo: *Eu tinha catorze anos quando os brigadistas chegaram a Palma Soriano. Nunca tinha ido à escola. Mas fui na primeira aula de alfabetização, desenhei uns pauzinhos e entendi: isto aqui é meu. E na manhã seguinte fugi de casa e me pus a caminho. Debaixo do braço levava o manual dos brigadistas. Caminhei muito, até que cheguei num povoado metido lá nas montanhas do oriente. E me apresentei como alfabetizador. Dei a primeira aula, repeti o que tinha ouvido lá em Palma Soriano. Lembrava de tudo. Na segunda, estudei, ou melhor, adivinhei, o que dizia o manual.*

*E para as aulas seguintes...*

*Eu fui alfabetizador antes de ser alfabetizado. Ou fui tudo junto, não sei.*

## Fotos: os olhos mais habitados do mundo

Havana, Praça da Revolução, março de 1960.

Um navio explode no porto. Setenta e seis trabalhadores mortos. O barco trazia armas e munições para a defesa de Cuba, mas o governo de Eisenhower proíbe que Cuba se defenda.

A multidão cobre as ruas da cidade.

Do pódio, o Che Guevara contempla toda aquela fúria reunida.

Ele tem a multidão nos olhos.

Korda faz essa foto quando os barbudos estão há pouco mais de um ano no poder.

Seu jornal não a publica. O diretor não vê nada de especial nela.

Os anos passarão. Essa foto será um símbolo do nosso tempo.

## O nascedor

Por que será que o Che tem esse perigoso costume de continuar nascendo? Quanto mais o manipulam, quanto mais o traem, mais nasce. Ele é o mais nascedor de todos.

Não será porque o Che dizia o que pensava, e fazia o que dizia? Não será porque isso continua sendo tão extraordinário, em um mundo onde as palavras e os fatos muito raramente se encontram, e quando se encontram não se cumprimentam, porque não se reconhecem?

## Fidel

Seus inimigos dizem que foi rei sem coroa e que confundia a unidade com a unanimidade.

E nisso seus inimigos têm razão.

Seus inimigos dizem que, se Napoleão tivesse tido um jornal como o *Granma*, nenhum francês ficaria sabendo do desastre de Waterloo.

E nisso seus inimigos têm razão.

Seus inimigos dizem que exerceu o poder falando muito e escutando pouco, porque estava mais acostumado aos ecos que às vozes.

E nisso seus inimigos têm razão.

Mas seus inimigos não dizem que não foi para posar para a História que abriu o peito para as balas quando veio a invasão,

que enfrentou os furacões de igual para igual, de furacão a furacão,

que sobreviveu a 637 atentados,

que sua contagiosa energia foi decisiva para transformar uma colônia em pátria

e que não foi por feitiço de mandinga nem por milagre de Deus que essa nova pátria conseguiu sobreviver a dez presidentes dos Estados Unidos, que já estavam com o guardanapo no pescoço para almoçá-la de faca e garfo.

E seus inimigos não dizem que Cuba é um raro país que não compete na Copa Mundial do Capacho.

E não dizem que essa revolução, crescida no castigo, é o que pôde ser e não o que quis ser. Nem dizem que em grande medida o muro entre o desejo e a realidade foi se fazendo mais alto e mais largo graças ao bloqueio imperial, que afogou o desenvolvimento da democracia *a la cubana*, obrigou a militarização da sociedade e outorgou à burocracia, que para cada solução tem um problema, os argumentos que necessitava para se justificar e se perpetuar.

E não dizem que apesar de todos os pesares, apesar das agressões de fora e das arbitrariedades de dentro, essa ilha sofrida mas obstinadamente alegre gerou a sociedade latino-americana menos injusta.

E seus inimigos não dizem que essa façanha foi obra do sacrifício de seu povo, mas também foi obra da pertinaz vontade e do antiquado sentido de honra desse cavalheiro que sempre se bateu pelos perdedores, como um certo Dom Quixote, seu famoso colega dos campos de Castela.

## Fotos: punhos erguidos ao céu

Cidade do México, Estádio Olímpico, outubro de 1968.

A bandeira das listras e das estrelas ondula, triunfante, no mastro mais alto, enquanto vibram os acordes do hino dos Estados Unidos.

Os campeões olímpicos sobem ao pódio. E então, no momento culminante, Tommie Smith, medalha de ouro, e John Carlos, medalha de bronze, negros os dois, norte-americanos os dois, erguem seus punhos fechados, em luvas negras, contra o céu da noite.

O fotógrafo da *Life*, John Dominis, registra o acontecimento. Aqueles punhos erguidos, símbolos do movimento revolucionário Panteras Negras, denunciam ao mundo a humilhação racial nos Estados Unidos.

Tommie e John são imediatamente expulsos da Vila Olímpica. Nunca mais poderão participar de nenhuma competição esportiva. Os cavalos de corrida, os galos de briga e os atletas humanos não têm o direito de ser estraga-prazeres.

A esposa de Tommie se divorcia. A esposa de John se suicida.

De regresso ao seu país, ninguém dá trabalho a esses criadores de caso. John se arranja do jeito que dá e Tommie, que conquistou onze recordes mundiais, lava automóveis a troco de gorjetas.

## Ali

Foi pena e chumbo. Lutando, dançava e demolia.

Em 1967, Muhammad Ali, nascido Cassius Clay, se negou a vestir a farda militar:

– *Querem me mandar matar vietnamitas* – disse. – *Quem humilha os negros em meu país? Os vietnamitas? Eles nunca me fizeram nada.*

Foi chamado de traidor da pátria. Foi ameaçado com a cadeia, foi proibido de continuar lutando boxe. Tiraram seu título de campeão mundial.

Esse castigo foi o seu troféu. Arrebatando-lhe a coroa, o consagraram rei.

Cinco anos depois, alguns estudantes universitários pediram a ele que recitasse alguma coisa. E ele inventou para eles o poema mais breve da literatura universal:

– *Me, we.*

Eu, nós.

## O jardineiro

No final de 1967, num hospital da África do Sul, Christian Barnard transplantou pela primeira vez um coração humano e se transformou no médico mais famoso do mundo.

Numa das fotos, aparece um negro entre seus ajudantes. O diretor do hospital explicou que era um infiltrado.

Naquele tempo, Hamilton Naki morava num barracão sem luz elétrica nem água corrente. Não tinha diploma, nem mesmo havia terminado a escola primária, mas era o braço direito do doutor Barnard. Trabalhava ao seu lado em segredo.

A lei ou o costume proibia que um negro tocasse carne ou sangue de brancos.

Pouco antes de morrer, Barnard reconheceu:

– *Tecnicamente, talvez ele fosse melhor do que eu.*

Afinal, sua façanha não teria sido possível sem aquele homem de dedos mágicos, que tinha ensaiado o transplante de coração, várias vezes, com porcos e cães.

Nas planilhas do hospital, Hamilton Naki aparecia como jardineiro.

E como jardineiro se aposentou.

## A Nona

A surdez impediu que Beethoven escutasse uma única nota da sua Nona Sinfonia, e a morte impediu que ficasse sabendo das aventuras e desventuras de sua obra-prima.

O príncipe Bismarck proclamou que a Nona inspirava a raça alemã, Bakunin escutou nela a música da anarquia, Engels anunciou que seria o hino da humanidade e Lenin disse que era mais revolucionária que a Internacional.

Von Karajan regeu-a em concerto para o governo nazista e anos depois consagrou com ela a unidade da Europa livre.

A Nona acompanhou os camicases japoneses que morriam pelo seu imperador e os combatentes que deram a vida lutando contra todos os impérios.

Foi cantada pelos que resistiam ao avanço alemão e foi cantarolada por Hitler, que num raro ataque de modéstia disse que Beethoven era o verdadeiro *führer*.

Paul Robeson cantou-a contra o racismo e os racistas da África do Sul a usaram como música de fundo na propaganda do *apartheid*.

Em 1961, ao som da Nona Sinfonia, foi erguido o muro de Berlim.

Em 1989, ao som da Nona Sinfonia, o muro de Berlim caiu.

## Muros

O Muro de Berlim era a notícia de cada dia. Da manhã à noite líamos, víamos, escutávamos: o Muro da Vergonha, o Muro da Infâmia, a Cortina de Ferro...

Finalmente, esse muro, que merecia cair, caiu. Mas outros muros brotaram, e continuam brotando, no mundo. Embora sejam muito maiores que o de Berlim, deles fala-se pouco ou não se fala nada.

Pouco se fala do muro que os Estados Unidos estão erguendo na fronteira mexicana, e pouco se fala das cercas de arame farpado de Ceuta e Melilla.

Quase nada se fala do Muro da Cisjordânia, que perpetua a ocupação israelita de terras palestinas e será quinze vezes mais longo que o Muro de Berlim, e nada, nada de nada, se fala do Muro do Marrocos, que perpetua o roubo da pátria saharaui pelo reino marroquino e mede sessenta vezes mais do que o Muro de Berlim.

Por que será que há muros tão altissonantes e muros tão mudos?

## Fotos: a queda do muro

Berlim, novembro de 1989. Ferdinando Scianna fotografa um homem que conduz um carrinho de mão. A duras penas carrega uma enorme cabeça de Stalin. A cabeça de bronze foi decapitada enquanto a fúria popular derrubava a marteladas o muro que partia em duas a cidade de Berlim.

O muro não cai sozinho. Com o muro desmoronam os regimes que começaram anunciando a ditadura do proletariado e terminaram exercendo a ditadura dos funcionários. Vem abaixo a consciência política reduzida a fé religiosa pelos partidos que invocavam Marx, mas atuavam como igrejas inspiradas naquele ditame do papa Gregório VII: *a Igreja nunca se equivocou e, segundo os depoimentos da Escritura, não se equivocará jamais.*

Sem derramar uma lágrima, e nem uma única gota de sangue, em todo o leste da Europa o povo assiste, de braços cruzados, à agonia do poder que atuava em seu nome.

Enquanto isso, na China, Deng Xiao-ping, o herdeiro de Mao, lança o lema *Enriquecer é glorioso*. E a serviço do glorioso enriquecimento de seus dirigentes a China oferece ao mercado mundial seus milhões de braços muito baratos e muito obedientes, e seu ar, sua terra e sua água, sua natureza disposta à imolação nos altares do êxito.

Os burocratas comunistas se transformam em homens de negócios. Para isso tinham estudado *O Capital*: para viver dos lucros.

## Luz divina, luz assassina

Crepitam as chamas.

Na pira ardem colchões em desuso, cadeiras em desuso, pneus em desuso.

E arde um deus em desuso: o fogo estorrica o corpo de Pol Pot.

No final do verão de 1998, morreu em casa, na cama, esse homem que muito matou.

Nenhuma peste reduziu tanto a população do Camboja. Invocando os santos nomes de Marx, Lenin e Mao, Pol Pot montou um matadouro colossal. Para não gastar nem tempo nem dinheiro, cada acusação incluía a sentença e cada cadeia tinha uma porta que dava para a vala comum. O país inteiro era uma grande vala comum e um templo consagrado a Pol Pot, que o purificava para que fosse digno de seus favores.

A pureza revolucionária exigia liquidar os impuros.

Os impuros: os que pensavam, os que discordavam, os que duvidavam, os que desobedeciam.

## O crime compensa

No final de seus muitos anos no poder, o general Suharto não conseguia contar seus mortos nem seus dinheiros.

Em 1965, havia iniciado sua carreira exterminando os comunistas da Indonésia. Quantos, não se sabe. Pelo menos meio milhão, talvez mais de um milhão. Difícil calcular. Quando os militares deram luz verde para matar nas aldeias, de repente viraram comunistas, merecedores da forca, todos aqueles que tinham alguma vaca invejável ou algumas galinhas cobiçadas pelos vizinhos.

O embaixador Marshall Green expressou, em nome do governo dos Estados Unidos, *simpatia e admiração pelo que o exército está fazendo.* A revista *Time* informou que os mortos impediam a navegação dos rios, mas celebrou o que acontecia como *a melhor notícia em muitos anos.*

Duas décadas mais tarde, essa revista revelou que o general Suharto tinha *um coração terno.* Naquela altura, ele já havia perdido a conta de seus numerosos defuntos, embora estivesse para ampliar a lista transformando em tumbas as hortas da ilha de Timor.

Também não era nada escassa sua poupança quando foi obrigado a renunciar, depois de mais de trinta anos de serviços prestados à pátria. Bolso profundo: Abdurramán Wahid, presidente herdeiro, estimou que Suharto havia acumulado uma fortuna pessoal equivalente a tudo que a Indonésia devia ao Fundo Monetário Internacional e ao Banco Mundial.

Sabia-se que as ruas dos bancos, em Zurique e Genebra, eram seus passeios preferidos, de tanto que gostava da paisagem suíça, mas nunca conseguiu se lembrar de onde havia deixado seu dinheiro.

No ano de 2000, uma junta médica examinou o general Suharto e declarou-o física e mentalmente incapaz de ser submetido a julgamento.

## Outro caso de amnésia

Um relatório médico determinou que o general Augusto Pinochet padecia de demência senil.

Por não estar em pleno juízo, não podia ser submetido a julgamento.

Pinochet atravessou sem se alterar trezentas acusações criminais e morreu sem sofrer uma só condenação. A democracia chilena tinha renascido obrigada a pagar suas dívidas e a esquecer seus crimes, e ele compartilhava a amnésia oficial.

Tinha matado, tinha torturado, mas dizia:

– *Não fui eu. Além do mais, não lembro de nada. E se lembro, não fui eu.*

No idioma internacional do futebol, ainda são chamados de Pinochet os times muito ruins, porque lotam estádios para torturar o público; mas não faltaram admiradores para o general. A Avenida Onze de Setembro, em Santiago, não foi batizada assim em memória das vítimas do atentado terrorista que derrubou as torres em Nova York, mas em homenagem ao golpe de Estado terrorista que derrubou a democracia no Chile.

Em gesto de involuntária adesão, Pinochet morreu no Dia Internacional dos Direitos Humanos.

Naquela altura, já haviam sido descobertos mais de trinta milhões de dólares, roubados por ele, em cento e vinte contas em vários bancos do mundo. Essa revelação tinha afetado, um pouquinho, seu prestígio. Não porque tivesse sido ladrão, mas porque foi um ladrão incompetente.

## Fotos: essa bala não mente

Santiago do Chile, Palácio do Governo, setembro de 1973.

Ignora-se o nome do fotógrafo. Esta é a última imagem de Salvador Allende: usa um capacete, caminha com a arma na mão, olha para o céu, os aviões cospem bombas.

O presidente do Chile, eleito em eleições livres, havia dito:

– *Daqui não saio vivo.*

Na história latino-americana, é uma frase de rotina: foi pronunciada por muitos presidentes que na hora da verdade preferem sobreviver para continuar pronunciando-a.

Allende não sai vivo de lá.

## Um beijo abriu as portas do inferno

Foi o sinal, como a traição contada nos evangelhos:

– *Vai ser aquela em quem eu der um beijo.*

E no final de 1977, em Buenos Aires, o Anjo Louro beijou, uma após outra, Esther Balestrino, María Ponce e Azucena Villaflor, fundadoras das Mães da Praça de Maio, e as freiras Alice Domon e Léonie Duquet.

E a terra as engoliu. O ministro de Interior da ditadura militar negou que as mães estivessem presas e disse que as freiras tinham ido para o México, para exercer a prostituição.

Depois se soube que todas, mães e freiras, haviam sido torturadas e jogadas vivas de um avião no mar.

E o Anjo Louro foi reconhecido. Apesar da barba e do boné, foi reconhecido, quando os jornais publicaram a foto do capitão Alfredo Astiz assinando, cabisbaixo, a rendição diante dos ingleses. Era o fim da Guerra das Malvinas, e ele não tinha disparado nem um tiro. Era especialista em outros heroísmos.

## Retrato de família na Argentina

O poeta argentino Leopoldo Lugones proclamou:

– *Já soou, para o bem do mundo, a hora da espada!*

E assim aplaudiu, em 1930, o golpe de Estado que instalou uma ditadura militar.

A serviço dessa ditadura, o filho do poeta, o delegado Polo Lugones, inventou a máquina de dar choques – a *picana* – e outros convincentes instrumentos que ensaiava nos corpos dos desobedientes.

Quarenta e tantos anos depois, uma desobediente chamada Pirí Lugones, neta do poeta, filha do delegado, sofreu na própria carne os inventos do papai, nas câmaras de tortura de outra ditadura.

Essa ditadura fez desaparecer trinta mil argentinos.

Entre eles, ela.

## As idades de Ana

Em seus primeiros anos, Ana Fellini acreditava que seus pais tinham morrido num acidente. Seus avós contaram. Disseram a ela que seus pais vinham buscá-la quando o avião caiu.

Aos onze anos, alguém disse a ela que seus pais tinham morrido lutando contra a ditadura militar argentina. Não perguntou nada, não disse nada. Ela, menina faladora, desde aquele momento falou pouco ou nada.

Aos dezessete, era difícil beijar. Tinha uma chaguinha debaixo da língua.

Aos dezoito, era difícil comer. A chaga era cada vez mais funda.

Aos dezenove, foi operada.

Aos vinte, morreu.

O médico disse que foi morta por um câncer na boca.

Os avós disseram que foi morta pela verdade.

A bruxa do bairro disse que morreu porque não gritou.

## O nome mais tocado

Na primavera de 1979, o arcebispo de El Salvador, Oscar Arnulfo Romero, viajou para o Vaticano. Pediu, rogou, mendigou uma audiência com o papa João Paulo II:

– *Espere a sua vez.*

– *Não sabemos ainda.*

– *Volte amanhã.*

Enfim, entrando na fila dos fiéis que esperavam a bênção, um entre tantos, Romero surpreendeu Sua Santidade e conseguiu roubar-lhe alguns minutos.

Tentou entregar um volumoso relatório, fotos, depoimentos, mas o Papa devolveu:

– *Eu não tenho tempo para ler tanta coisa!*

E Romero balbuciou que milhares de salvadorenhos haviam sido torturados e assassinados pelo poder militar, entre eles muitos católicos e cinco sacerdotes, e que ainda ontem, na véspera daquela audiência, o exército tinha baleado vinte e cinco diante das portas da catedral.

O chefe da Igreja fez com que ele parasse em seco:

– *Não exagere, senhor arcebispo!*

O encontro não durou muito mais.

O herdeiro de são Pedro exigiu, mandou, ordenou:

– *Vocês têm de se entender com o governo! Um bom cristão não cria problemas para a autoridade! A Igreja quer paz e harmonia!*

Dez meses depois, o arcebispo Romero caiu fulminado numa paróquia de San Salvador. A bala derrubou-o em plena missa, quando estava erguendo a hóstia.

De Roma, o Sumo Pontífice condenou o crime.

Esqueceu de condenar os criminosos.

Anos depois, no parque Cuscatlán, um muro infinitamente longo recorda as vítimas civis da guerra. São milhares e milhares de nomes gravados, em branco, sobre mármore negro. O nome do arcebispo Romero é o único que está meio apagado.

Meio apagado pelos dedos das pessoas.

## O bispo que morreu duas vezes

A memória está presa nos museus e não tem autorização para sair.

O bispo Juan Gerardi dirigiu a investigação do terror na Guatemala.

Numa noite da primavera de 1998, o bispo apresentou os resultados, mil e quatrocentas páginas, mais de mil depoimentos, no pátio da catedral. Disse:

– *Sabemos muito bem que este caminho, o caminho da memória, está cheio de perigos.*

Duas noites mais tarde, apareceu estendido sobre seu próprio sangue, com o crânio despedaçado a golpes de pedra.

Em seguida, como por arte de magia, o sangue foi lavado e as marcas foram apagadas. Ouviram-se confissões que eram, na verdade, confusões, e lançou-se uma gigantesca operação internacional para transformar o assassinato num labirinto intransitável.

E assim aconteceu a segunda morte do bispo. Na suja tarefa participaram advogados, jornalistas, escritores e criminologistas de aluguel. Novos culpados, e novas histórias, apareciam e desapareciam num ritmo de vertigem, para salvaguardar a intocável impunidade dos autores desse crime e de duzentos mil outros assassinatos:

– *Foi algum dos comunistas infiltrados na Igreja.*

– *Foi a cozinheira.*

– *Foi a governanta.*

– *Foi aquele bêbado que dorme na frente da paróquia.*

– *Foi por ciúme.*

– *Entre veados, isso de partir a cabeça é típico.*

– *Foi uma vingança, o padre estava jurado.*

– *Foi aquele padre, e o cachorro.*

– *Foi...*

## O imposto global

O amor que passa, a vida que pesa, a morte que pisa.

Há dores inevitáveis, e é assim mesmo, e não tem jeito.

Mas as autoridades planetárias acrescentam dor à dor, e ainda por cima nos cobram por esse favor.

Em dinheiro pagamos, a cada dia, o imposto do valor agregado.

Em infelicidade pagamos, a cada dia, o imposto da dor agregada.

A dor agregada se disfarça de fatalidade do destino, como se fossem a mesma coisa a angústia que nasce da fugacidade da vida e a angústia que nasce da fugacidade do emprego.

## Não são notícia

Ao sul da Índia, no hospital de Nallamada, um suicida ressuscita.

Ao redor do seu leito, sorriem os que lhe devolveram a vida.

O ressuscitado olha para eles e diz:

– *Estão esperando o quê? Que eu agradeça? Eu devia cem mil rúpias. Agora vou dever também quatro dias de hospital. Vocês, imbecis, me fizeram esse favor.*

Sabemos muito sobre terroristas suicidas. Os meios de comunicação nos falam deles todos os dias. Não nos contam nada, porém, dos granjeiros suicidas.

Num ritmo de mil por mês, segundo as cifras oficiais, estão se matando os agricultores hindus, desde o final do século XX e nestes primeiros anos do XXI.

Muitos granjeiros suicidas morrem bebendo os pesticidas que não conseguem pagar.

O mercado os obriga a se endividar, as dívidas impagáveis os obrigam a morrer. Gastam cada vez mais e recebem cada vez menos. Compram a preços gigantes e vendem a preços anões. São reféns da indústria química estrangeira, das sementes importadas, dos cultivos transgênicos: a Índia, que produzia para comer, agora produz para ser comida.

## Criminologia

A cada ano, os pesticidas químicos matam pelo menos três milhões de camponeses.

A cada dia, os acidentes de trabalho matam pelo menos dez mil trabalhadores.

A cada minuto, a miséria mata pelo menos dez crianças.

Esses crimes não aparecem nos noticiários. São, como as guerras, atos normais de canibalismo.

Os criminosos andam soltos. As prisões não foram feitas para os que estripam multidões. A construção de prisões é o plano de habitação que os pobres merecem.

Há mais de dois séculos, se perguntava Thomas Paine:

*– Por que será que é tão raro que enforquem alguém que não seja pobre?*

Texas, século XXI: a última ceia delata a clientela do patíbulo. Ninguém pede lagosta ou *filet mignon*, embora esses pratos apareçam no menu de despedida. Os condenados preferem dizer adeus ao mundo comendo hambúrguer e batata frita, como de costume.

## Ao vivo e em cores

O Brasil inteiro assiste.

Um espetáculo em tempo real.

A televisão não perde detalhe do momento em que o criminoso, negro como tinha de ser, transforma em reféns os passageiros de um ônibus no Rio de Janeiro, certa manhã do ano de 2000.

Os jornalistas vão contando o que acontece como se fosse uma mistura de futebol e de guerra, a emoção explode-corações de uma final de Copa do Mundo narrada no tom épico-trágico do desembarque da Normandia.

A polícia cercou o ônibus.

No tiroteio, morre uma moça. O público vocifera maldições contra a fera selvagem que não vacila em sacrificar inocentes vidas humanas.

No final, depois de quatro horas de muitos gritos e muita ópera, uma figura da ordem derruba o perigo público. Os policiais exibem seu troféu, o criminoso, diante das câmaras.

Todos querem linchá-lo, os milhares que estão ali e os milhões que não estão mas veem.

Os policiais o agarram.

Entra vivo no carro da patrulha. Sai estrangulado.

Em sua breve passagem pelo mundo, chamou-se Sandro do Nascimento. Ele era uma das muitas crianças de rua que dormiam nas escadarias da igreja da Candelária, numa noite de 1993, quando choveu metralha. Oito morreram.

Dos que sobreviveram, quase todos foram mortos pouco depois.

Sandro teve sorte, mas era um morto em gozo de licença provisória.

Sete anos depois, cumpre a sentença.

Ele sempre sonhou em ser estrela da televisão.

## Em cores e ao vivo

A Argentina inteira assiste.

Um espetáculo em tempo real.

A televisão não perde detalhe, desde o momento que o touro, que tinha de ser negro, aparece numa rua dos subúrbios de Buenos Aires, certa manhã do ano de 2004.

Os jornalistas vão contando o que acontece como se fosse uma mistura de tourada e de guerra, a emoção explode-corações de uma tourada na arena de Sevilha narrada no tom épico-trágico da queda de Berlim.

A manhã passa e a polícia não chega.

A fera, ameaçadora, pasta.

A população, temerosa, olha de longe.

*Cuidado*, adverte um jornalista que passeia no meio da multidão, microfone em punho: *Cuidado, que ele pode ficar nervoso.*

O selvagem rumina capim, alheio a todos, concentrado nesse pedaço de pasto que encontrou no meio dos edifícios cinzentos.

Chegam, enfim, as radiopatrulhas, carregadas de policiais que se espalham ao redor do animal e se entreolham sem saber o que fazer.

Então alguns voluntários saltam da multidão e, dando mostras de valor e destreza, se lançam sobre o touro bravo, o derrubam no chão, o golpeiam a murros e pontapés e o amarram com correntes. As câmaras registram o momento em que um deles, triunfante, põe um pé em cima do troféu.

É levado numa carretinha. A cabeça dependurada para fora. Quando ergue a cabeça, chovem golpes. As vozes denunciam:

– *Está querendo fugir! Quer fugir de novo!*

E assim termina esse bezerro, esse adolescente de cornos recém-saídos, que tinha fugido do matadouro.

O prato era seu destino.

Ele nunca tinha sonhado em ser estrela da televisão.

## Perigo nas prisões

Em 1998, a Direção Nacional do Regime Penitenciário da República da Bolívia recebeu uma carta assinada por todos os presos de uma prisão do vale de Cochabamba.

Os presos pediam às autoridades que mandassem aumentar a altura do muro da prisão, porque os vizinhos pulavam com facilidade e roubavam a roupa que eles tinham posto para secar no varal.

Como não havia orçamento disponível, não houve resposta. E como não houve resposta, os presos não tiveram outro remédio a não ser pôr mãos à obra. E ergueram um muro bem alto, com tijolos de barro e de palha, para se protegerem dos cidadãos que viviam nos arredores da prisão.

## Perigo nas ruas

Faz mais de meio século que o Uruguai não ganha nenhum campeonato mundial de futebol, mas durante a ditadura militar conquistou outros torneios: foi o país que teve mais presos políticos e torturados, em proporção com a população.

Liberdade era o nome do presídio mais numeroso. E fazendo jus ao nome, fugiram as palavras presas. Através de suas grades escorreram os poemas que os presos escreveram em minúsculas folhas de papel de fumar. Como este:

*Às vezes chove e te amo.*
*Às vezes sai o sol e te amo.*
*A prisão é às vezes.*
*Sempre te amo.*

## Perigo nos Andes

A raposa vinha descendo do céu, quando os papagaios arrebentaram, a bicadas, a corda pela qual ela deslizava.

A raposa se espatifou contra os altos picos da cordilheira dos Andes e, ao se espatifar, espalhou a quinua que trazia na barriga, roubada dos festejos celestes.

Assim, a comida dos deuses foi semeada no mundo.

Desde aquela época, a quinua vive em terras muito altas, onde só ela é capaz de aguentar a aridez e o frio.

O mercado mundial jamais prestou a menor atenção a essa desprezível comida de índio, até que se soube que o minúsculo grãozinho, capaz de crescer onde nada cresce, é um alimento muito bom, não engorda e evita algumas doenças. Em 1994, a quinua foi patenteada por dois pesquisadores da Colorado State University (US Patent 5304718).

Desatou-se, então, a fúria dos camponeses. Os patenteadores asseguraram que não iam usar seu direito legal de proibir o cultivo, nem cobrar nada por isso, mas os camponeses, indígenas bolivianos, responderam:

– *Não precisamos que venha nenhum professor dos Estados Unidos nos doar o que é nosso.*

Quatro anos mais tarde, o escândalo universal obrigou a Colorado State University a renunciar à patente.

## Perigo no ar

A rádio de Paiwas nasceu no centro da Nicarágua, às vésperas do século XXI.

O programa de maior audiência ocupa as madrugadas: "A bruxa mensageira" acompanha milhares de mulheres e mete medo em milhares de homens.

Às mulheres, a bruxa apresenta amigos desconhecidos, como esse tal de Papanicolau e a senhora Constituição, e fala de seus direitos, *violência zero na rua, na casa e também na cama*, e pergunta a elas:

– *Como foi a sua noite? Como foi tratada? Deu com prazer ou foi meio à força?*

E os homens são denunciados com nome e sobrenome quando violam ou batem em suas mulheres. Pelas noites, a bruxa vai de casa em casa, em voo de vassoura; e nas madrugadas, acaricia sua bola de cristal e adivinha segredos na frente do microfone:

– *Ahá! Você está por aí, estou vendo você por aí. Batendo na sua mulher. Que barbaridade, que horror!*

A rádio recebe e difunde as denúncias que os policiais não atendem. Os policiais estão ocupados com os ladrões de gado, e uma vaca vale mais que uma mulher.

## Barbie vai à guerra

Existe mais de um bilhão de Barbies. Só os chineses superam essa população tão enorme.

A mulher mais amada do mundo não poderia falhar. Na guerra do Bem contra o Mal, Barbie se alistou, bateu continência e foi para a guerra do Iraque.

Chegou à frente de batalha vestindo fardas de terra, mar e ar, feitos sob medida, que o Pentágono examinou e aprovou.

Ela está acostumada a mudar de profissão, de penteado e de roupa. Também foi cantora, esportista, paleontóloga, dentista, astronauta, bailarina e sei lá mais o quê, e cada novo ofício implica um novo *look* e um novo vestuário completo, que todas as meninas do mundo estão obrigadas a comprar.

Em fevereiro de 2004, Barbie também quis mudar de par. Fazia quase meio século que estava ao lado de Ken, que não tem no corpo outra saliência além do nariz, quando foi seduzida por um surfista australiano que a convidou para cometer o pecado do plástico.

A empresa Mattel anunciou, oficialmente, a separação.

Foi uma catástrofe. As vendas desabaram. Barbie podia, e devia, mudar de ocupação e de vestidos, mas não tinha o direito de dar mau exemplo.

Então a empresa Mattel anunciou, oficialmente, a reconciliação.

## Os filhos de RoboCop vão à guerra

No ano de 2005, o Pentágono revelou que o sonho de um invulnerável exército de autômatos está se tornando realidade.

Segundo o porta-voz militar Gordon Johnson, as guerras do Afeganistão e do Iraque foram de grande utilidade para o progresso dos robôs. Os robôs, equipados com visão noturna e armas automáticas, já estão em condições de localizar e demolir construções inimigas praticamente sem margem de erro.

Não há sinais de humanidade que impeçam um nível ótimo de eficiência:

– *Os robôs não têm fome nem sentem medo* – disse Johnson. – *Jamais esquecem as ordens. E não se importam se o sujeito que luta ao seu lado cai morto por um tiro.*

## Guerras disfarçadas

No começo do século XX, a Colômbia padeceu a guerra dos mil dias.

Em meados do século XX, os dias foram três mil.

No começo do século XXI, os dias já são incontáveis.

Mas essa guerra, mortal para a Colômbia, não é tão mortal para os donos da Colômbia:

a guerra multiplica o medo, e o medo transforma a injustiça numa fatalidade do destino;

a guerra multiplica a pobreza, e a pobreza oferece braços que trabalham por nada ou quase nada;

a guerra expulsa os camponeses de suas terras, que são vendidas por nada ou quase nada;

a guerra outorga uma dinheirama aos traficantes de armas e aos sequestradores de civis, e outorga santuários aos traficantes de drogas, para que a cocaína continue sendo um negócio no qual os norte-americanos entram com o nariz e os colombianos, com os mortos;

a guerra assassina os militantes dos sindicatos, e os sindicatos organizam mais enterros do que greves, e deixam de incomodar empresas como a Chiquita Brands, a Cola-Cola, a Nestlé, a Del Monte ou a Drummond Limited;

e a guerra assassina os que denunciam as causas da guerra, para que a guerra seja tão inexplicável quanto inevitável.

Os especialistas em violenciologia dizem que a Colômbia é um país que ama a morte.

Coisa genética, dizem.

## Uma mulher na margem do rio

Chove morte.

Os colombianos caem no matadouro por bala ou punhal,
por golpe de facão ou de porrete,
pela forca ou pelo fogo,
por uma bomba do céu ou uma mina do solo.

Na selva de Urabá, em alguma margem dos rios Perancho ou Peranchito, em sua casa de pau-a-pique e teto de sapê, uma mulher chamada Eligia se abana contra o calor e contra os mosquitos, e contra o medo também. E enquanto o leque se agita, ela diz, em voz alta:

– *Como seria gostoso morrer de morte natural.*

## Guerras mentidas

Lançamentos publicitários, operações de *marketing*. A opinião pública é o *target*. As guerras são vendidas mentindo, como se vendem automóveis.

Em agosto de 1964, o presidente Lyndon Johnson denunciou que os vietnamitas tinham atacado dois navios dos Estados Unidos no golfo de Tonkin.

Então, o presidente invadiu o Vietnã, lançou aviões e tropas e sua popularidade subiu às nuvens e foi aclamado pelos jornalistas e pelos políticos, e o governo democrata e a oposição republicana se tornaram um partido único contra a agressão comunista.

Quando a guerra já havia estripado uma multidão de vietnamitas, em sua maioria mulheres e crianças, Robert McNamara, ministro da Defesa de Johnson, confessou que o ataque do golfo de Tonkin não tinha existido.

Os mortos não ressuscitaram.

Em março do ano de 2003, o presidente George W. Bush denunciou que o Iraque estava a ponto de aniquilar o mundo com suas armas de destruição massiva, *as armas letais jamais inventadas.*

Então, o presidente invadiu o Iraque, lançou aviões e tropas e sua publicidade subiu às nuvens e foi aclamado pelos jornalistas e pelos políticos, e o governo republicano e a oposição democrata se tornaram um partido único contra a agressão terrorista.

Quando a guerra já havia estripado uma multidão de iraquianos, em sua maioria mulheres e crianças, Bush confessou que as armas de destruição massiva não tinham existido. *As armas letais jamais inventadas* tinham sido inventadas por ele.

Nas eleições seguintes, o povo o recompensou elegendo-o de novo.

Lá na minha infância, mamãe havia me dito que a mentira tinha pernas curtas. Estava mal-informada.

## Fundação dos abraços

No Iraque nasceu o primeiro poema de amor da literatura universal, milhares de anos antes de sua devastação:

*Que o cantor teça em cantares*
*isso que vou te contar.*

O cantor cantou, em língua suméria, o encontro de uma deusa com um pastor.

Inanna, a deusa, amou naquela noite como se fosse mortal. Dumuzi, o pastor, foi imortal enquanto aquela noite durou.

## Guerras mentirosas

A Guerra do Iraque nasceu da necessidade de se corrigir o erro que a geografia cometeu quando pôs o petróleo do Ocidente debaixo das areias do Oriente, mas nenhuma guerra tem a honestidade de confessar:

– *Eu mato para roubar.*

Numerosas façanhas cumpriu e continuará cumprindo a *merda do Diabo*, como o ouro negro é chamado pelas más línguas.

Uma multidão perdeu a vida no Sudão, entre o final do século XX e o começo do XXI, numa longa guerra petroleira que se disfarçou de conflito étnico e religioso. Torres e brocas, tubulações e oleodutos brotavam, por arte de magia, sobre as aldeias incendiadas e as plantações aniquiladas. E na região de Darfur, onde continuou a carnificina, os nativos, todos muçulmanos, começaram a se odiar quando ficaram sabendo que poderia haver petróleo debaixo de seus pés.

Também se disse ser guerra étnica e religiosa a matança nas colinas de Ruanda, embora matadores e matados fossem todos católicos. O ódio, herança colonial, vinha dos tempos em que a Bélgica havia decidido que eram tutsis os que tinham vacas e hutus os que trabalhavam na terra, e que a minoria tutsi devia dominar a maioria hutu.

Nesses anos, outra multidão perdeu a vida na República Democrática do Congo, a serviço das empresas estrangeiras que disputavam o coltão. Esse mineral raro é imprescindível para a fabricação de telefones celulares, computadores, microchips e baterias usadas pelos meios de comunicação, que no entanto se esqueceram de mencioná-lo.

## Guerras vorazes

Em 1975, o rei do Marrocos invadiu a pátria saharaui e expulsou a maioria da população.

O Saara é, agora, a última colônia da África.

O Marrocos nega a ela o direito de escolher seu destino, e assim confessa que roubou um país e que não tem a menor intenção de devolvê-lo.

Os saharauis, *os filhos das nuvens*, os perseguidores da chuva, estão condenados à pena de angústia perpétua e da perpétua nostalgia. As Nações Unidas deram razão a eles, mil e uma vezes, mas a independência é mais esquiva que a água no deserto.

Mil e uma vezes, também, as Nações Unidas se pronunciaram contra a usurpação israelita da pátria palestina.

Em 1948, a fundação do Estado de Israel implicou a expulsão de oitocentos mil palestinos. Os palestinos desalojados levaram as chaves de suas casas, como haviam feito, séculos antes, os judeus que a Espanha expulsou. Os judeus nunca puderam voltar para a Espanha. Os palestinos não puderam voltar para a Palestina.

Os que ficaram foram condenados a viver humilhados em territórios que as contínuas invasões vão encolhendo a cada dia.

Susan Abdallah, palestina, conhece a receita para fabricar um terrorista:

*Despoje-o de água e de comida.*

*Rodeie sua casa com armas de guerra.*

*Ataque-o por todos os meios e a todas as horas, especialmente pela noite.*

*Derrube a sua casa, arrase sua terra cultivada, mate seus entes queridos, especialmente as crianças, ou deixe-os mutilados.*

*Parabéns: você acaba de criar um exército de homens-bomba.*

## Guerras mata-mundos

Em meados do século XVII, o bispo irlandês James Ussher revelou que o mundo nasceu no ano de 4004 antes de Cristo, entre o crepúsculo do sábado 22 de outubro e a noite do dia seguinte.

Sobre a morte do mundo, porém, não dispomos de informação tão exata. Teme-se, isso sim, que o decesso não vá demorar, dado o ritmo febril de trabalho de seus assassinos. Os avanços tecnológicos deste século XXI equivalerão a vinte mil anos de progresso na história humana, mas não se sabe em que planeta serão celebrados. Shakespeare já tinha profetizado: *a desgraça desses tempos é que os loucos conduzem os cegos.*

Nos convidam a morrer as máquinas criadas para ajudar-nos a viver.

As grandes cidades proíbem respirar e caminhar. Os bombardeios químicos dissolvem os polos e as neves dos topos das montanhas. Uma agência de viagens da Califórnia vende excursões à Groenlândia, para dizer adeus aos glaciares. O mar engole as costas e as redes dos pescadores recolhem medusas em vez de bacalhau. Os bosques naturais, verdes festas da diversidade, se transformam em bosques industriais ou em desertos onde nem as pedras germinam. Em vinte países, no começo deste século, a seca havia deixado cem milhões de camponeses à boa vontade de Deus. "A natureza já está muito cansada", escreveu o frei espanhol Luis Alfonso de Carvallo. Foi em 1695. Se nos visse agora...

Onde não há secas, há dilúvios. Ano após ano, multiplicam-se as inundações, os furacões, os ciclones e os terremotos que não acabam nunca. São chamados de desastres naturais, como se a natureza fosse sua autora e não sua vítima. Desastres mata-mundos, desastres mata-pobres: na Guatemala, dizem que os tais desastres naturais se parecem aos velhos filmes de faroeste, porque só os índios morrem.

Por que tremem as estrelas? Talvez pressintam que daqui a pouco invadiremos outros astros do céu.

## O gigante de Tule

Já no ano de 1586, o sacerdote espanhol Josep de Acosta a viu, no povoado de Tule, a três léguas de Oaxaca: *esta árvore foi ferida por um raio lá do alto, do coração até embaixo. Antes de o raio feri-la, dizem que fazia sombra bastante para mil homens.*

E em 1630, Bernabé Cobo escreveu que a árvore tinha três portas tão grandes que por elas se entrava a cavalo.

Ela continua lá. Nasceu antes de Cristo, e continua lá. É o ser vivente com mais anos e o mais enorme do mundo. Na espessura de suas ramagens, milhares de aves têm sua casa.

Essa deusa verde está condenada à solidão. Já não há selva que a acompanhe.

## Fundação do tráfego urbano

Relinchavam os cavalos, amaldiçoavam os cocheiros, silvavam os chicotes no ar.

O nobre senhor estava que era uma fúria só. Fazia séculos que esperava. Sua carruagem tinha sido bloqueada por outra carruagem, que em vão tentava dar a volta entre muitas outras carruagens. E perdeu a nenhuma paciência que lhe sobrava, desceu, desembainhou a espada e estripou o primeiro cavalo que encontrou atravessado em seu caminho.

Isso aconteceu ao anoitecer de um sábado do ano de 1766, na Place des Victoires, em Paris.

O nobre senhor era o Marquês de Sade.

Muito mais sádicos são os engarrafamentos de hoje.

## Adivinhança

São os mimados da família.

São glutões, devoram petróleo, gás, milho, cana-de-açúcar e o que vier.

São donos do tempo humano, dedicado a banhá-los, a dar-lhes comida e abrigo, a falar deles e para eles abrir caminho.

Reproduzem-se mais do que nós, e já são dez vezes mais numerosos do que há meio século.

Matam mais gente que as guerras, mas ninguém denuncia seus assassinatos, e menos ainda os jornais e canais de televisão que vivem da sua publicidade.

Nos roubam as ruas, nos roubam o ar.

E dão risada quando nos escutam dizer: *eu sei dirigir.*

## Breve história da revolução tecnológica

Crescei e multiplicai-vos, dissemos, e as máquinas cresceram e se multiplicaram.

Tinham nos prometido que trabalhariam para nós.

Agora nós trabalhamos para elas.

As máquinas que nós inventamos para multiplicar a comida multiplicam a nossa fome.

As armas que inventamos para nos defender nos matam.

Os automóveis que inventamos para nos mover nos paralisam.

As cidades que inventamos para nos encontrar nos desencontram.

Os grandes meios que inventamos para nos comunicarmos não nos escutam nem nos veem.

Somos máquinas de nossas máquinas.

Elas alegam inocência.

E têm razão.

## Bhopal

O pesadelo acordou os moradores no meio da noite: o ar ardia.

No ano de 1984, explodiu a fábrica da Union Carbide Corporation na cidade de Bhopal, na Índia.

Nenhum dos sistemas de segurança funcionou. Ou melhor, em termos econômicos: a rentabilidade sacrificou a segurança ao impor drásticas reduções de custos.

Muitos milhares foram mortos por esse crime chamado de acidente, e muitos outros ficaram enfermos para sempre.

No sul do mundo, a vida humana é cotizada a preço de oferta. Depois de muito estica e puxa, a Union Carbide pagou três mil dólares por morto, e mil por cada enfermo incurável. E seus prestigiosos advogados recusaram as demandas dos sobreviventes, porque eram analfabetos incapazes de entender o que seus polegares assinavam. A empresa não limpou a água nem o ar de Bhopal, que continuam intoxicados, nem limpou a terra, que continuou envenenada de mercúrio e chumbo.

Em compensação, a Union Carbide limpou sua imagem, pagando milhões aos mais cotados especialistas em maquiagem.

Alguns anos depois, outro gigante químico, a Dow Chemical, comprou a empresa. A empresa, e não seu prontuário: a Dow Chemical lavou as mãos, negou qualquer responsabilidade no assunto e processou as mulheres que protestavam nas suas portas, por alteração da ordem pública.

## Meios animais de comunicação

Certa noite da primavera de 1986, explodiu a central nuclear de Chernobil.

O governo soviético deu a ordem de silêncio.

Muitas pessoas, imensa multidão, morreram ou sobreviveram transformadas em bombas ambulantes, mas a televisão, o rádio e os jornais não ficaram sabendo. E depois de três dias, não violaram o segredo para advertir que aquela explosão de radioatividade era uma nova Hiroshima, mas asseguraram que se tratava de um acidente menor, coisa de nada, tudo sob controle, que ninguém se alarme.

Os camponeses e os pescadores de terras e águas vizinhas e distantes souberam que alguma coisa muito grave tinha acontecido. Quem lhes transmitiu a má notícia foram as abelhas, as vespas e as aves que alçaram voo e se perderam de vista no horizonte, e as minhocas que se afundaram um metro debaixo da terra e deixaram os pescadores sem isca e as galinhas sem comida.

Duas décadas depois, explodiu o tsunami no sudeste da Ásia e ondas gigantes engoliram outra multidão.

Quando a tragédia estava se incubando, e a terra recém começava a rugir nas profundezas do mar, os elefantes fizeram soar suas trombas, em desesperados lamentos que ninguém entendeu, e romperam as correntes que os atavam e se lançaram, em desabalada carreira, selva adentro.

Também os flamingos, os leopardos, os tigres, os javalis, os cervos, os búfalos, os macacos e as serpentes fugiram antes do desastre.

Só os humanos e as tartarugas sucumbiram.

## Arno

Quando a natureza ainda não tinha sido mandada para o manicômio, já sofria ataques de loucura que avisavam o que estava por vir.

No final de 1966, o rio Arno realizou o sonho do dilúvio particular e a cidade de Florença sofreu a mais feroz inundação de toda a sua história. Num só dia, Florença perdeu mais que tudo o que tinha perdido durante os bombardeios da Segunda Guerra Mundial.

Depois, mergulhados no barro, os florentinos se lançaram ao resgate dos restos do naufrágio. E estavam ocupados nessa tarefa, homens e mulheres, chapinhando, trabalhando, insultando o Arno e todos os seus parentes, quando um longo caminhão passou, aos pulos, pertinho dali.

O caminhão carregava um corpo enorme, que a inundação havia ferido de morte: a cabeça bamboleava sobre as rodas de trás, e um braço, quebrado, pendulava de lado.

À passagem daquele gigante de madeira, os homens e as mulheres puseram suas pás e seus baldes de lado, descobriram suas cabeças, se persignaram. E calados esperaram até que se perdeu de vista.

Ele também era filho da cidade de Florença.

Ali tinha nascido aquele Jesus crucificado, aquele Jesus despedaçado. Havia nascido sete séculos antes, da mão de Giovanni Cimabue, mestre de Giotto, artista pintor.

## Ganges

O grande rio da Índia não banhava a terra. Banhava os céus, lá em cima, lá longe, e os deuses se negavam a se soltar do rio que lhes dava água e frescor.

E assim foi até que o Ganges decidiu se mudar, e veio para a Índia, onde agora flui do Himalaia até o mar, para que os vivos se purificassem em suas águas e as cinzas dos mortos tivessem destino.

Esse rio sagrado, que se apiedou dos terrestres, não conseguiu suspeitar que neste mundo ia receber oferendas de lixo e veneno que fariam sua vida impossível.

## O rio e os peixes

Um velho provérbio diz que ensinar a pescar é melhor que dar o peixe.

O bispo Pedro Casaldáliga, que vive na região amazônica, diz que sim, que isso está muito certo, que a ideia é muito boa, mas o que acontece se alguém compra o rio, que era de todos, e nos proíbe de pescar? Ou se o rio se envenena, e envenena seus peixes, pelos desperdícios tóxicos que jogam nele? Ou seja: o que acontecerá se acontece o que está acontecendo?

## O rio e os cervos

O mais antigo tratado de educação foi obra de uma mulher.

Dhouda da Gascônia escreveu *Manual para meu filho*, em latim, no começo do século IX.

Ela não impunha nada. Sugeria, aconselhava, mostrava. Numa de suas páginas nos convidou a aprender com os cervos, que *atravessam os rios largos nadando em fila, um atrás do outro, com a cabeça e o pescoço apoiados no lombo do cervo que os precede; uns e outros se apoiam e assim podem atravessar o rio com mais facilidade. E são tão inteligentes e sagazes que, quando percebem que o primeiro está cansado, o fazem passar para o último lugar e outro toma a dianteira.*

## Os braços do trem

Os trens de Bombaim, que transportam seis milhões de passageiros por dia, violam as leis da física: neles entram muito mais passageiros que os passageiros que neles cabem.

Suketu Mehta, que sabe dessas viagens impossíveis, conta que, depois que parte cada trem lotadíssimo, há gente que o persegue correndo. Quem perde o trem perde o emprego.

E então, dos vagões brotam braços, braços que saem pelas janelas ou pendem dos tetos, e ajudam os relegados a subir. E esses braços do trem não perguntam ao que chega correndo se é estrangeiro ou nascido aqui, nem perguntam que língua fala, nem se acredita em Brahma ou em Alá, em Buda ou em Jesus, nem perguntam a que casta pertence, ou se é de casta maldita, ou de casta alguma.

## Perigo na selva

Savitri foi embora.

Foi levada pelo selvagem que ouviu seu chamado e veio buscá-la, atropelou a cerca, derrubou os guardas e entrou na tenda. Ela rompeu suas correntes e os dois desapareceram, juntos, selva adentro.

O dono do circo Olympic calculou a perda em uns nove mil dólares e disse que, para piorar, a amiga de Savitri, Gayatri, tinha ficado muito deprimida e se negava a trabalhar.

No final de agosto de 2007, o casal fugido foi localizado às margens de um lago, a uns duzentos quilômetros de Calcutá.

Os perseguidores não se atreveram a chegar perto. O elefante e a elefanta tinham entrelaçado suas trombas.

## Perigo nas fontes

Segundo informa o Apocalipse (21:6), Deus fará um mundo novo, e dirá:

– *Aos sedentos, oferecerei, gratuitamente, água dos mananciais.*

Gratuitamente? O mundo novo não terá nem um lugarzinho para o Banco Mundial, nem para as empresas consagradas ao nobre negócio da água?

Parece que vai ser assim. Mas enquanto isso, no mundo velho em que ainda vivemos, as fontes de água são tão cobiçadas como as reservas de petróleo e estão se transformando em campos de batalha.

Na América, a primeira guerra da água foi a invasão do México por Hernan Cortez. Os mais recentes combates pelo ouro azul aconteceram na Bolívia e no Uruguai. Na Bolívia, o povo rebelado recuperou a água perdida; no Uruguai, um plebiscito popular evitou que a água se perdesse.

## Perigo na terra

Numa tarde de 1996, dezenove camponeses foram metralhados, a sangue-frio, por membros da Polícia Militar do estado do Pará, na Amazônia brasileira.

No Pará, e em boa parte do Brasil, os amos da terra reinam, por roubo roubado ou por roubo herdado, sobre imensidões vazias. Seu direito de propriedade é direito de impunidade. Dez anos depois da matança, ninguém estava preso. Nem os amos, nem seus instrumentos armados.

Mas a tragédia não tinha assustado nem desalentado os camponeses do Movimento dos Sem-Terra. Os havia multiplicado, e neles havia multiplicado a vontade de trabalhar, de trabalhar a terra, embora neste mundo isso seja delito imperdoável ou incompreensível loucura.

## Perigo no céu

No ano de 2003, uma rebelião popular derrubou o governo da Bolívia.

Os pobres se fartaram de aguentar. Havia sido privatizada até a água da chuva, e a placa anunciando o leilão tinha sido fincada sobre a Bolívia com bolivianos e tudo.

A rebelião sacudiu El Alto, lá em cima da altíssima cidade de La Paz, onde os pobres mais pobres trabalham a vida dia após dia, mascando melancolias, e tão no alto estão que caminham empurrando nuvens e todas as casas têm a porta dando para o céu.

E para o céu foram alguns que morreram na rebelião. Para eles, ficava muito mais perto que o mundo. Agora andam alvoroçando o Paraíso.

## Perigo nas nuvens

Segundo os indubitáveis depoimentos que chegaram até o Vaticano, Antoni Gaudí merece ingressar no santoral por seus numerosos milagres.

O artista criador do modernismo catalão morreu em 1926, e desde então curou muitos incuráveis, encontrou muitos inencontráveis e semeou empregos e moradias às pencas.

O processo de beatificação está em curso.

Grave perigo para a arquitetura do céu. Porque esse puritano, casto, imprescindível nas procissões, tinha mão pagã, que está à vista nos labirintos carnais que desenhou em casas e parques.

Que fará agora com a nuvem que lhe outorguem? Não irá nos convidar para passear pelos interiores de Adão e Eva, na noite do primeiro pecado?

## Inventário geral do mundo

Arthur Bispo do Rosário foi negro, pobre, marinheiro, lutador de boxe e artista por conta de Deus.

Viveu num manicômio do Rio de Janeiro.

Lá, os sete anjos azuis transmitiram a ele a ordem divina: Deus mandou-o fazer um inventário geral do mundo.

A missão encomendada era monumental. Arthur trabalhou dia e noite, cada noite, cada dia, até que no inverno de 1989, quando estava em plena tarefa, a morte agarrou-o pelos cabelos e o levou.

O inventário do mundo, inconcluso, estava feito de ferro-velho,

vidros quebrados,

vassouras calvas,
chinelas caminhadas,
garrafas bebidas,
lençóis dormidos,
rodas viajadas,
bandeiras vencidas,
cartas lidas,
palavras esquecidas e
águas chovidas.

Arthur havia trabalhado com lixo. Porque todo lixo era vida vivida, e do lixo vinha tudo o que no mundo era ou tinha sido. Nada de intacto merecia aparecer. O intacto tinha morrido sem nascer. A vida só latejava no que tinha cicatrizes.

## Continuidade do caminho

Quando alguém morre, quando seu tempo acaba, morrem também as andanças, os quereres e os dizeres que se chamaram com seu nome nesse mundo?

Entre os índios do alto Orinoco, quem morre perde o nome. Eles comem suas cinzas, misturadas com sopa de banana ou vinho de milho, e depois dessa cerimônia ninguém nunca mais menciona o morto pelo nome: o morto que em outros corpos, com outros nomes, anda, quer e diz.

## Perigo na noite

Dormindo, nos viu.

Helena sonhou que fazíamos fila em algum aeroporto.

Uma longa fila: cada passageiro levava, debaixo do braço, o travesseiro no qual tinha dormido a noite anterior.

Os travesseiros iam passando através de uma máquina que lia os sonhos.

Era uma máquina detectora de sonhos perigosos para a ordem pública.

## Objetos perdidos

O século XX, que nasceu anunciando paz e justiça, morreu banhado em sangue e deixou um mundo muito mais injusto que o que havia encontrado.

O século XXI, que também nasceu anunciando paz e justiça, está seguindo os passos do século anterior.

Lá na minha infância, eu estava convencido de que tudo o que na terra se perdia ia parar na lua.

No entanto, os astronautas não encontraram sonhos perigosos, nem promessas traídas, nem esperanças rotas.

Se não estão na lua, onde estão?

Será que na terra não se perderam?

Será que na terra se esconderam?

# Índice de ilustrações

(Gravuras da exposição “Monstruos y seres imaginarios”, Biblioteca Nacional, Madri, 2000)

# Índice onomástico

# Coleção L&PM POCKET

600.**Crime e castigo** – Dostoiévski
601.**Mistério no Caribe** – Agatha Christie
602.**Odisseia (2): Regresso** – Homero
603.**Piadas para sempre (2)** – Visconde da Casa Verde
604.**À sombra do vulcão** – Malcolm Lowry
605(8).**Kerouac** – Yves Buin
606.**E agora são cinzas** – Angeli
607.**As mil e uma noites** – Paulo Caruso
608.**Um assassino entre nós** – Ruth Rendell
609.**Crack-up** – F. Scott Fitzgerald
610.**Do amor** – Stendhal
611.**Cartas do Yage** – William Burroughs e Allen Ginsberg
612.**Striptiras (2)** – Laerte
613.**Henry & June** – Anaïs Nin
614.**A piscina mortal** – Ross Macdonald
615.**Geraldão (2)** – Glauco
616.**Tempo de delicadeza** – A. R. de Sant'Anna
617.**Tiros na noite 2: Medo de tiro** – Dashiell Hammett
618.**Snoopy em Assim é a vida, Charlie Brown! (3)** – Schulz
619.**1954 – Um tiro no coração** – Hélio Silva
620.**Sobre a inspiração poética (Íon)** e ... – Platão
621.**Garfield e seus amigos (8)** – Jim Davis
622.**Odisseia (3): Ítaca** – Homero
623.**A louca matança** – Chester Himes
624.**Factótum** – Bukowski
625.**Guerra e Paz: volume 1** – Tolstói
626.**Guerra e Paz: volume 2** – Tolstói
627.**Guerra e Paz: volume 3** – Tolstói
628.**Guerra e Paz: volume 4** – Tolstói
629(9).**Shakespeare** – Claude Mourthé
630.**Bem está o que bem acaba** – Shakespeare
631.**O contrato social** – Rousseau
632.**Geração Beat** – Jack Kerouac
633.**Snoopy: É Natal! (4)** – Charles Schulz
634.**Testemunha da acusação** – Agatha Christie
635.**Um elefante no caos** – Millôr Fernandes
636.**Guia de leitura (100 autores que você precisa ler)** – Organização de Léa Masina
637.**Pistoleiros também mandam flores** – David Coimbra
638.**O prazer das palavras** – vol. 1 – Cláudio Moreno
639.**O prazer das palavras** – vol. 2 – Cláudio Moreno
640.**Novíssimo testamento: com Deus e o diabo, a dupla da criação** – Iotti
641.**Literatura Brasileira: modos de usar** – Luís Augusto Fischer
642.**Dicionário de Porto-Alegrês** – Luís A. Fischer
643.**Clô Dias & Noites** – Sérgio Jockymann
644.**Memorial de Isla Negra** – Pablo Neruda
645.**Um homem extraordinário e outras histórias** – Tchékhov
646.**Ana sem terra** – Alcy Cheuiche
647.**Adultérios** – Woody Allen
651.**Snoopy: Posso fazer uma pergunta, professora? (5)** – Charles Schulz
652(10).**Luís XVI** – Bernard Vincent
653.**O mercador de Veneza** – Shakespeare
654.**Cancioneiro** – Fernando Pessoa
655.**Non-Stop** – Martha Medeiros
656.**Carpinteiros, levantem bem alto a cumeeira & Seymour, uma apresentação** – J.D.Salinger
657.**Ensaios céticos** – Bertrand Russell
658.**O melhor de Hagar 5** – Dik e Chris Browne
659.**Primeiro amor** – Ivan Turguêniev
660.**A trégua** – Mario Benedetti
661.**Um parque de diversões da cabeça** – Lawrence Ferlinghetti
662.**Aprendendo a viver** – Sêneca
663.**Garfield, um gato em apuros (9)** – Jim Davis
664.**Dilbert (1)** – Scott Adams
666.**A imaginação** – Jean-Paul Sartre
667.**O ladrão e os cães** – Naguib Mahfuz
669.**A volta do parafuso** *seguido de* **Daisy Miller** – Henry James
670.**Notas do subsolo** – Dostoiévski
671.**Abobrinhas da Brasilônia** – Glauco
672.**Geraldão (3)** – Glauco
673.**Piadas para sempre (3)** – Visconde da Casa Verde
674.**Duas viagens ao Brasil** – Hans Staden
676.**A arte da guerra** – Maquiavel
677.**Além do bem e do mal** – Nietzsche
678.**O coronel Chabert** *seguido de* **A mulher abandonada** – Balzac
679.**O sorriso de marfim** – Ross Macdonald
680.**100 receitas de pescados** – Sílvio Lancellotti
681.**O juiz e seu carrasco** – Friedrich Dürrenmatt
682.**Noites brancas** – Dostoiévski
683.**Quadras ao gosto popular** – Fernando Pessoa
685.**Kaos** – Millôr Fernandes
686.**A pele de onagro** – Balzac
687.**As ligações perigosas** – Choderlos de Laclos
689.**Os Lusíadas** – Luís Vaz de Camões
690(11).**Átila** – Éric Deschodt
691.**Um jeito tranquilo de matar** – Chester Himes
692.**A felicidade conjugal** *seguido de* **O diabo** – Tolstói
693.**Viagem de um naturalista ao redor do mundo** – vol. 1 – Charles Darwin
694.**Viagem de um naturalista ao redor do mundo** – vol. 2 – Charles Darwin
695.**Memórias da casa dos mortos** – Dostoiévski
696.**A Celestina** – Fernando de Rojas
697.**Snoopy: Como você é azarado, Charlie Brown! (6)** – Charles Schulz
698.**Dez (quase) amores** – Claudia Tajes
699.**Poirot sempre espera** – Agatha Christie
701.**Apologia de Sócrates** *precedido de* **Êutifron** e *seguido de* **Críton** – Platão
702.**Wood & Stock** – Angeli
703.**Striptiras (3)** – Laerte
704.**Discurso sobre a origem e os fundamentos da desigualdade entre os homens** – Rousseau
705.**Os duelistas** – Joseph Conrad
706.**Dilbert (2)** – Scott Adams

707.**Viver e escrever** (vol. 1) – Edla van Steen
708.**Viver e escrever** (vol. 2) – Edla van Steen
709.**Viver e escrever** (vol. 3) – Edla van Steen
710.**A teia da aranha** – Agatha Christie
711.**O banquete** – Platão
712.**Os belos e malditos** – F. Scott Fitzgerald
713.**Libelo contra a arte moderna** – Salvador Dalí
714.**Akropolis** – Valerio Massimo Manfredi
715.**Devoradores de mortos** – Michael Crichton
716.**Sob o sol da Toscana** – Frances Mayes
717.**Batom na cueca** – Nani
718.**Vida dura** – Claudia Tajes
719.**Carne trêmula** – Ruth Rendell
720.**Cris, a fera** – David Coimbra
721.**O anticristo** – Nietzsche
722.**Como um romance** – Daniel Pennac
723.**Emboscada no Forte Bragg** – Tom Wolfe
724.**Assédio sexual** – Michael Crichton
725.**O espírito do Zen** – Alan W.Watts
726.**Um bonde chamado desejo** – Tennessee Williams
727.**Como gostais** *seguido de* **Conto de inverno** – Shakespeare
728.**Tratado sobre a tolerância** – Voltaire
729.**Snoopy: Doces ou travessuras? (7)** – Charles Schulz
730.**Cardápios do Anonymus Gourmet** – J.A. Pinheiro Machado
731.**100 receitas com lata** – J.A. Pinheiro Machado
732.**Conhece o Mário?** vol.2 – Santiago
733.**Dilbert (3)** – Scott Adams
734.**História de um louco amor** *seguido de* **Passado amor** – Horacio Quiroga
735(11).**Sexo: muito prazer** – Laura Meyer da Silva
736(12).**Para entender o adolescente** – Dr. Ronald Pagnoncelli
737(13).**Desembarcando a tristeza** – Dr. Fernando Lucchese
738.**Poirot e o mistério da arca espanhola & outras histórias** – Agatha Christie
739.**A última legião** – Valerio Massimo Manfredi
741.**Sol nascente** – Michael Crichton
742.**Duzentos ladrões** – Dalton Trevisan
743.**Os devaneios do caminhante solitário** – Rousseau
744.**Garfield, o rei da preguiça (10)** – Jim Davis
745.**Os magnatas** – Charles R. Morris
746.**Pulp** – Charles Bukowski
747.**Enquanto agonizo** – William Faulkner
748.**Aline: viciada em sexo (3)** – Adão Iturrusgarai
749.**A dama do cachorrinho** – Anton Tchékhov
750.**Tito Andrônico** – Shakespeare
751.**Antologia poética** – Anna Akhmátova
752.**O melhor de Hagar 6** – Dik e Chris Browne
753(12).**Michelangelo** – Nadine Sautel
754.**Dilbert (4)** – Scott Adams
755.**O jardim das cerejeiras** *seguido de* **Tio Vânia** – Tchékhov
756.**Geração Beat** – Claudio Willer
757.**Santos Dumont** – Alcy Cheuiche
758.**Budismo** – Claude B. Levenson
759.**Cleópatra** – Christian-Georges Schwentzel
760.**Revolução Francesa** – Frédéric Bluche, Stéphane Rials e Jean Tulard
761.**A crise de 1929** – Bernard Gazier
762.**Sigmund Freud** – Edson Sousa e Paulo Endo
763.**Império Romano** – Patrick Le Roux
764.**Cruzadas** – Cécile Morrisson
765.**O mistério do Trem Azul** – Agatha Christie
768.**Senso comum** – Thomas Paine
769.**O parque dos dinossauros** – Michael Crichton
770.**Trilogia da paixão** – Goethe
773.**Snoopy: No mundo da lua! (8)** – Charles Schulz
774.**Os Quatro Grandes** – Agatha Christie
775.**Um brinde de cianureto** – Agatha Christie
776.**Súplicas atendidas** – Truman Capote
779.**A viúva imortal** – Millôr Fernandes
780.**Cabala** – Roland Goetschel
781.**Capitalismo** – Claude Jessua
782.**Mitologia grega** – Pierre Grimal
783.**Economia: 100 palavras-chave** – Jean-Paul Betbèze
784.**Marxismo** – Henri Lefebvre
785.**Punição para a inocência** – Agatha Christie
786.**A extravagância do morto** – Agatha Christie
787(13).**Cézanne** – Bernard Fauconnier
788.**A identidade Bourne** – Robert Ludlum
789.**Da tranquilidade da alma** – Sêneca
790.**Um artista da fome** *seguido de* **Na colônia penal e outras histórias** – Kafka
791.**Histórias de fantasmas** – Charles Dickens
796.**O Uraguai** – Basílio da Gama
797.**A mão misteriosa** – Agatha Christie
798.**Testemunha ocular do crime** – Agatha Christie
799.**Crepúsculo dos ídolos** – Friedrich Nietzsche
802.**O grande golpe** – Dashiell Hammett
803.**Humor barra pesada** – Nani
804.**Vinho** – Jean-François Gautier
805.**Egito Antigo** – Sophie Desplancques
806(14).**Baudelaire** – Jean-Baptiste Baronian
807.**Caminho da sabedoria, caminho da paz** – Dalai Lama e Felizitas von Schönborn
808.**Senhor e servo e outras histórias** – Tolstói
809.**Os cadernos de Malte Laurids Brigge** – Rilke
810.**Dilbert (5)** – Scott Adams
811.**Big Sur** – Jack Kerouac
812.**Seguindo a correnteza** – Agatha Christie
813.**O álibi** – Sandra Brown
814.**Montanha-russa** – Martha Medeiros
815.**Coisas da vida** – Martha Medeiros
816.**A cantada infalível** *seguido de* **A mulher do centroavante** – David Coimbra
819.**Snoopy: Pausa para a soneca (9)** – Charles Schulz
820.**De pernas pro ar** – Eduardo Galeano
821.**Tragédias gregas** – Pascal Thiercy
822.**Existencialismo** – Jacques Colette
823.**Nietzsche** – Jean Granier
824.**Amar ou depender?** – Walter Riso
825.**Darmapada: A doutrina budista em versos**
826.**J'Accuse...! – a verdade em marcha** – Zola
827.**Os crimes ABC** – Agatha Christie
828.**Um gato entre os pombos** – Agatha Christie
831.**Dicionário de teatro** – Luiz Paulo Vasconcellos
832.**Cartas extraviadas** – Martha Medeiros
833.**A longa viagem de prazer** – J. J. Morosoli
834.**Receitas fáceis** – J. A. Pinheiro Machado

835.(14).**Mais fatos & mitos** – Dr. Fernando Lucchese
836.(15).**Boa viagem!** – Dr. Fernando Lucchese
837.**Aline: Finalmente nua!!!** (4) – Adão Iturrusgarai
838.**Mônica tem uma novidade!** – Mauricio de Sousa
839.**Cebolinha em apuros!** – Mauricio de Sousa
840.**Sócios no crime** – Agatha Christie
841.**Bocas do tempo** – Eduardo Galeano
842.**Orgulho e preconceito** – Jane Austen
843.**Impressionismo** – Dominique Lobstein
844.**Escrita chinesa** – Viviane Alleton
845.**Paris: uma história** – Yvan Combeau
846(15).**Van Gogh** – David Haziot
848.**Portal do destino** – Agatha Christie
849.**O futuro de uma ilusão** – Freud
850.**O mal-estar na cultura** – Freud
853.**Um crime adormecido** – Agatha Christie
854.**Satori em Paris** – Jack Kerouac
855.**Medo e delírio em Las Vegas** – Hunter Thompson
856.**Um negócio fracassado e outros contos de humor** – Tchékhov
857.**Mônica está de férias!** – Mauricio de Sousa
858.**De quem é esse coelho?** – Mauricio de Sousa
860.**O mistério Sittaford** – Agatha Christie
861.**Manhã transfigurada** – L. A. de Assis Brasil
862.**Alexandre, o Grande** – Pierre Briant
863.**Jesus** – Charles Perrot
864.**Islã** – Paul Balta
865.**Guerra da Secessão** – Farid Ameur
866.**Um rio que vem da Grécia** – Cláudio Moreno
868.**Assassinato na casa do pastor** – Agatha Christie
869.**Manual do líder** – Napoleão Bonaparte
870(16).**Billie Holiday** – Sylvia Fol
871.**Bidu arrasando!** – Mauricio de Sousa
872.**Os Sousa: Desventuras em família** – Mauricio de Sousa
874.**E no final a morte** – Agatha Christie
875.**Guia prático do Português correto – vol. 4** – Cláudio Moreno
876.**Dilbert (6)** – Scott Adams
877(17).**Leonardo da Vinci** – Sophie Chauveau
878.**Bella Toscana** – Frances Mayes
879.**A arte da ficção** – David Lodge
880.**Striptiras (4)** – Laerte
881.**Skrotinhos** – Angeli
882.**Depois do funeral** – Agatha Christie
883.**Radicci 7** – Iotti
884.**Walden** – H. D. Thoreau
885.**Lincoln** – Allen C. Guelzo
886.**Primeira Guerra Mundial** – Michael Howard
887.**A linha de sombra** – Joseph Conrad
888.**O amor é um cão dos diabos** – Bukowski
890.**Despertar: uma vida de Buda** – Jack Kerouac
891(18).**Albert Einstein** – Laurent Seksik
892.**Hell's Angels** – Hunter Thompson
893.**Ausência na primavera** – Agatha Christie
894.**Dilbert (7)** – Scott Adams
895.**Ao sul de lugar nenhum** – Bukowski
896.**Maquiavel** – Quentin Skinner
897.**Sócrates** – C.C.W. Taylor
899.**O Natal de Poirot** – Agatha Christie
900.**As veias abertas da América Latina** – Eduardo Galeano
901.**Snoopy: Sempre alerta! (10)** – Charles Schulz
902.**Chico Bento: Plantando confusão** – Mauricio de Sousa
903.**Penadinho: Quem é morto sempre aparece** – Mauricio de Sousa
904.**A vida sexual da mulher feia** – Claudia Tajes
905.**100 segredos de liquidificador** – José Antonio Pinheiro Machado
906.**Sexo muito prazer 2** – Laura Meyer da Silva
907.**Os nascimentos** – Eduardo Galeano
908.**As caras e as máscaras** – Eduardo Galeano
909.**O século do vento** – Eduardo Galeano
910.**Poirot perde uma cliente** – Agatha Christie
911.**Cérebro** – Michael O'Shea
912.**O escaravelho de ouro e outras histórias** – Edgar Allan Poe
913.**Piadas para sempre (4)** – Visconde da Casa Verde
914.**100 receitas de massas light** – Helena Tonetto
915(19).**Oscar Wilde** – Daniel Salvatore Schiffer
916.**Uma breve história do mundo** – H. G. Wells
917.**A Casa do Penhasco** – Agatha Christie
919.**John M. Keynes** – Bernard Gazier
920(20).**Virginia Woolf** – Alexandra Lemasson
921.**Peter e Wendy** *seguido de* **Peter Pan em Kensington Gardens** – J. M. Barrie
922.**Aline: numas de colegial (5)** – Adão Iturrusgarai
923.**Uma dose mortal** – Agatha Christie
924.**Os trabalhos de Hércules** – Agatha Christie
926.**Kant** – Roger Scruton
927.**A inocência do Padre Brown** – G.K. Chesterton
928.**Casa Velha** – Machado de Assis
929.**Marcas de nascença** – Nancy Huston
930.**Aulete de bolso**
931.**Hora Zero** – Agatha Christie
932.**Morte na Mesopotâmia** – Agatha Christie
934.**Nem te conto, João** – Dalton Trevisan
935.**As aventuras de Huckleberry Finn** – Mark Twain
936(21).**Marilyn Monroe** – Anne Plantagenet
937.**China moderna** – Rana Mitter
938.**Dinossauros** – David Norman
939.**Louca por homem** – Claudia Tajes
940.**Amores de alto risco** – Walter Riso
941.**Jogo de damas** – David Coimbra
942.**Filha é filha** – Agatha Christie
943.**M ou N?** – Agatha Christie
945.**Bidu: diversão em dobro!** – Mauricio de Sousa
946.**Fogo** – Anaïs Nin
947.**Rum: diário de um jornalista bêbado** – Hunter Thompson
948.**Persuasão** – Jane Austen
949.**Lágrimas na chuva** – Sergio Faraco
950.**Mulheres** – Bukowski
951.**Um pressentimento funesto** – Agatha Christie
952.**Cartas na mesa** – Agatha Christie
954.**O lobo do mar** – Jack London
955.**Os gatos** – Patricia Highsmith
956(22).**Jesus** – Christiane Rancé
957.**História da medicina** – William Bynum
958.**O Morro dos Ventos Uivantes** – Emily Brontë
959.**A filosofia na era trágica dos gregos** – Nietzsche
960.**Os treze problemas** – Agatha Christie
961.**A massagista japonesa** – Moacyr Scliar

963.**Humor do miserê** – Nani
964.**Todo o mundo tem dúvida, inclusive você** – Édison de Oliveira
965.**A dama do Bar Nevada** – Sergio Faraco
969.**O psicopata americano** – Bret Easton Ellis
970.**Ensaios de amor** – Alain de Botton
971.**O grande Gatsby** – F. Scott Fitzgerald
972.**Por que não sou cristão** – Bertrand Russell
973.**A Casa Torta** – Agatha Christie
974.**Encontro com a morte** – Agatha Christie
975(23).**Rimbaud** – Jean-Baptiste Baronian
976.**Cartas na rua** – Bukowski
977.**Memória** – Jonathan K. Foster
978.**A abadia de Northanger** – Jane Austen
979.**As pernas de Úrsula** – Claudia Tajes
980.**Retrato inacabado** – Agatha Christie
981.**Solanin (1)** – Inio Asano
982.**Solanin (2)** – Inio Asano
983.**Aventuras de menino** – Mitsuru Adachi
984(16).**Fatos & mitos sobre sua alimentação** – Dr. Fernando Lucchese
985.**Teoria quântica** – John Polkinghorne
986.**O eterno marido** – Fiódor Dostoiévski
987.**Um safado em Dublin** – J. P. Donleavy
988.**Mirinha** – Dalton Trevisan
989.**Akhenaton e Nefertiti** – Carmen Seganfredo e A. S. Franchini
990.**On the Road – o manuscrito original** – Jack Kerouac
991.**Relatividade** – Russell Stannard
992.**Abaixo de zero** – Bret Easton Ellis
993(24).**Andy Warhol** – Mériam Korichi
995.**Os últimos casos de Miss Marple** – Agatha Christie
996.**Nico Demo: Aí vem encrenca** – Mauricio de Sousa
998.**Rousseau** – Robert Wokler
999.**Noite sem fim** – Agatha Christie
1000.**Diários de Andy Warhol (1)** – Editado por Pat Hackett
1001.**Diários de Andy Warhol (2)** – Editado por Pat Hackett
1002.**Cartier-Bresson: o olhar do século** – Pierre Assouline
1003.**As melhores histórias da mitologia: vol. 1** – A.S. Franchini e Carmen Seganfredo
1004.**As melhores histórias da mitologia: vol. 2** – A.S. Franchini e Carmen Seganfredo
1005.**Assassinato no beco** – Agatha Christie
1006.**Convite para um homicídio** – Agatha Christie
1008.**História da vida** – Michael J. Benton
1009.**Jung** – Anthony Stevens
1010.**Arsène Lupin, ladrão de casaca** – Maurice Leblanc
1011.**Dublinenses** – James Joyce
1012.**120 tirinhas da Turma da Mônica** – Mauricio de Sousa
1013.**Antologia poética** – Fernando Pessoa
1014.**A aventura de um cliente ilustre** *seguido de* **O último adeus de Sherlock Holmes** – Sir Arthur Conan Doyle
1015.**Cenas de Nova York** – Jack Kerouac
1016.**A corista** – Anton Tchékhov
1017.**O diabo** – Leon Tolstói
1018.**Fábulas chinesas** – Sérgio Capparelli e Márcia Schmaltz
1019.**O gato do Brasil** – Sir Arthur Conan Doyle
1020.**Missa do Galo** – Machado de Assis
1021.**O mistério de Marie Rogêt** – Edgar Allan Poe
1022.**A mulher mais linda da cidade** – Bukowski
1023.**O retrato** – Nicolai Gogol
1024.**O conflito** – Agatha Christie
1025.**Os primeiros casos de Poirot** – Agatha Christie
1027(25).**Beethoven** – Bernard Fauconnier
1028.**Platão** – Julia Annas
1029.**Cleo e Daniel** – Roberto Freire
1030.**Til** – José de Alencar
1031.**Viagens na minha terra** – Almeida Garrett
1032.**Profissões para mulheres e outros artigos feministas** – Virginia Woolf
1033.**Mrs. Dalloway** – Virginia Woolf
1034.**O cão da morte** – Agatha Christie
1035.**Tragédia em três atos** – Agatha Christie
1037.**O fantasma da Ópera** – Gaston Leroux
1038.**Evolução** – Brian e Deborah Charlesworth
1039.**Medida por medida** – Shakespeare
1040.**Razão e sentimento** – Jane Austen
1041.**A obra-prima ignorada** *seguido de* **Um episódio durante o Terror** – Balzac
1042.**A fugitiva** – Anaïs Nin
1043.**As grandes histórias da mitologia greco-romana** – A. S. Franchini
1044.**O corno de si mesmo & outras historietas** – Marquês de Sade
1045.**Da felicidade** *seguido de* **Da vida retirada** – Sêneca
1046.**O horror em Red Hook e outras histórias** – H. P. Lovecraft
1047.**Noite em claro** – Martha Medeiros
1048.**Poemas clássicos chineses** – Li Bai, Du Fu e Wang Wei
1049.**A terceira moça** – Agatha Christie
1050.**Um destino ignorado** – Agatha Christie
1051(26).**Buda** – Sophie Royer
1052.**Guerra Fria** – Robert J. McMahon
1053.**Simons's Cat: as aventuras de um gato travesso e comilão – vol. 1** – Simon Tofield
1054.**Simons's Cat: as aventuras de um gato travesso e comilão – vol. 2** – Simon Tofield
1055.**Só as mulheres e as baratas sobreviverão** – Claudia Tajes
1057.**Pré-história** – Chris Gosden
1058.**Pintou sujeira!** – Mauricio de Sousa
1059.**Contos de Mamãe Gansa** – Charles Perrault
1060.**A interpretação dos sonhos: vol. 1** – Freud
1061.**A interpretação dos sonhos: vol. 2** – Freud
1062.**Frufru Rataplã Dolores** – Dalton Trevisan
1063.**As melhores histórias da mitologia egípcia** – Carmem Seganfredo e A.S. Franchini
1064.**Infância. Adolescência. Juventude** – Tolstói
1065.**As consolações da filosofia** – Alain de Botton
1066.**Diários de Jack Kerouac – 1947-1954**
1067.**Revolução Francesa – vol. 1** – Max Gallo
1068.**Revolução Francesa – vol. 2** – Max Gallo
1069.**O detetive Parker Pyne** – Agatha Christie
1070.**Memórias do esquecimento** – Flávio Tavares
1071.**Drogas** – Leslie Iversen

1072.**Manual de ecologia (vol.2)** – J. Lutzenberger
1073.**Como andar no labirinto** – Affonso Romano de Sant'Anna
1074.**A orquídea e o serial killer** – Juremir Machado da Silva
1075.**Amor nos tempos de fúria** – Lawrence Ferlinghetti
1076.**A aventura do pudim de Natal** – Agatha Christie
1078.**Amores que matam** – Patricia Faur
1079.**Histórias de pescador** – Mauricio de Sousa
1080.**Pedaços de um caderno manchado de vinho** – Bukowski
1081.**A ferro e fogo: tempo de solidão (vol.1)** – Josué Guimarães
1082.**A ferro e fogo: tempo de guerra (vol.2)** – Josué Guimarães
1084(17).**Desembarcando o Alzheimer** – Dr. Fernando Lucchese e Dra. Ana Hartmann
1085.**A maldição do espelho** – Agatha Christie
1086.**Uma breve história da filosofia** – Nigel Warburton
1088.**Heróis da História** – Will Durant
1089.**Concerto campestre** – L. A. de Assis Brasil
1090.**Morte nas nuvens** – Agatha Christie
1092.**Aventura em Bagdá** – Agatha Christie
1093.**O cavalo amarelo** – Agatha Christie
1094.**O método de interpretação dos sonhos** – Freud
1095.**Sonetos de amor e desamor** – Vários
1096.**120 tirinhas do Dilbert** – Scott Adams
1097.**200 fábulas de Esopo**
1098.**O curioso caso de Benjamin Button** – F. Scott Fitzgerald
1099.**Piadas para sempre: uma antologia para morrer de rir** – Visconde da Casa Verde
1100.**Hamlet (Mangá)** – Shakespeare
1101.**A arte da guerra (Mangá)** – Sun Tzu
1104.**As melhores histórias da Bíblia (vol.1)** – A. S. Franchini e Carmen Seganfredo
1105.**As melhores histórias da Bíblia (vol.2)** – A. S. Franchini e Carmen Seganfredo
1106.**Psicologia das massas e análise do eu** – Freud
1107.**Guerra Civil Espanhola** – Helen Graham
1108.**A autoestrada do sul e outras histórias** – Julio Cortázar
1109.**O mistério dos sete relógios** – Agatha Christie
1110.**Peanuts: Ninguém gosta de mim... (amor)** – Charles Schulz
1111.**Cadê o bolo?** – Mauricio de Sousa
1112.**O filósofo ignorante** – Voltaire
1113.**Totem e tabu** – Freud
1114.**Filosofia pré-socrática** – Catherine Osborne
1115.**Desejo de status** – Alain de Botton
1118.**Passageiro para Frankfurt** – Agatha Christie
1120.**Kill All Enemies** – Melvin Burgess
1121.**A morte da sra. McGinty** – Agatha Christie
1122.**Revolução Russa** – S. A. Smith
1123.**Até você, Capitu?** – Dalton Trevisan
1124.**O grande Gatsby (Mangá)** – F. S. Fitzgerald
1125.**Assim falou Zaratustra (Mangá)** – Nietzsche
1126. **Peanuts: É para isso que servem os amigos (amizade)** – Charles Schulz
1127(27).**Nietzsche** – Dorian Astor
1128.**Bidu: Hora do banho** – Mauricio de Sousa
1129.**O melhor do Macanudo Taurino** – Santiago
1130.**Radicci 30 anos** – Iotti
1131.**Show de sabores** – J.A. Pinheiro Machado
1132.**O prazer das palavras** – vol. 3 – Cláudio Moreno
1133.**Morte na praia** – Agatha Christie
1134.**O fardo** – Agatha Christie
1135.**Manifesto do Partido Comunista (Mangá)** – Marx & Engels
1136.**A metamorfose (Mangá)** – Franz Kafka
1137.**Por que você não se casou... ainda** – Tracy McMillan
1138.**Textos autobiográficos** – Bukowski
1139.**A importância de ser prudente** – Oscar Wilde
1140.**Sobre a vontade na natureza** – Arthur Schopenhauer
1141.**Dilbert (8)** – Scott Adams
1142.**Entre dois amores** – Agatha Christie
1143.**Cipreste triste** – Agatha Christie
1144.**Alguém viu uma assombração?** – Mauricio de Sousa
1145.**Mandela** – Elleke Boehmer
1146.**Retrato do artista quando jovem** – James Joyce
1147.**Zadig ou o destino** – Voltaire
1148.**O contrato social (Mangá)** – J.-J. Rousseau
1149.**Garfield fenomenal** – Jim Davis
1150.**A queda da América** – Allen Ginsberg
1151.**Música na noite & outros ensaios** – Aldous Huxley
1152.**Poesias inéditas & Poemas dramáticos** – Fernando Pessoa
1153.**Peanuts: Felicidade é...** – Charles M. Schulz
1154.**Mate-me por favor** – Legs McNeil e Gillian McCain
1155.**Assassinato no Expresso Oriente** – Agatha Christie
1156.**Um punhado de centeio** – Agatha Christie
1157.**A interpretação dos sonhos (Mangá)** – Freud
1158.**Peanuts: Você não entende o sentido da vida** – Charles M. Schulz
1159.**A dinastia Rothschild** – Herbert R. Lottman
1160.**A Mansão Hollow** – Agatha Christie
1161.**Nas montanhas da loucura** – H.P. Lovecraft
1162(28).**Napoleão Bonaparte** – Pascale Fautrier
1163.**Um corpo na biblioteca** – Agatha Christie
1164.**Inovação** – Mark Dodgson e David Gann
1165.**O que toda mulher deve saber sobre os homens: a afetividade masculina** – Walter Riso
1166.**O amor está no ar** – Mauricio de Sousa
1167.**Testemunha de acusação & outras histórias** – Agatha Christie
1168.**Etiqueta de bolso** – Celia Ribeiro
1169.**Poesia reunida (volume 3)** – Affonso Romano de Sant'Anna
1170.**Emma** – Jane Austen
1171.**Que seja em segredo** – Ana Miranda
1172.**Garfield sem apetite** – Jim Davis
1173.**Garfield: Foi mal...** – Jim Davis
1174.**Os irmãos Karamázov (Mangá)** – Dostoiévski
1175.**O Pequeno Príncipe** – Antoine de Saint-Exupéry
1176.**Peanuts: Ninguém mais tem o espírito aventureiro** – Charles M. Schulz
1177.**Assim falou Zaratustra** – Nietzsche

1178.**Morte no Nilo** – Agatha Christie
1179.**Ê, soneca boa** – Mauricio de Sousa
1180.**Garfield a todo o vapor** – Jim Davis
1181.**Em busca do tempo perdido (Mangá)** – Proust
1182.**Cai o pano: o último caso de Poirot** – Agatha Christie
1183.**Livro para colorir e relaxar** – Livro 1
1184.**Para colorir sem parar**
1185.**Os elefantes não esquecem** – Agatha Christie
1186.**Teoria da relatividade** – Albert Einstein
1187.**Compêndio da psicanálise** – Freud
1188.**Visões de Gerard** – Jack Kerouac
1189.**Fim de verão** – Mohiro Kitoh
1190.**Procurando diversão** – Mauricio de Sousa
1191.**E não sobrou nenhum e outras peças** – Agatha Christie
1192.**Ansiedade** – Daniel Freeman & Jason Freeman
1193.**Garfield: pausa para o almoço** – Jim Davis
1194.**Contos do dia e da noite** – Guy de Maupassant
1195.**O melhor de Hagar 7** – Dik Browne
1196(29).**Lou Andreas-Salomé** – Dorian Astor
1197(30).**Pasolini** – René de Ceccatty
1198.**O caso do Hotel Bertram** – Agatha Christie
1199.**Crônicas de motel** – Sam Shepard
1200.**Pequena filosofia da paz interior** – Catherine Rambert
1201.**Os sertões** – Euclides da Cunha
1202.**Treze à mesa** – Agatha Christie
1203.**Bíblia** – John Riches
1204.**Anjos** – David Albert Jones
1205.**As tirinhas do Guri de Uruguaiana 1** – Jair Kobe
1206.**Entre aspas (vol.1)** – Fernando Eichenberg
1207.**Escrita** – Andrew Robinson
1208.**O spleen de Paris: pequenos poemas em prosa** – Charles Baudelaire
1209.**Satíricon** – Petrônio
1210.**O avarento** – Molière
1211.**Queimando na água, afogando-se na chama** – Bukowski
1212.**Miscelânea septuagenária: contos e poemas** – Bukowski
1213.**Que filosofar é aprender a morrer e outros ensaios** – Montaigne
1214.**Da amizade e outros ensaios** – Montaigne
1215.**O medo à espreita e outras histórias** – H.P. Lovecraft
1216.**A obra de arte na era de sua reprodutibilidade técnica** – Walter Benjamin
1217.**Sobre a liberdade** – John Stuart Mill
1218.**O segredo de Chimneys** – Agatha Christie
1219.**Morte na rua Hickory** – Agatha Christie
1220.**Ulisses (Mangá)** – James Joyce
1221.**Ateísmo** – Julian Baggini
1222.**Os melhores contos de Katherine Mansfield** – Katherine Mansfield
1223(31).**Martin Luther King** – Alain Foix
1224.**Millôr Definitivo: uma antologia de *A Bíblia do Caos*** – Millôr Fernandes
1225.**O Clube das Terças-Feiras e outras histórias** – Agatha Christie
1226.**Por que sou tão sábio** – Nietzsche
1227.**Sobre a mentira** – Platão
1228.**Sobre a leitura** ***seguido do*** **Depoimento de Céleste Albaret** – Proust
1229.**O homem do terno marrom** – Agatha Christie
1230(32).**Jimi Hendrix** – Franck Médioni
1231.**Amor e amizade e outras histórias** – Jane Austen
1232.**Lady Susan, Os Watson e Sanditon** – Jane Austen
1233.**Uma breve história da ciência** – William Bynum
1234.**Macunaíma: o herói sem nenhum caráter** – Mário de Andrade
1235.**A máquina do tempo** – H.G. Wells
1236.**O homem invisível** – H.G. Wells
1237.**Os 36 estratagemas: manual secreto da arte da guerra** – Anônimo
1238.**A mina de ouro e outras histórias** – Agatha Christie
1239.**Pic** – Jack Kerouac
1240.**O habitante da escuridão e outros contos** – H.P. Lovecraft
1241.**O chamado de Cthulhu e outros contos** – H.P. Lovecraft
1242.**O melhor de Meu reino por um cavalo!** – Edição de Ivan Pinheiro Machado
1243.**A guerra dos mundos** – H.G. Wells
1244.**O caso da criada perfeita e outras histórias** – Agatha Christie
1245.**Morte por afogamento e outras histórias** – Agatha Christie
1246.**Assassinato no Comitê Central** – Manuel Vázquez Montalbán
1247.**O papai é pop** – Marcos Piangers
1248.**O papai é pop 2** – Marcos Piangers
1249.**A mamãe é rock** – Ana Cardoso
1250.**Paris boêmia** – Dan Franck
1251.**Paris libertária** – Dan Franck
1252.**Paris ocupada** – Dan Franck
1253.**Uma anedota infame** – Dostoiévski
1254.**O último dia de um condenado** – Victor Hugo
1255.**Nem só de caviar vive o homem** – J.M. Simmel
1256.**Amanhã é outro dia** – J.M. Simmel
1257.**Mulherzinhas** – Louisa May Alcott
1258.**Reforma Protestante** – Peter Marshall
1259.**História econômica global** – Robert C. Allen
1260(33).**Che Guevara** – Alain Foix
1261.**Câncer** – Nicholas James
1262.**Akhenaton** – Agatha Christie
1263.**Aforismos para a sabedoria de vida** – Arthur Schopenhauer
1264.**Uma história do mundo** – David Coimbra
1265.**Ame e não sofra** – Walter Riso
1266.**Desapegue-se!** – Walter Riso
1267.**Os Sousa: Uma famíla do barulho** – Mauricio de Sousa
1268.**Nico Demo: O rei da travessura** – Mauricio de Sousa
1269.**Testemunha de acusação e outras peças** – Agatha Christie
1270(34).**Dostoiévski** – Virgil Tanase

1271.**O melhor de Hagar 8** – Dik Browne
1272.**O melhor de Hagar 9** – Dik Browne
1273.**O melhor de Hagar 10** – Dik e Chris Browne
1274.**Considerações sobre o governo representativo** – John Stuart Mill
1275.**O homem Moisés e a religião monoteísta** – Freud
1276.**Inibição, sintoma e medo** – Freud
1277.**Além do princípio de prazer** – Freud
1278.**O direito de dizer não!** – Walter Riso
1279.**A arte de ser flexível** – Walter Riso
1280.**Casados e descasados** – August Strindberg
1281.**Da Terra à Lua** – Júlio Verne
1282.**Minhas galerias e meus pintores** – Kahnweiler
1283.**A arte do romance** – Virginia Woolf
1284.**Teatro completo v. 1: As aves da noite** ***seguido de*** **O visitante** – Hilda Hilst
1285.**Teatro completo v. 2: O verdugo** ***seguido de*** **A morte do patriarca** – Hilda Hilst
1286.**Teatro completo v. 3: O rato no muro** ***seguido de*** **Auto da barca de Camiri** – Hilda Hilst
1287.**Teatro completo v. 4: A empresa** ***seguido de*** **O novo sistema** – Hilda Hilst
1289.**Fora de mim** – Martha Medeiros
1290.**Divã** – Martha Medeiros
1291.**Sobre a genealogia da moral: um escrito polêmico** – Nietzsche
1292.**A consciência de Zeno** – Italo Svevo
1293.**Células-tronco** – Jonathan Slack
1294.**O fim do ciúme e outros contos** – Proust
1295.**A jangada** – Júlio Verne
1296.**A ilha do dr. Moreau** – H.G. Wells
1297.**Ninho de fidalgos** – Ivan Turguêniev
1298.**Jane Eyre** – Charlotte Brontë
1299.**Sobre gatos** – Bukowski
1300.**Sobre o amor** – Bukowski
1301.**Escrever para não enlouquecer** – Bukowski
1302.**222 receitas** – J. A. Pinheiro Machado
1303.**Reinações de Narizinho** – Monteiro Lobato
1304.**O Saci** – Monteiro Lobato
1305.**Memórias da Emília** – Monteiro Lobato
1306.**O Picapau Amarelo** – Monteiro Lobato
1307.**A reforma da Natureza** – Monteiro Lobato
1308.**Fábulas** ***seguido de*** **Histórias diversas** – Monteiro Lobato
1309.**Aventuras de Hans Staden** – Monteiro Lobato
1310.**Peter Pan** – Monteiro Lobato
1311.**Dom Quixote das crianças** – Monteiro Lobato
1312.**O Minotauro** – Monteiro Lobato
1313.**Um quarto só seu** – Virginia Woolf
1314.**Sonetos** – Shakespeare
1315(35).**Thoreau** – Marie Berthoumieu e Laura El Makki
1316.**Teoria da arte** – Cynthia Freeland
1317.**A arte da prudência** – Baltasar Gracián
1318.**O louco** ***seguido de*** **Areia e espuma** – Khalil Gibran
1319.**O profeta** ***seguido de*** **O jardim do profeta** – Khalil Gibran
1320.**Jesus, o Filho do Homem** – Khalil Gibran
1321.**A luta** – Norman Mailer
1322.**Sobre o sofrimento do mundo e outros ensaios** – Schopenhauer
1323.**Epidemiologia** – Rodolfo Sacacci
1324.**Japão moderno** – Christopher Goto-Jones
1325.**A arte da meditação** – Matthieu Ricard
1326.**O adversário secreto** – Agatha Christie
1327.**Pollyanna** – Eleanor H. Porter
1328.**Espelhos** – Eduardo Galeano
1329.**A Vênus das peles** – Sacher-Masoch
1330.**O 18 de brumário de Luís Bonaparte** – Karl Marx
1331.**Um jogo para os vivos** – Patricia Highsmith
1332.**A tristeza pode esperar** – J.J. Camargo
1333.**Vinte poemas de amor e uma canção desesperada** – Pablo Neruda
1334.**Judaísmo** – Norman Solomon
1335.**Esquizofrenia** – Christopher Frith & Eve Johnstone
1336.**Seis personagens em busca de um autor** – Luigi Pirandello
1337.**A Fazenda dos Animais** – George Orwell
1338.**1984** – George Orwell
1339.**Ubu Rei** – Alfred Jarry
1340.**Sobre bêbados e bebidas** – Bukowski
1341.**Tempestade para os vivos e para os mortos** – Bukowski
1342.**Complicado** – Natsume Ono
1343.**Sobre o livre-arbítrio** – Schopenhauer
1344.**Uma breve história da literatura** – John Sutherland
1345.**Você fica tão sozinho às vezes que até faz sentido** – Bukowski
1346.**Um apartamento em Paris** – Guillaume Musso
1347.**Receitas fáceis e saborosas** – José Antonio Pinheiro Machado
1348.**Por que engordamos** – Gary Taubes
1349.**A fabulosa história do hospital** – Jean-Noël Fabiani
1350.**Voo noturno** ***seguido de*** **Terra dos homens** – Antoine de Saint-Exupéry
1351.**Doutor Sax** – Jack Kerouac
1352.**O livro do Tao e da virtude** – Lao-Tsé
1353.**Pista negra** – Antonio Manzini
1354.**A chave de vidro** – Dashiell Hammett
1355.**Martin Eden** – Jack London
1356.**Já te disse adeus, e agora, como te esqueço?** – Walter Riso
1357.**A viagem do descobrimento** – Eduardo Bueno
1358.**Náufragos, traficantes e degredados** – Eduardo Bueno
1359.**Retrato do Brasil** – Paulo Prado
1360.**Maravilhosamente imperfeito, escandalosamente feliz** – Walter Riso
1361.**É...** – Millôr Fernandes
1362.**Duas tábuas e uma paixão** – Millôr Fernandes
1363.**Selma e Sinatra** – Martha Medeiros
1364.**Tudo que eu queria te dizer** – Martha Medeiros
1365.**Várias histórias** – Machado de Assis
1366.**A sabedoria do Padre Brown** – G. K. Chesterton
1367.**Capitães do Brasil** – Eduardo Bueno
1368.**O falcão maltês** – Dashiell Hammett
1369.**A arte de estar com a razão** – Arthur Schopenhauer
1370.**A visão dos vencidos** – Miguel León-Portilla

lepmeditores
**www.lpm.com.br**
**o site que conta tudo**

IMPRESSÃO:

**PALLOTTI**
GRÁFICA

Santa Maria - RS | Fone: (55) 3220.4500
*www.graficapallotti.com.br*